기획 **실뜨기 탐험대**
실뜨기를 연구하는 일본의 실뜨기 개발 그룹입니다.
이 책 《머리가 좋아지는 재미있는 실뜨기》를 펴내며 10단 사다리 설명에 처음으로 도전했습니다.

그림 **민효인**
홍익대학교에서 디지털미디어를 공부하고 졸업 후 프리랜서 일러스트레이터로 활동 중입니다.
그린 책으로는 《김창렬의 아빠수업》《와인 러버's 소울》《찾거나 혹은 버리거나 in 부에노스아이레스》 등이 있습니다.

번역 **구계원**
서울대학교를 졸업하고 도쿄 일본어 학교를 졸업하였으며, 미국 몬트레이 통번역 국제대학원에서 석사 과정 수료 후 현재 전문 번역가로 활동 중입니다. 번역서로는 《경영전략》《전쟁은 왜 되풀이 될까》《고양이와 물고기》《보물섬 원작》 《세계 100인의 발명가》《세계 문화여행》《바람이 부는 언덕》《나를 이기는 법》《꿈꾸는 하루》 외 다수가 있습니다.

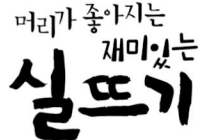

2010년 7월 20일 초판 1쇄 발행 | 2022년 7월 1일 초판 14쇄 발행
기획 실뜨기 탐험대 | **그림** 민효인 | **번역** 구계원
편집 윤경란, 안정현 | **디자인** 김현지 | **마케팅·관리** 이선경, 손정원 | **제작** 김현권, 김병철
펴낸이 박홍균 | **펴낸곳** (주)미세기 | **출판등록** 1994년 7월 7일(제21-623호) | **제조국** 대한민국
주소 서울시 강남구 논현로 164 유니북스빌딩 | **전화** 02-560-0900 | **팩스** 02-560-0901 | **전자우편** miseghy1@miseghy.com
홈페이지 www.miseghy.com | **인스타그램** miseghy_books

값 12,000원 | **ISBN** 978-89-8071-261-8 13690

AYATORI SHIYOYO! by AYATORI TANKEN-TAI
Copyright ⓒ 2005 SUN CREATE
Originally published in Japan by NIHON BUNGEISHA, Tokyo.
Korean translation rights arranged with NIHON BUNGEISHA, Japan
through THE SAKAI AGENCY and BC Agency.

이 책의 한국어판 저작권은 BC에이전시와 사카이에이전시를 통한 저작권자와의 독점 계약으로 (주)미세기에 있습니다.
저작권법에 의해 한국 내에서 보호를 받는 저작물이므로 무단 전재와 복제를 금합니다.

잘못 만들어진 책은 구입처에서 바꿔 드립니다.

머리가 좋아지는
재미있는
실뜨기

기획 | 실뜨기 탐험대
그림 | 민효인
번역 | 구계원

미세기

차례

실뜨기를 하기 전에	4
실뜨기 실을 만드는 방법	5
이 책은 이렇게 보세요	6

간단한 실뜨기부터 시작해 볼까요?

출렁출렁 출렁다리	12
졸졸졸 시냇물	13
산타 할아버지의 썰매	14
팔랑팔랑 호랑나비	15
아주 커다란 지붕	16
날아라, 화살	17
물에 뜨는 소금쟁이	18
늘어났다 줄어드는 신기한 고무줄	19
반짝반짝 빛나는 별	20
흔들흔들 목마	21
마녀의 요술 빗자루	22
헤라클레스의 삼지창	23
구름 속 달님	24
선비의 부채	25
멋진 황금 왕관	26
튼튼한 다리	27
높은 산봉우리	28

잠자는 두뇌를 깨우는 고급 실뜨기에 도전해 봅시다

옷감을 짜는 베틀	30
한여름밤 모기	32
영차영차 배 젓는 노	34
예쁜 그림 액자	36
무도회 가면	38
1단 사다리	40
2단 사다리	42
3단 사다리	44
예쁜 꽃바구니	46
눈 덮인 산봉우리	48
일곱 개의 다이아몬드	50
꿈틀꿈틀 애벌레	52
숲 속의 산장	54
4단 사다리	56
6단 사다리	58
8단 사다리	60
10단 사다리	62

친구와 사이좋게 주고받는 실뜨기 놀이

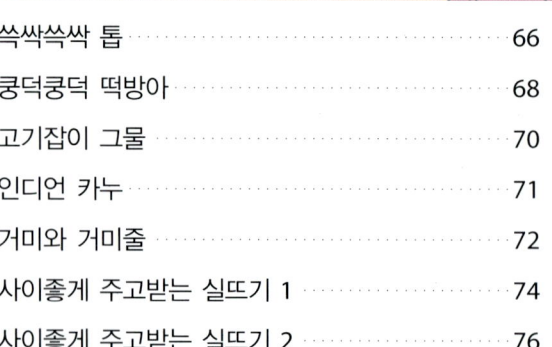

쓱싹쓱싹 톱	66
쿵덕쿵덕 떡방아	68
고기잡이 그물	70
인디언 카누	71
거미와 거미줄	72
사이좋게 주고받는 실뜨기 1	74
사이좋게 주고받는 실뜨기 2	76

앗, 관중이 깜짝 놀라는 신기한 실뜨기 마술!

스르륵 실이 풀리는 마술 1	84
팔에 감긴 실을 푸는 마술 1	86
반지가 사라지는 마술 1	88
스르륵 실이 풀리는 마술 2	90
실이 저절로 이동하는 마술 1	92
실이 저절로 이동하는 마술 2	94
팔에 감긴 실을 푸는 마술 2	96
스르륵 실이 풀리는 마술 3	98
스르륵 실이 풀리는 마술 4	100
스르륵 실이 풀리는 마술 5	102
반지가 사라지는 마술 2	104

이 단계를 마치면 당신은 실뜨기짱!

빗자루 ▶ 숲 속의 집 ▶ 가위	106
그물 ▶ 거문고 ▶ 이발기	108
산봉우리 하나 ▶ 산봉우리 둘 ▶ 산봉우리 셋 ▶ 산봉우리 넷	110
철교 ▶ 거북이 ▶ 고무줄 ▶ 비행기 ▶ 투구 ▶ 넥타이	112
밤 ▶ 미끄럼틀 ▶ 거북이 ▶ 연	116
요람 ▶ 논 ▶ 강 ▶ 논 ▶ 다이아몬드 ▶ 장구 ▶ 배 ▶ 출렁다리	118

산과 바다에서 만나는 생물을 만들어 보세요

바닷가 조개	126
날아라, 잠자리	127
알쏭달쏭 불가사리	128
미끌미끌 미꾸라지	130
옆으로 옆으로 꽃게	132
헤엄치는 바다거북	133
귀여운 송아지	134
폴짝폴짝 개구리	135
느릿느릿 달팽이	136
예쁜 꽃	138
예쁜 나비	140
긴 수염 고양이	141
새하얀 배추흰나비	142
목장의 젖소	144
커다란 물고기	146
금붕어 두 마리	148
귀여운 토끼	150
기럭기럭 기러기	152

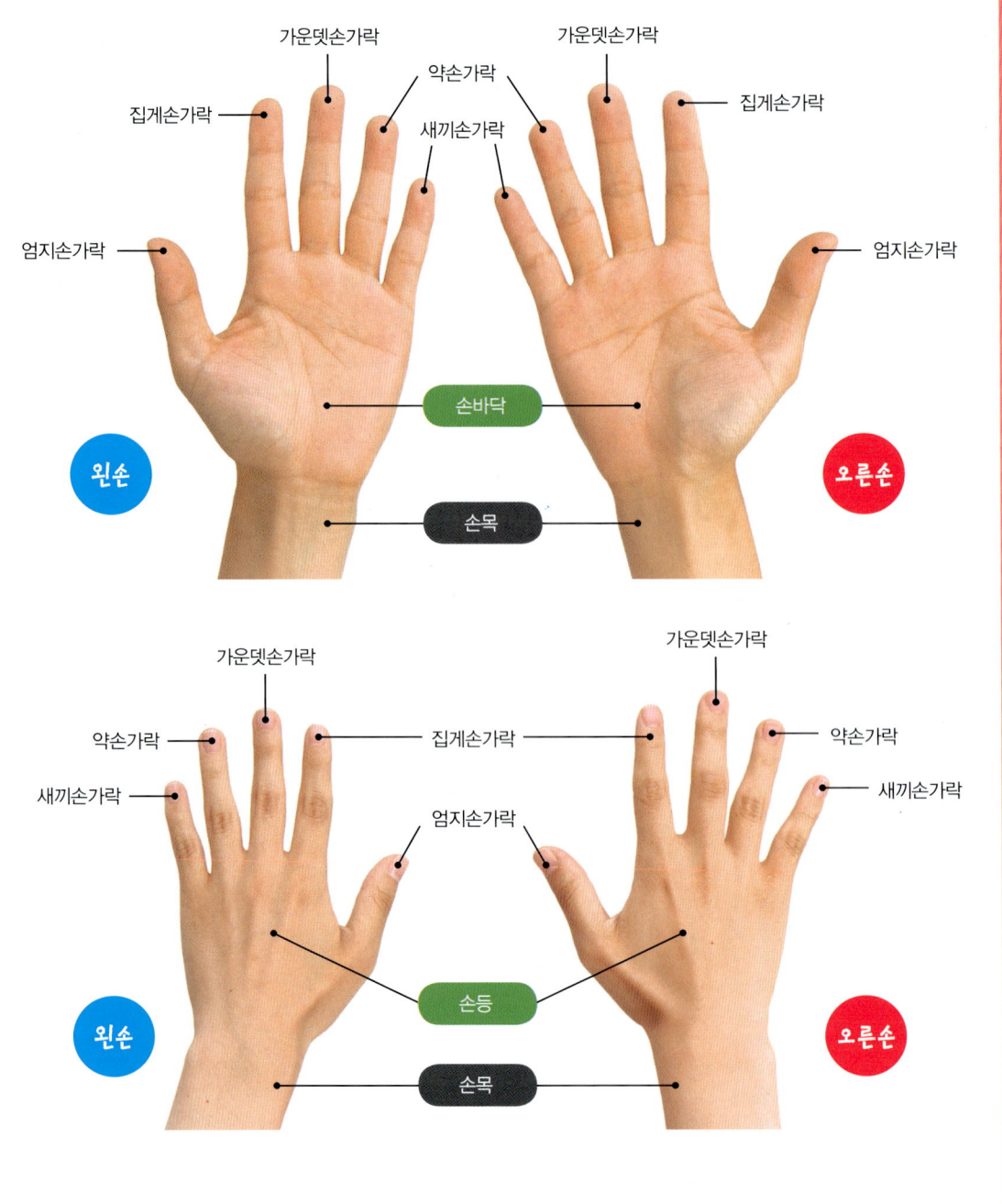

★ 실뜨기 실을 만드는 방법 ★

실 고르는 법

실의 두께는 3밀리미터 정도가 적당합니다.
매끄러운 실이라면 어떤 실이든 실뜨기를 하면서 놀 수 있습니다.
집에서 실을 찾는다면 털실이 가장 좋습니다.

실의 길이

실은 대략 자신의 손등에 7~8번 감은 길이가 적당합니다.
하지만 만드는 작품에 따라서 짧은 실이 필요할 때가 있고
긴 실이 필요할 때가 있습니다.
이 책에는 매 작품마다 실의 길이를 표시해
두었으니 실을 바꿔 가며 사용하세요.

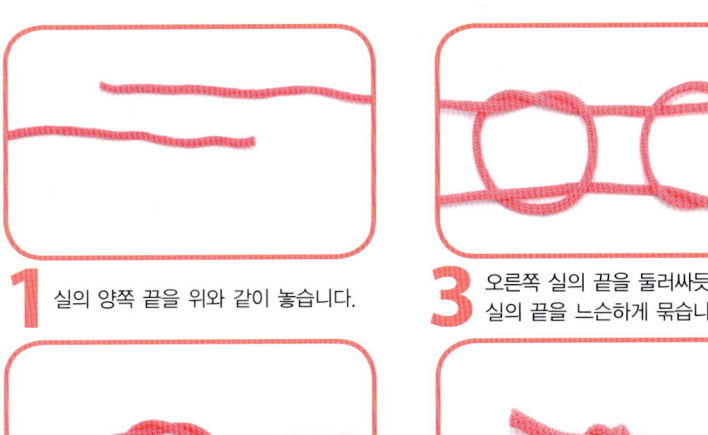

＊자신의 손등에 7~8번 감은 길이

실을 묶는 방법

매듭이 너무 크면 실뜨기를 할 때 걸릴 수도 있습니다.
단단히 묶어서 매듭을 작게 만드세요.

1 실의 양쪽 끝을 위와 같이 놓습니다.

2 오른쪽 실의 끝을 느슨하게 묶어 원을 만들고 왼쪽 실을 이 안으로 통과시킵니다.

3 오른쪽 실의 끝을 둘러싸듯 왼쪽 실의 끝을 느슨하게 묶습니다.

4 양쪽 끝의 매듭을 꽉 묶습니다.

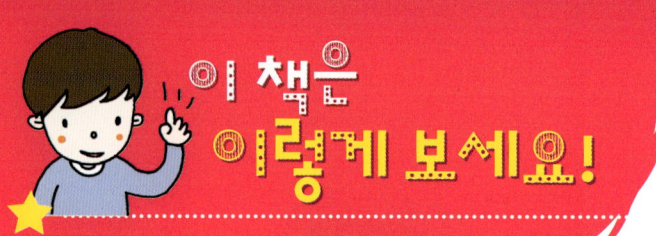

이 책은 이렇게 보세요!

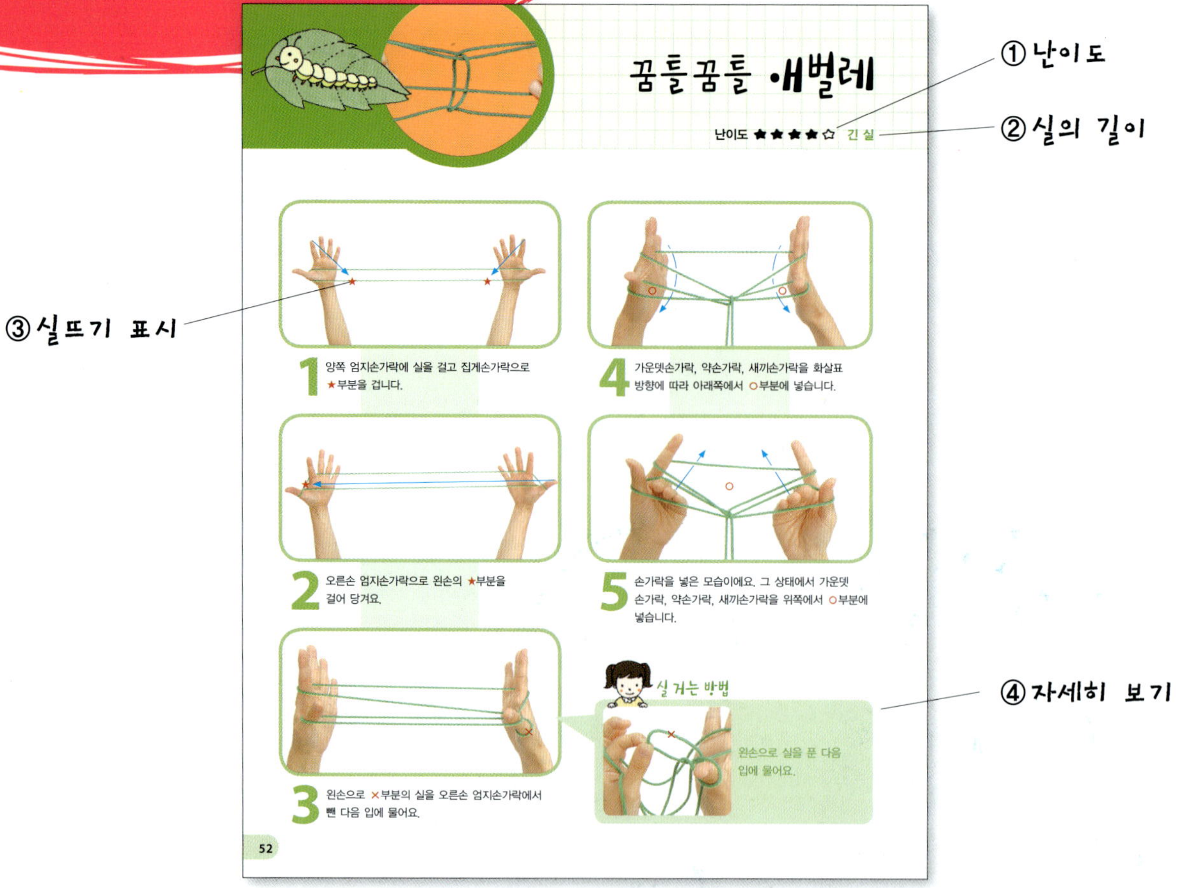

① 난이도
② 실의 길이
③ 실뜨기 표시
④ 자세히 보기

① 난이도
실뜨기 작품을 어려운 정도에 따라 별로 구분하여 표시하였습니다. 간단한 것부터 시작해 보세요.

- 매우 간단함 ★☆☆☆☆
- 간단함 ★★☆☆☆
- 보통 ★★★☆☆
- 어려움 ★★★★☆
- 매우 어려움 ★★★★★

② 실의 길이
각각의 모양을 만들기에 적당한 실의 길이입니다.

③ 실뜨기 표시
실뜨기하는 법을 이해하기 쉽도록 다음과 같은 표시가 있습니다.

- ★ 실 걸기
- ◆ 실 누르기
- ✕ 실 풀기
- ○ 손가락 넣기

④ 자세히 보기
'실 거는 방법'이나 '실 푸는 방법'이 자세히 설명되어 있습니다.

간단한 실뜨기부터 시작해 볼까요?

언제 어디서나 실만 있으면 ok!

★ 실뜨기 표시 읽는 방법 ★

이 책에는 실뜨기를 쉽게 하기 위해서 여러 가지 표시가 있어요. 이 표시들은 실을 걸고, 실을 누르고, 실을 풀고, 그리고 실을 넘기라는 뜻이에요. 하나하나 알아볼까요?

실 걸기 ★ '위에서 거는 방법'과 '아래에서 거는 방법'이 있습니다.

✼ 위에서 거는 방법 ✼

양쪽 엄지손가락으로 ★부분의 실을 위에서 걸어요.

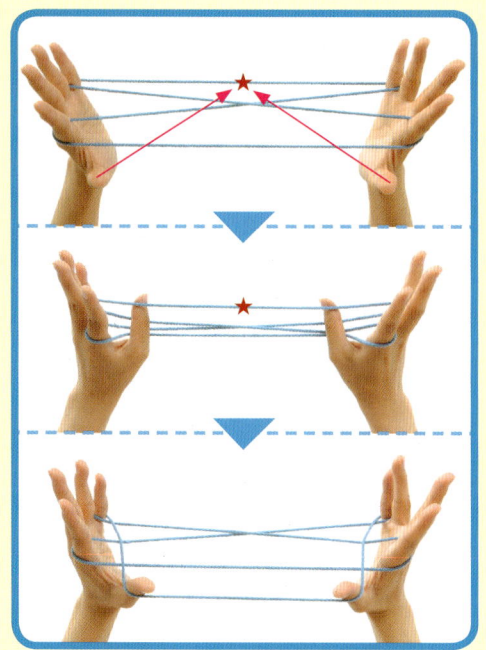

✼ 아래에서 거는 방법 ✼

양쪽 엄지손가락으로 ★부분의 실을 아래에서 걸어요.

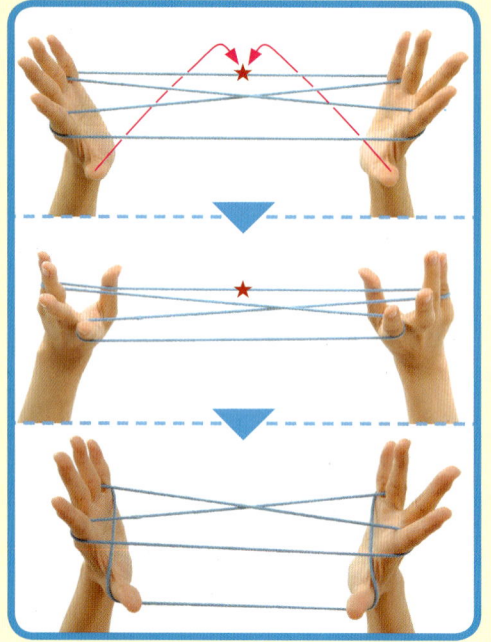

실 누르기 ◆

양쪽 엄지손가락으로 ◆부분의 실을 위에서 누릅니다.

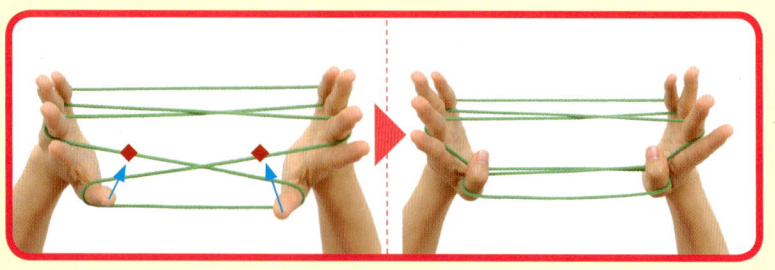

실 풀기 ✕ '손가락을 내려서 푸는 방법'과 '반대쪽 손을 사용하여 푸는 방법'이 있습니다.

✳ 손가락을 내려서 푸는 방법 ✳
엄지손가락을 ✕ 부분의 실 안쪽으로 내려서 풉니다.

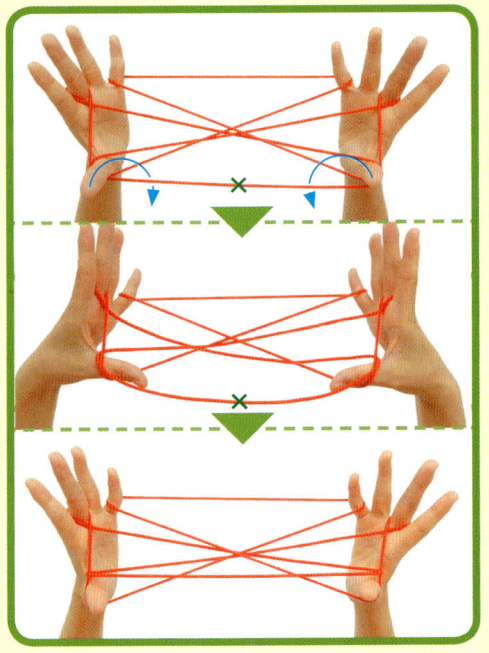

✳ 반대쪽 손을 사용하여 푸는 방법 ✳
반대쪽 손으로 ✕ 부분을 잡고 조심스럽게 손가락에서 빼냅니다.

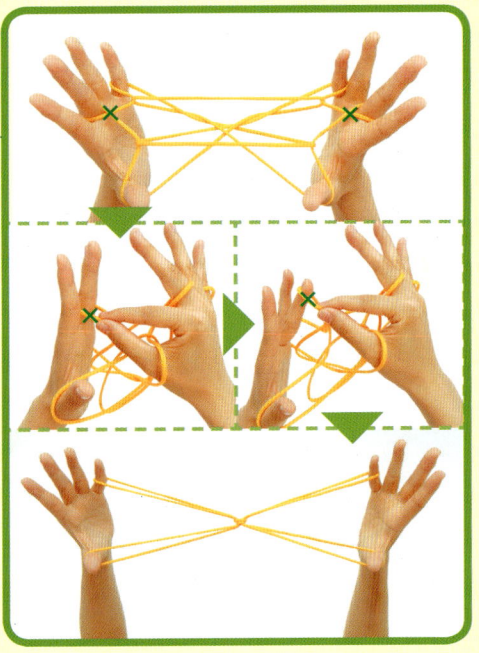

실 넘기기

○ 부분에 손가락을 넣어 ★ 부분을 넘깁니다.

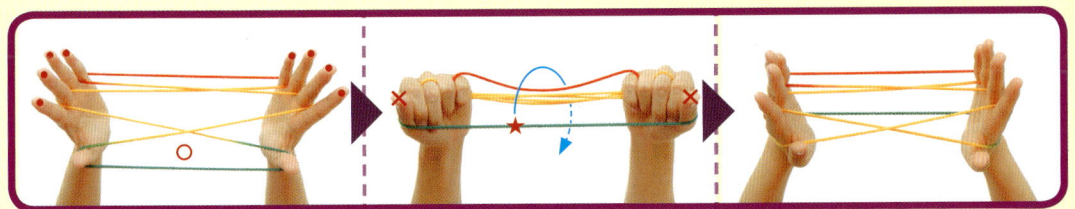

엄지손가락을 뺀 나머지 네 손가락을 ○ 부분에 넣어 실을 쥡니다.

위와 같이 네 손가락으로 ★ 부분의 실을 엄지 손가락에서 풀면서 손등 쪽으로 넘깁니다.

※ 이 책에서는 실뜨기 하는 방법을 알기 쉽게 하기 위해 알록달록한 실을 사용할 때도 있습니다.

★ 여러 가지 준비 모양 만드는 방법 ★

실뜨기는 대부분 '기본 준비 모양', '나비 준비 모양', '가운뎃손가락 준비 모양', '집게손가락 준비 모양'에서 시작합니다. 잘 연습해서 기억해 두세요.

기본 준비 모양

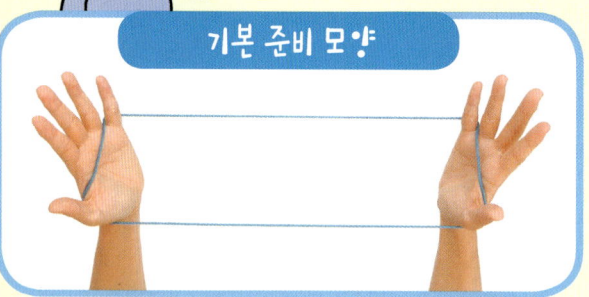

1 양쪽 엄지손가락과 새끼손가락에 실을 겁니다.

나비 준비 모양

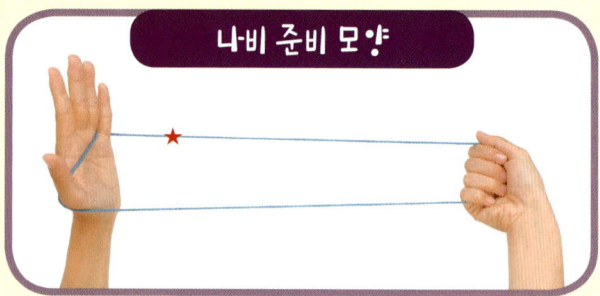

1 왼손의 엄지손가락과 새끼손가락에 실을 걸고 오른손으로 실의 끝을 잡습니다.

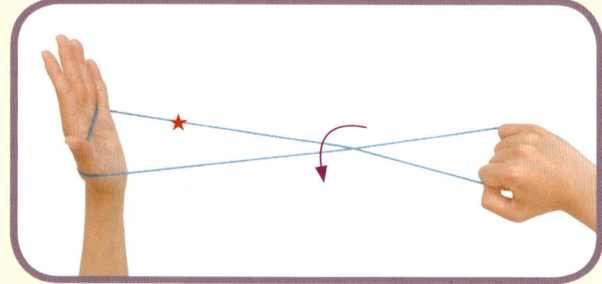

2 ★부분의 실이 위에 오도록 실을 한 번 꼬아 줍니다.

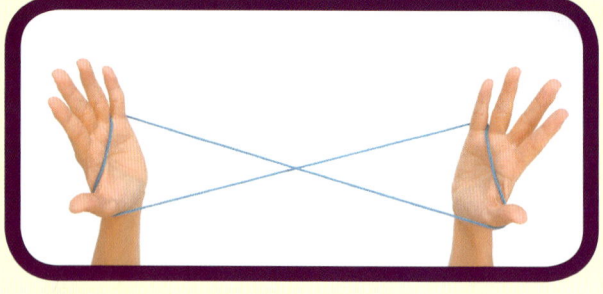

3 그 상태에서 오른손 엄지손가락과 새끼손가락에 실을 걸면 완성됩니다.

'가운뎃손가락 준비 모양'과 '집게손가락 준비 모양'은 제일 많이 사용돼요! 연습을 많이 해 보세요!

가운뎃손가락 준비 모양

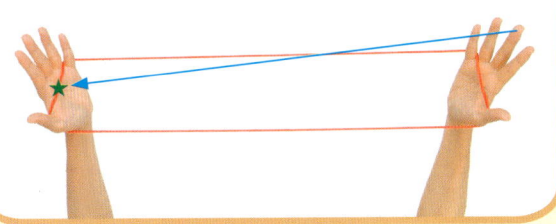

1 '기본 준비 모양'에서 시작합니다. 오른손 가운뎃손가락으로 왼손의 ★ 부분을 걸어서 당깁니다.

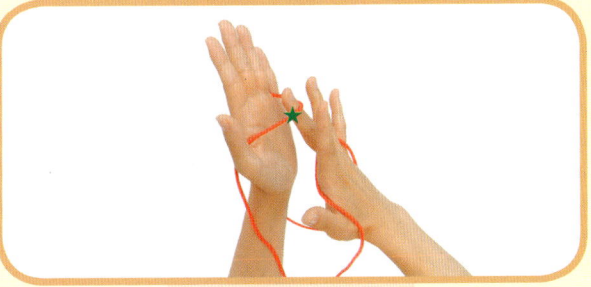

2 실을 걸고 있는 모습이에요.

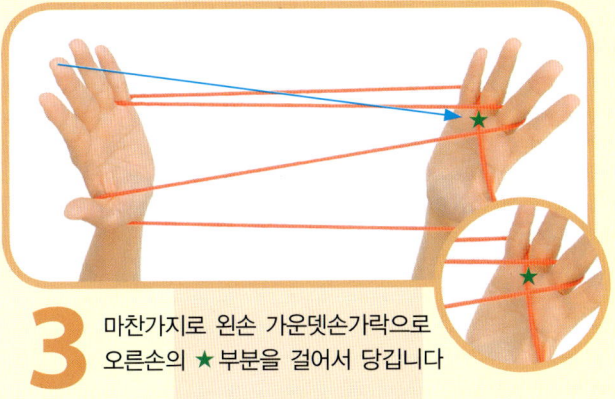

3 마찬가지로 왼손 가운뎃손가락으로 오른손의 ★ 부분을 걸어서 당깁니다

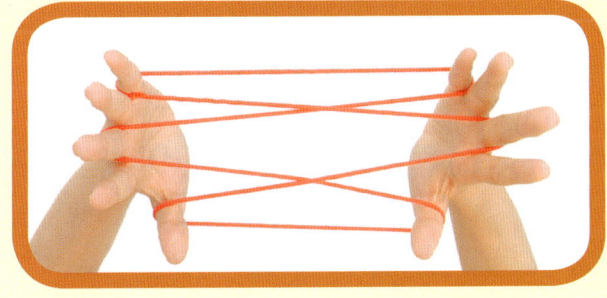

4 '가운뎃손가락 준비 모양'이 완성되었어요.

집게손가락 준비 모양

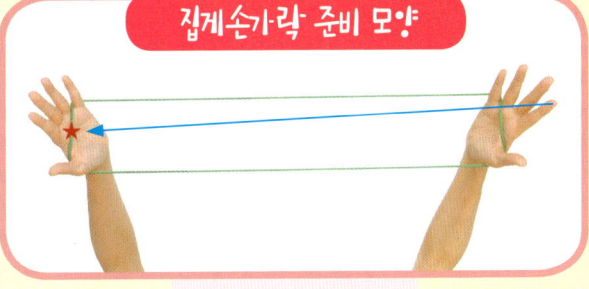

1 '기본 준비 모양'에서 시작합니다. 오른손 집게손가락으로 왼손의 ★ 부분을 걸어서 당깁니다.

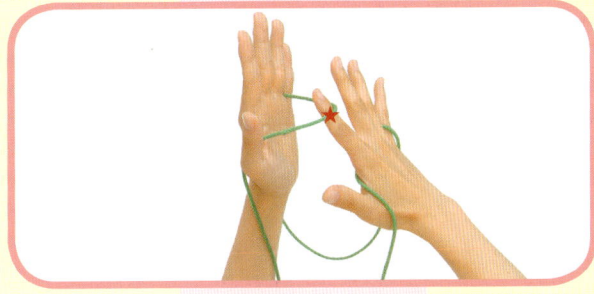

2 실을 걸고 있는 모습이에요.

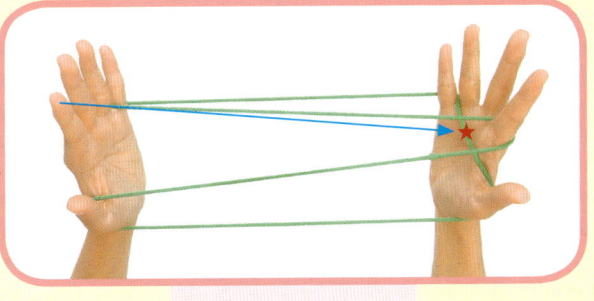

3 마찬가지로 왼손 집게손가락으로 오른손의 ★ 부분을 걸어서 당깁니다.

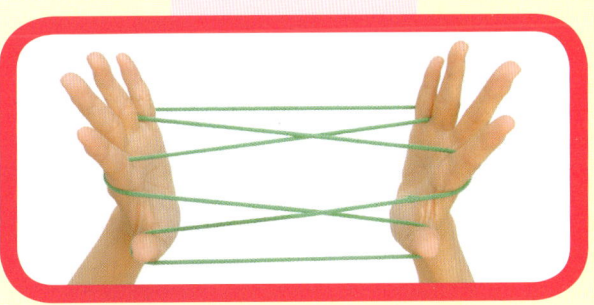

4 '집게손가락 준비 모양'이 완성되었어요.

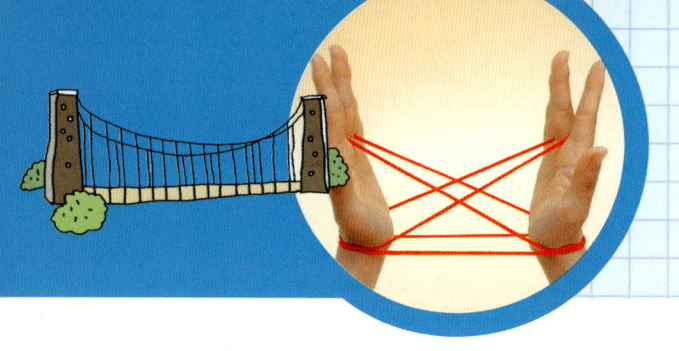

출렁출렁 출렁다리

난이도 ★☆☆☆☆ 긴 실

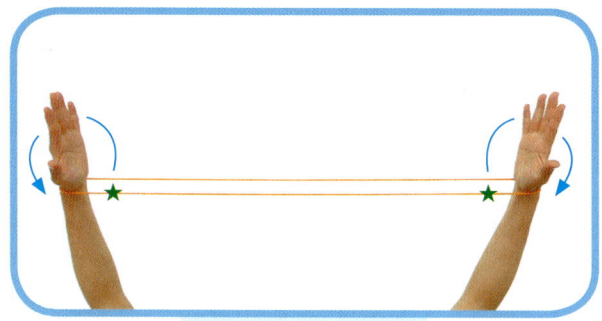

1 양쪽 손목에 실을 걸고 ★부분을 각각 한 바퀴씩 돌려 손목에 감습니다.

실 거는 방법

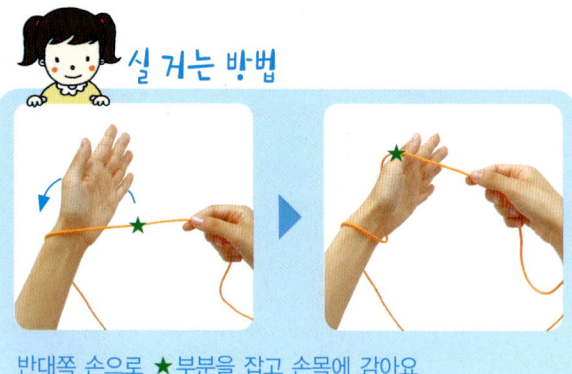

반대쪽 손으로 ★부분을 잡고 손목에 감아요.

2 오른손 가운뎃손가락으로 왼쪽 손목의 ★부분을 걸어서 당깁니다.

실 거는 방법

가운뎃손가락으로 반대쪽 손목에 감긴 실을 걸어서 당겨요.

3 왼손 가운뎃손가락으로 오른쪽 손목의 ★부분을 걸어서 당깁니다.

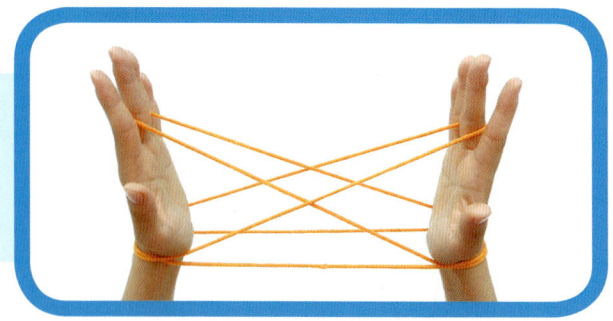

4 완성! '출렁출렁 출렁다리'가 완성되었어요.

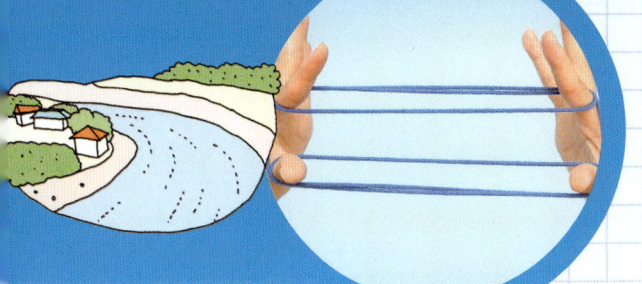

졸졸졸 시냇물

난이도 ★☆☆☆☆ 긴 실

손가락으로 실을 거는 연습이에요.

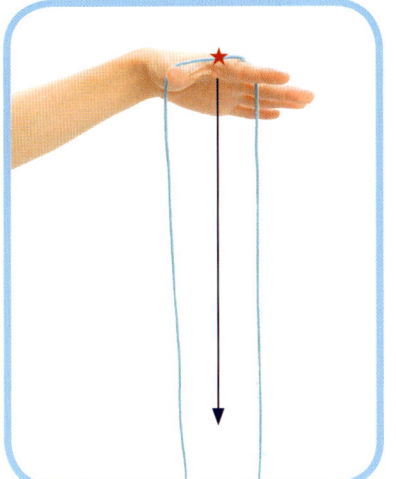

1 왼손 엄지손가락과 집게손가락에 실을 걸고 오른손 집게손가락으로 ★ 부분을 끌어내립니다.

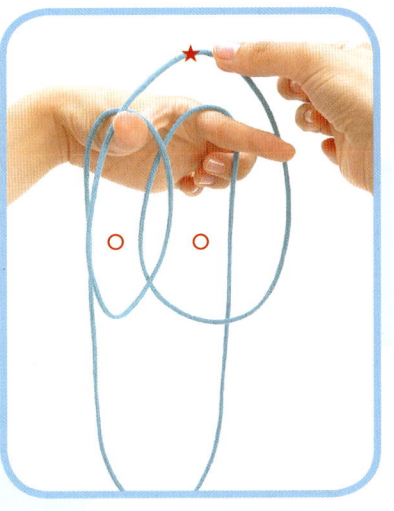

3 실을 걸고 있는 모습이에요. ○ 부분에 오른손 엄지손가락과 집게손가락을 넣습니다.

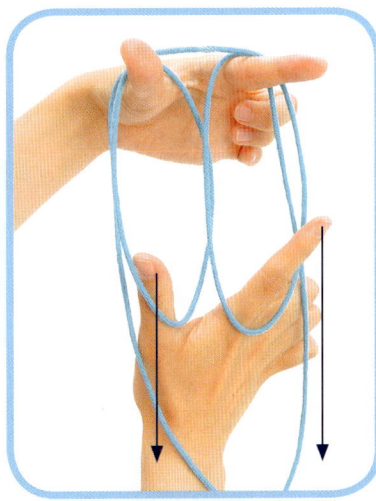

4 오른손을 화살표 방향으로 천천히 잡아당깁니다.

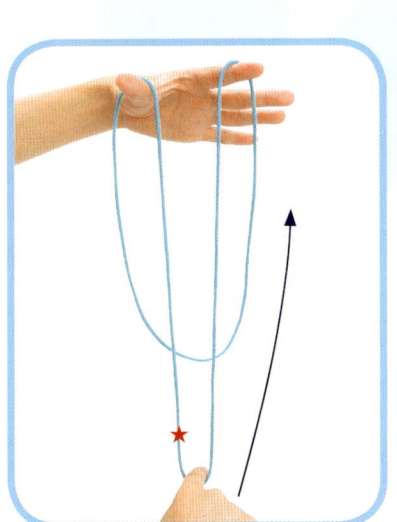

2 끌어내린 실의 ★ 부분을 위로 올려 왼손의 엄지손가락과 집게손가락에 걸칩니다.

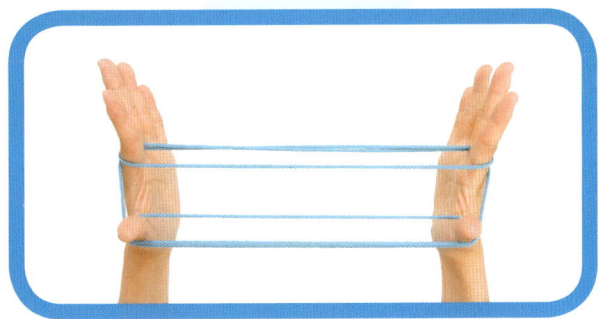

5 완성! '졸졸졸 시냇물'이 완성되었어요.

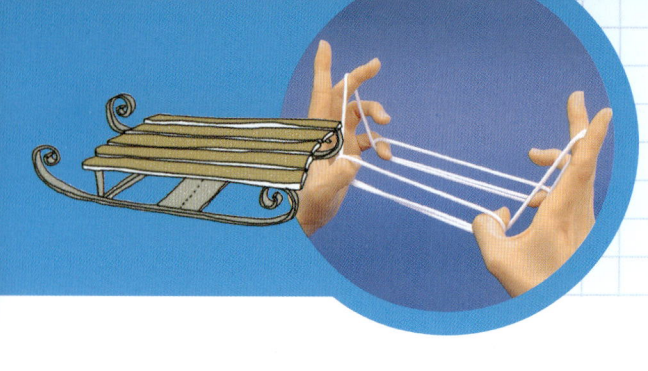

산타 할아버지의 썰매

난이도 ★☆☆☆☆ 짧은 실

실을 손가락으로 꾹 눌러 주세요.
지금 잘 연습하면 점점 쉬워져요.
'가운뎃손가락 준비 모양'을 모르는
사람은 11쪽을 참고하세요.

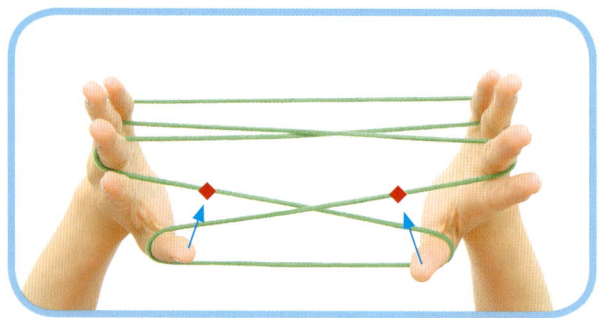

1 '가운뎃손가락 준비 모양'에서 시작합니다.
양쪽 엄지손가락으로 ◆ 부분을 눌러요.

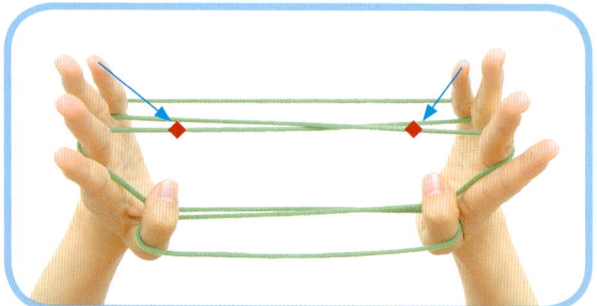

2 이번에는 양쪽 새끼손가락으로 ◆ 부분을 누릅니다.

3 실을 누르고 있는 모습이에요. 누른 상태에서
엄지손가락과 새끼손가락을 아래로 내립니다.

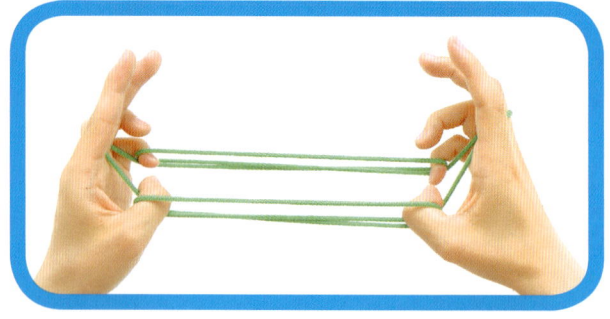

4 완성! '산타 할아버지의 썰매'가 완성되었습니다.

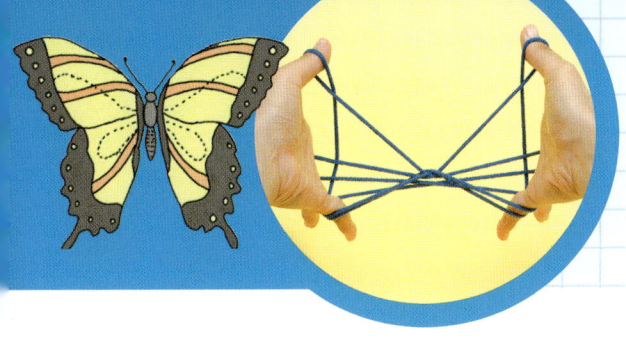

팔랑팔랑 호랑나비

난이도 ★ ☆ ☆ ☆ ☆   짧은 실

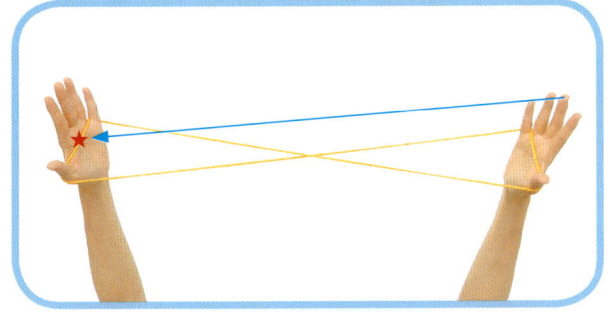

1 '나비 준비 모양'에서 시작합니다. 오른손 가운뎃 손가락으로 왼손의 ★ 부분을 걸어서 당깁니다.

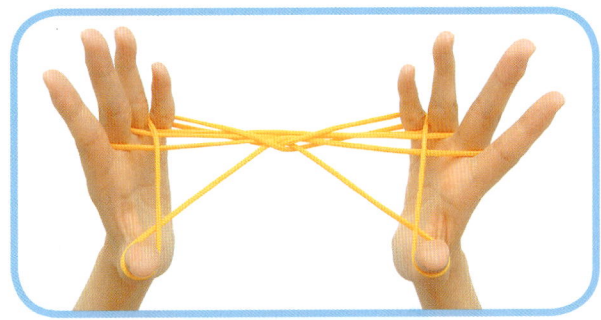

4 실을 걸고 난 뒤의 모습이에요. 손가락 끝을 몸 바깥쪽으로 향하게 하면…….

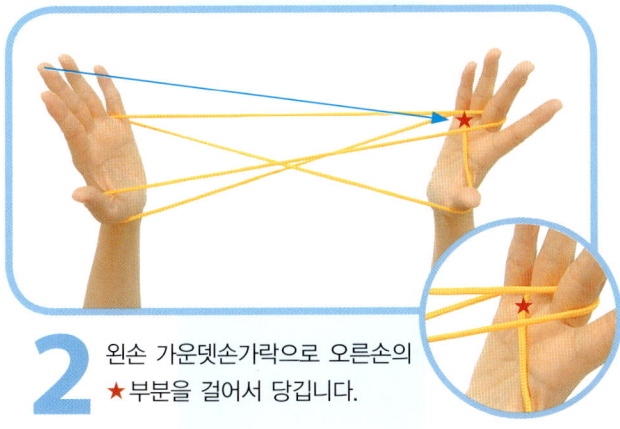

2 왼손 가운뎃손가락으로 오른손의 ★ 부분을 걸어서 당깁니다.

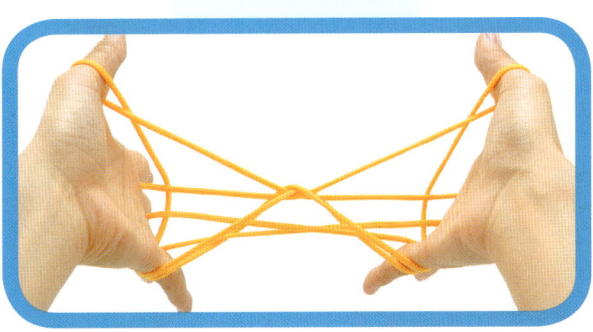

5 완성! '팔랑팔랑 호랑나비'가 완성됩니다.

3 양쪽 새끼손가락으로 ★ 부분을 걸어서 당깁니다.

실 거는 방법

엄지손가락의 바깥쪽에 있는 실을 새끼손가락에 걸어요.

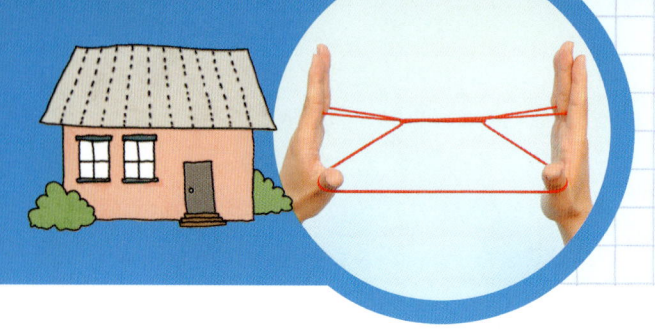

아주 커다란 지붕

난이도 ★☆☆☆☆ 긴 실

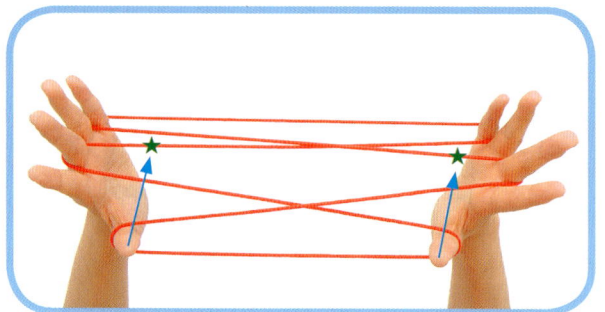

1 '가운뎃손가락 준비 모양'에서 시작합니다.
엄지손가락으로 ★부분을 걸어서 당깁니다.

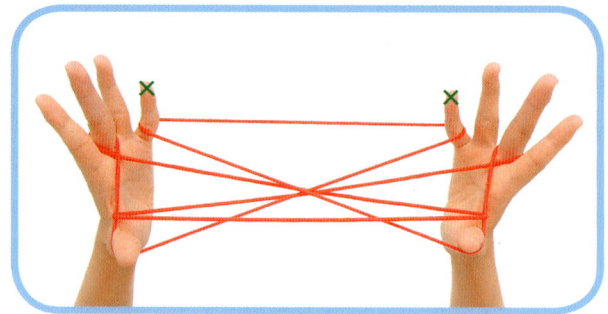

3 실을 풀고 난 뒤의 모습이에요.
그 다음 새끼손가락에 걸린 실을 풉니다.

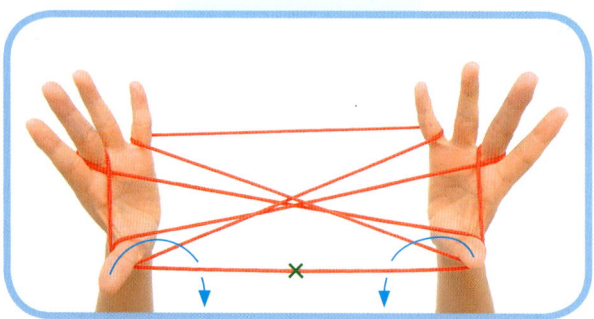

2 화살표 방향을 따라 엄지손가락을
내려 ×부분을 풀어 줍니다.

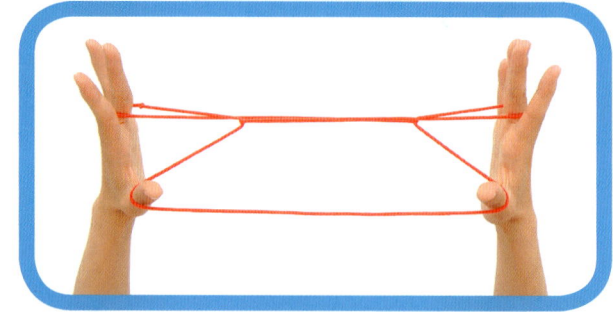

4 완성! '아주 커다란 지붕'이 완성되었어요.

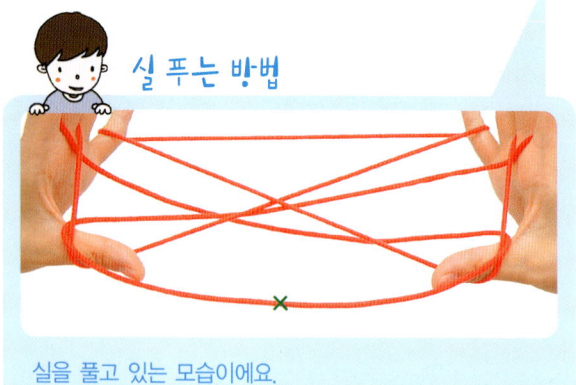

실 푸는 방법

실을 풀고 있는 모습이에요.

여기서 잠깐!

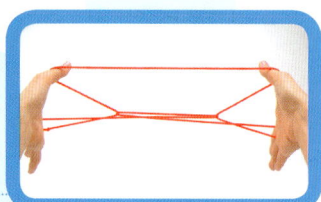

손가락 끝을 밑으로
향하게 하면
'밥그릇'이 됩니다!

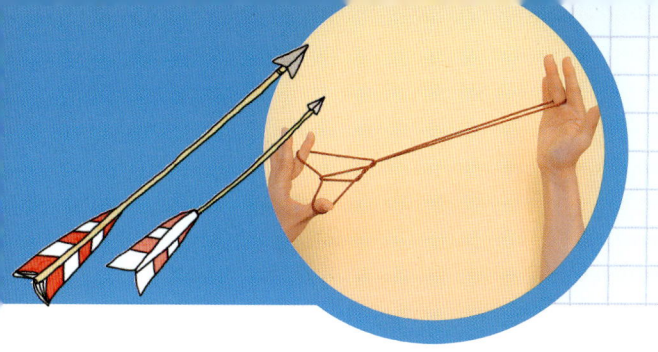

날아라, 화살

난이도 ★☆☆☆☆   긴 실

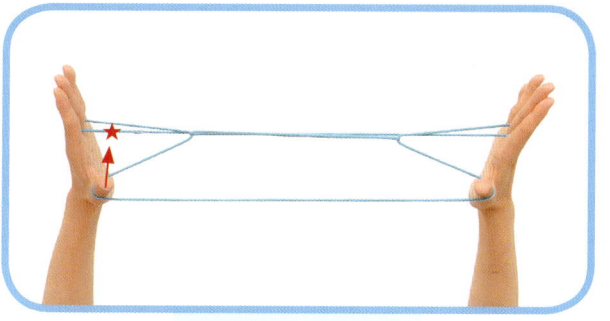

1 '아주 커다란 지붕'(16쪽)에서 시작합니다.
왼손 엄지손가락으로 ★ 부분을 걸어요.

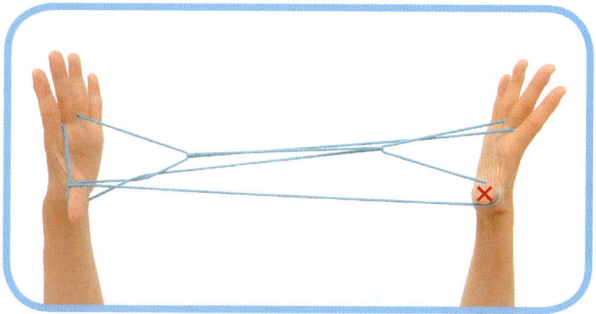

3 실을 풀고 난 뒤의 모습이에요.
오른손의 엄지손가락에 걸려 있는 실을 풉니다.

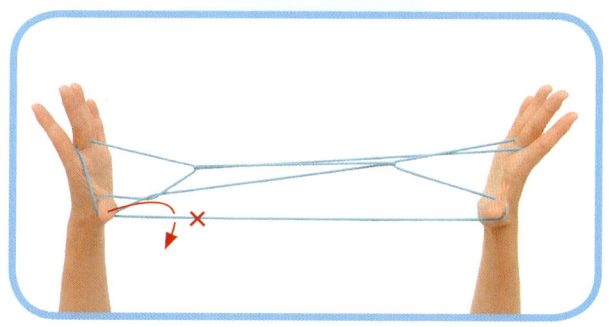

2 왼손 엄지손가락을 화살표 방향으로 내려서
✕ 부분을 풉니다.

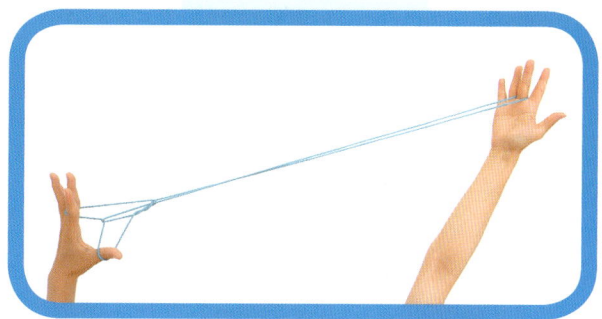

4 완성! '날아라, 화살' 이 완성되었어요.

재미있게 놀아요

'꼬마전구'로 변신해요!

'아주 커다란 지붕'에서 엄지손가락을 풀면 '꼬마전구'가 완성됩니다.

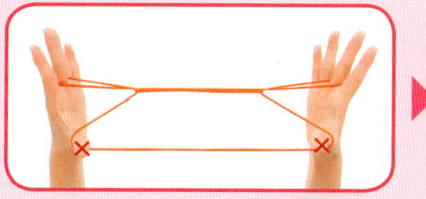

엄지손가락에 걸려 있는 실을 살짝 풀어 주세요.

그대로 천천히 잡아당깁니다.

17

물에 뜨는 소금쟁이

난이도 ★★☆☆☆   짧은 실

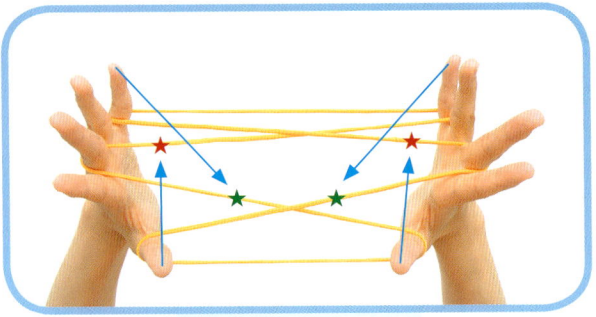

1 '가운뎃손가락 준비 모양'에서 시작합니다.
양쪽 엄지손가락으로 ★부분을,
새끼손가락으로는 ★부분을 걸어요.

다른 실이 풀리지 않도록 조심하세요

4 완성! 그대로 잡아당기면
'물에 뜨는 소금쟁이'가 완성됩니다.

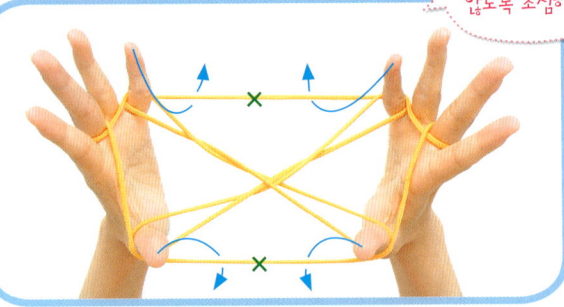

2 엄지손가락과 새끼손가락을 화살표 방향으로
내려 ×부분을 풉니다.

여기서 잠깐!

모양이 흐트러지지 않도록
실을 손가락에서 조심스럽게
빼면 '바나나'가 됩니다!

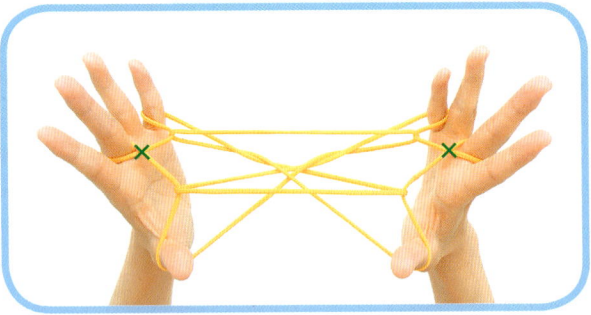

3 반대쪽 손을 사용하여 가운뎃손가락 실의
×부분을 풉니다.

실 푸는 방법

반대쪽 손을 사용해서 실을 빼 주세요.

18

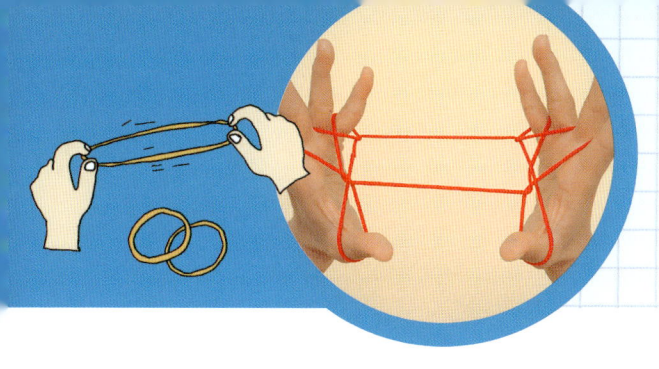

늘어났다 줄어드는
신기한 고무줄

난이도 ★★☆☆☆ 짧은 실

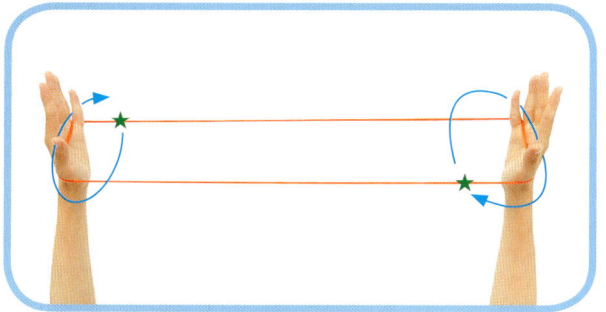

1 '기본 준비 모양'에서 시작합니다.
★부분을 화살표 방향으로 엄지손가락과 새끼손가락에 각각 한 바퀴씩 더 감아 주세요.

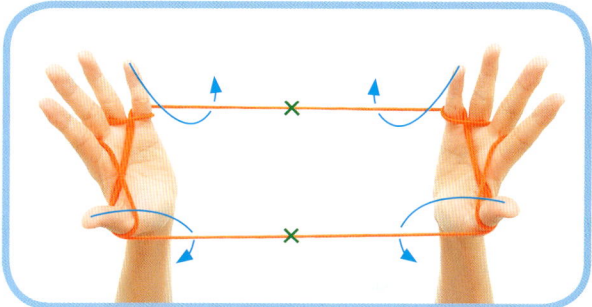

3 화살표 방향으로 엄지손가락과 새끼손가락을 내려 ×부분을 풉니다.

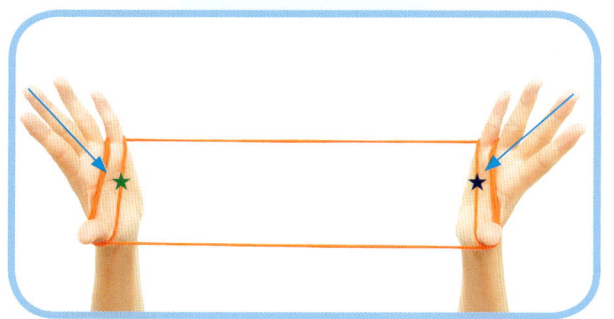

2 ★부분을 오른손 가운뎃손가락으로, ★부분을 왼손 가운뎃손가락으로 겁니다.

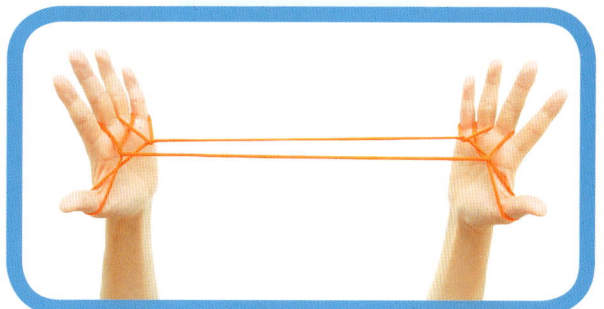

4 완성! '늘어났다 줄어드는 신기한 고무줄'이 완성되었어요.

움직여 볼까요?

엄지손가락과 새끼손가락을 마주대요. ↔ 엄지손가락과 새끼손가락을 활짝 펼칩니다.

고무줄이 늘어났다 줄어들어요!

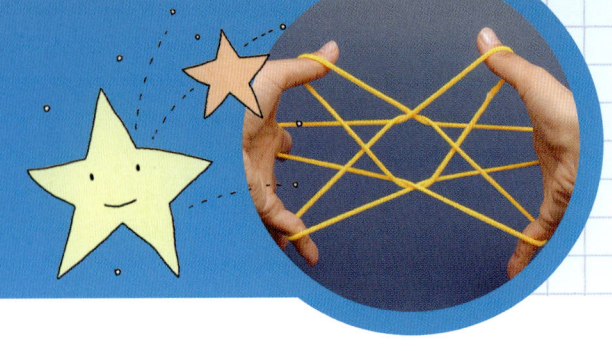

반짝반짝 빛나는 별

난이도 ★★☆☆☆ 짧은 실

1 '기본 준비 모양'에서 시작합니다.
★부분을 화살표 방향으로 엄지손가락과 새끼손가락에 각각 한 바퀴씩 더 감아 주세요.

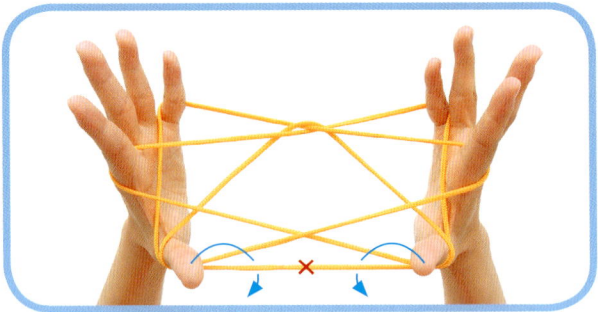

4 엄지손가락을 화살표 방향으로 내려 ✕부분을 풉니다.

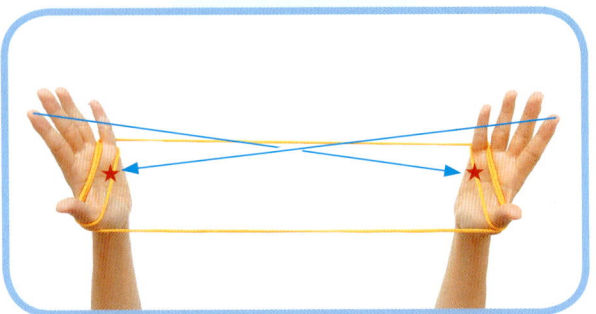

2 양쪽 집게손가락으로 반대쪽 손바닥의 ★부분을 걸어서 당깁니다.

다른 실이 풀리지 않도록 조심하세요.

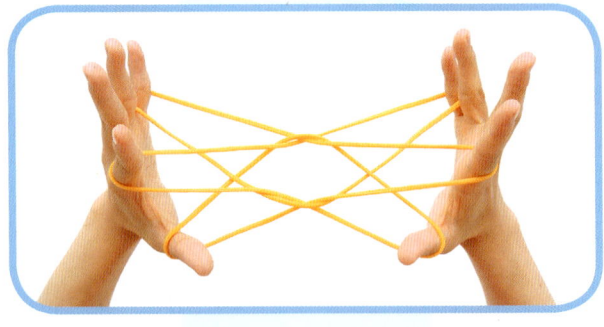

5 ✕부분을 푼 모습이에요.
손가락 끝을 몸 바깥쪽으로 향하게 하면······.

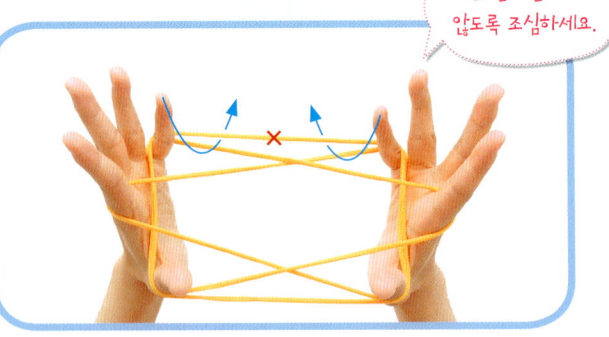

3 새끼손가락을 화살표 방향으로 내려 ✕부분을 풉니다.

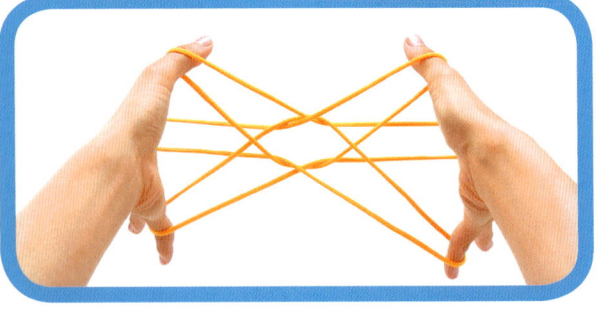

6 완성! '반짝반짝 빛나는 별'이 완성됩니다.

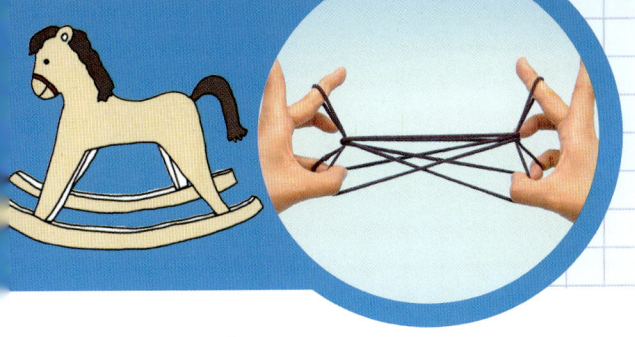

흔들흔들 목마

난이도 ★★☆☆☆ 짧은 실

1 '기본 준비 모양'에서 시작합니다.
★부분을 화살표 방향으로 엄지손가락과 새끼손가락에 각각 한 바퀴씩 더 감아 주세요.

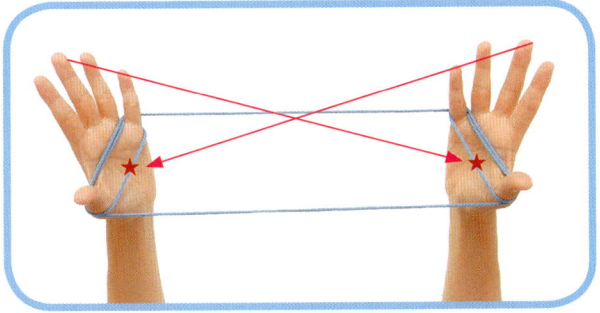

2 양쪽 가운뎃손가락으로 반대쪽 손바닥의 ★부분을 걸어서 당깁니다.

실뜨기짱의 한마디

④번에서는 실을 누르면서 풀어 주세요! 중간까지는 '반짝반짝 빛나는 별'과 똑같아요.

4 실을 누르고 있는 모습이에요.
그대로 엄지손가락과 새끼손가락을 아래로 내려요.
✕부분의 실이 자연스럽게 풀립니다.

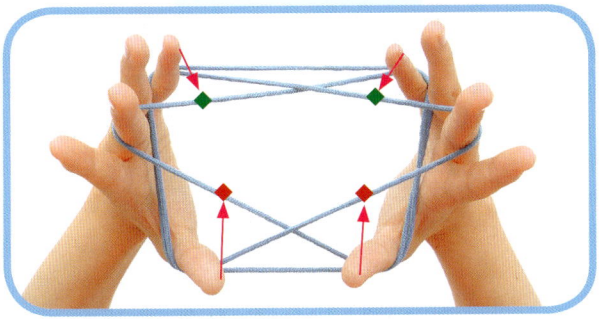

3 엄지손가락으로 ◆부분을, 새끼손가락으로 ◆부분을 누릅니다.

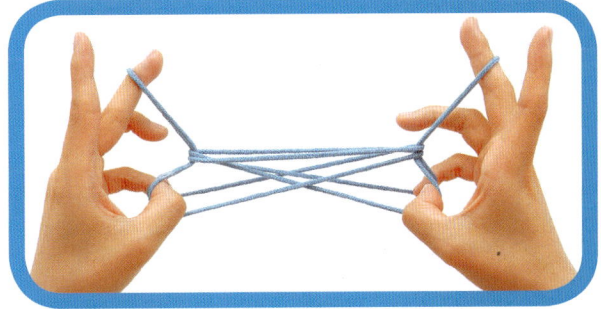

5 완성! '흔들흔들 목마'가 완성되었어요.

마녀의 요술 빗자루

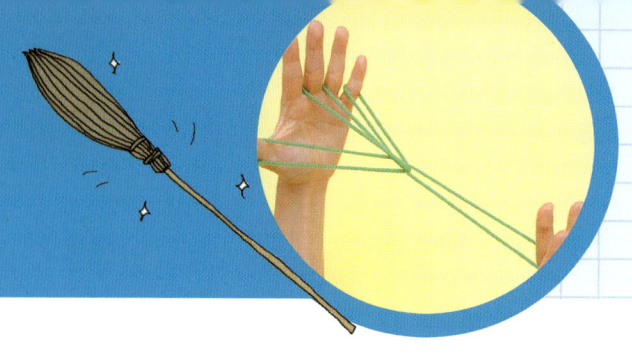

난이도 ★★☆☆☆ 긴 실

실 거는 방법

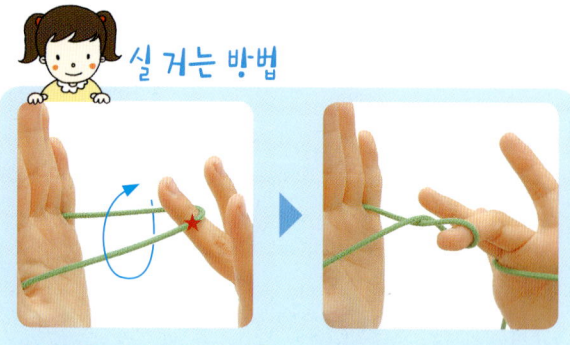

★부분을 손가락에 건 다음 손가락을 돌려서 한 번 꼬아 주세요.

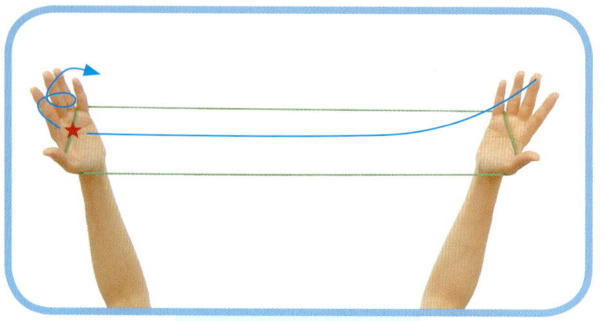

1 '기본 준비 모양'에서 시작합니다. 오른손 가운뎃손가락으로 왼손의 ★부분을 건 다음 한 번 꼬아서 당겨요.

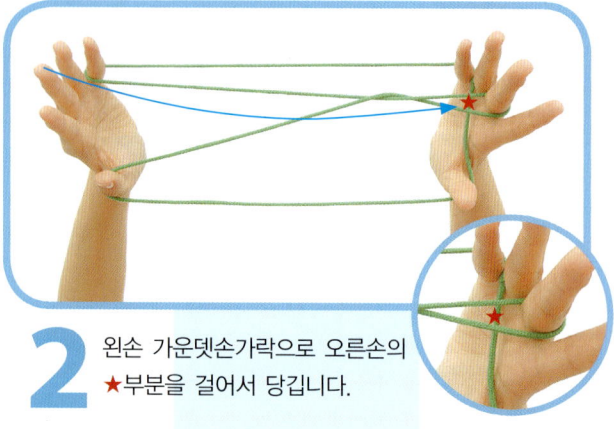

2 왼손 가운뎃손가락으로 오른손의 ★부분을 걸어서 당깁니다.

짝

4 손뼉을 치듯이 양손을 붙이고 오른손 엄지손가락과 새끼손가락의 실을 풉니다.

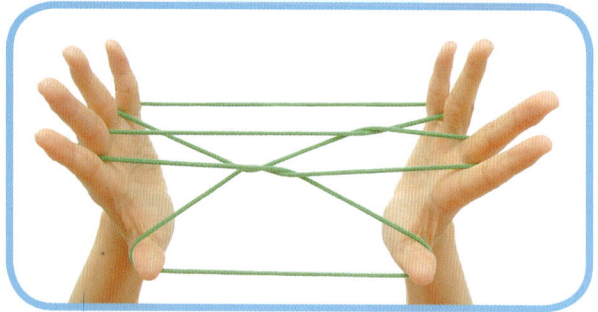

3 실을 걸고 난 뒤의 모습이에요.

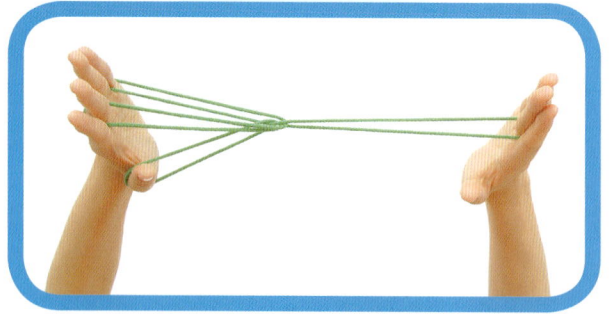

5 완성! 양쪽으로 손을 벌리면 '마녀의 요술 빗자루'가 완성됩니다.

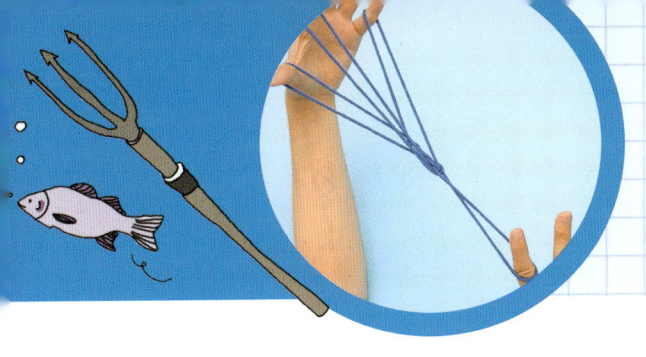

헤라클레스의 삼지창

난이도 ★★☆☆☆   긴 실

실 거는 방법

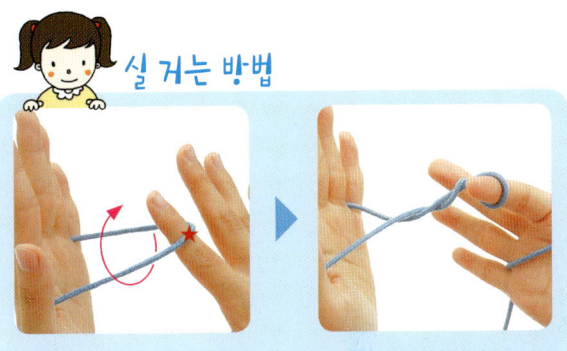

★부분을 손가락에 건 다음 손가락을 서너 번 돌려서 꼬아 줍니다.

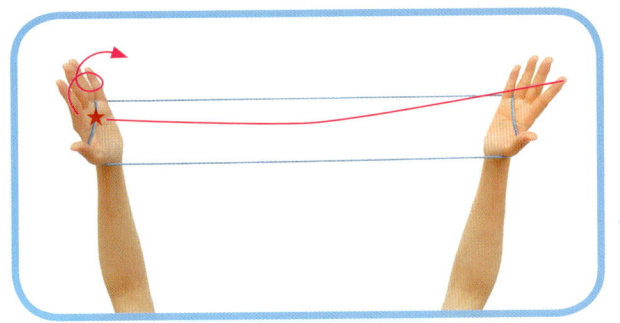

1 '기본 준비 모양'에서 시작합니다. 오른손의 집게손가락으로 왼손의 ★부분을 건 뒤 서너 번 꼬아서 당깁니다.

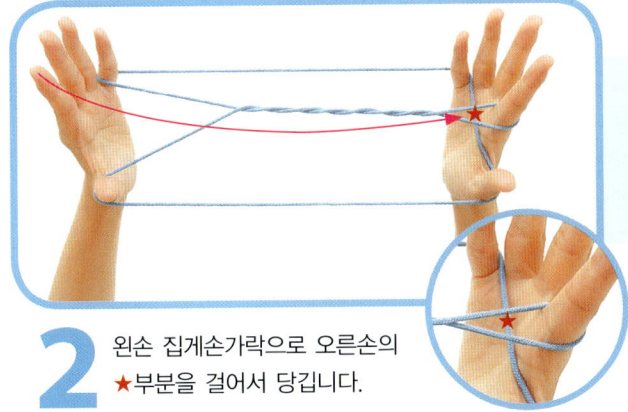

2 왼손 집게손가락으로 오른손의 ★부분을 걸어서 당깁니다.

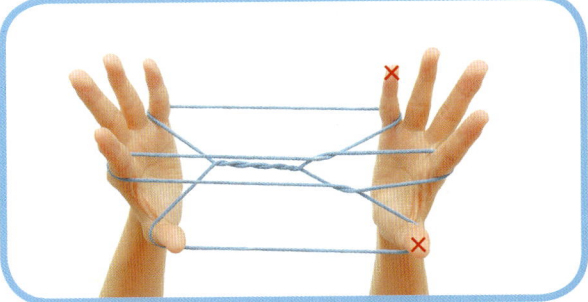

3 오른손 엄지손가락과 새끼손가락에 걸려 있는 실을 풉니다.

실뜨기짱의 한마디

손가락을 돌릴 때는 실이 빠지지 않도록 조심하세요.

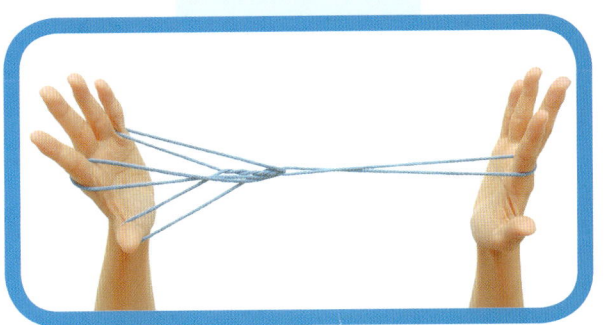

4 완성! '헤라클레스의 삼지창'이 완성되었습니다.

구름 속 달님

난이도 ★★☆☆☆ 긴 실

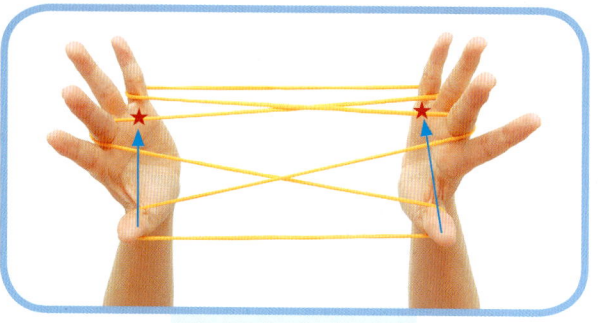

1 '가운뎃손가락 준비 모양'에서 시작합니다. 양쪽 엄지손가락으로 ★ 부분을 걸어요.

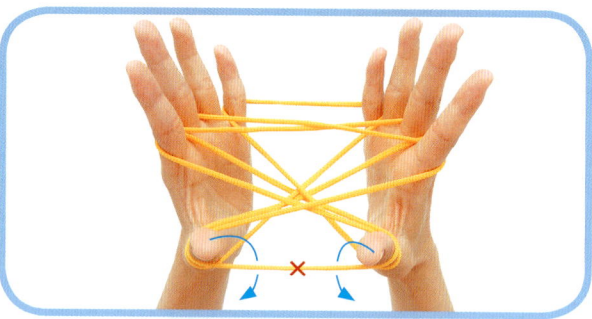

4 엄지손가락을 화살표 방향으로 내려서 ✕ 부분을 천천히 풉니다.

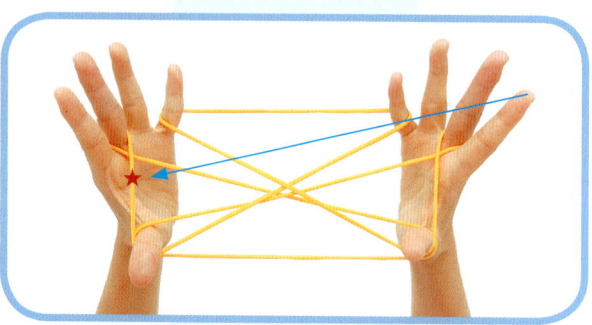

2 실을 걸고 난 뒤의 모습이에요. 오른손 집게 손가락으로 왼손의 ★ 부분을 걸어서 당깁니다.

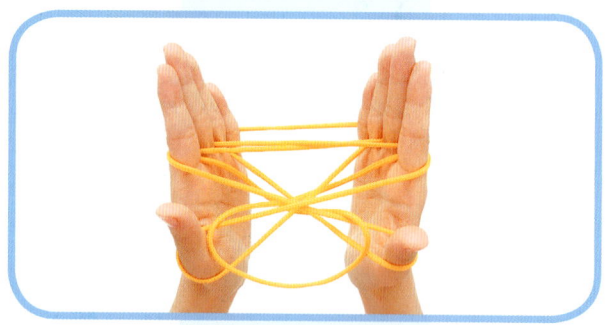

5 푼 실은 그대로 둡니다. 손가락 끝이 몸 바깥쪽을 향하게 하면……

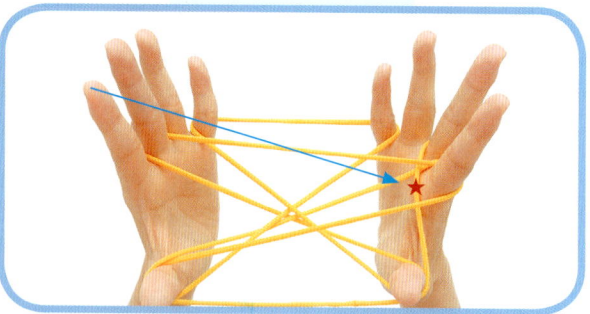

3 왼손 집게손가락으로 오른손의 ★ 부분을 걸어서 당깁니다.

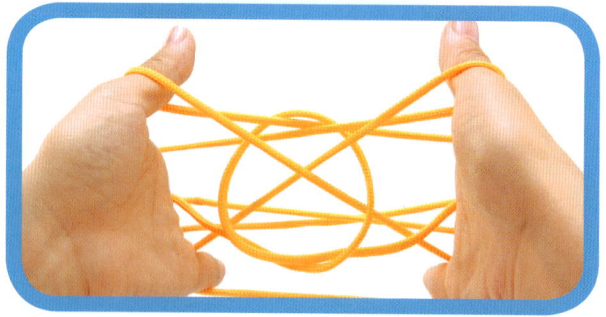

6 완성! '구름 속 달님'이 완성됩니다.

선비의 부채

난이도 ★★☆☆☆ 짧은 실

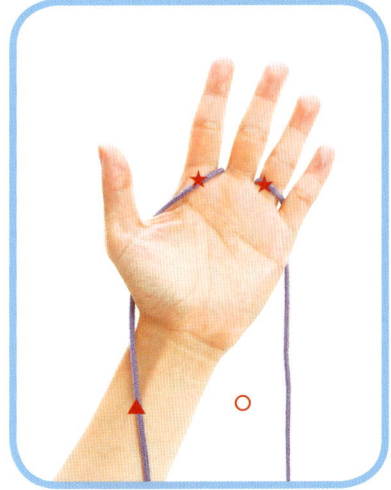

1 왼손 엄지손가락, 가운뎃손가락, 새끼손가락에 실을 걸어요. 그런 다음 ▲ 부분의 아래로 오른손을 넣어 ○ 쪽으로 뺍니다.

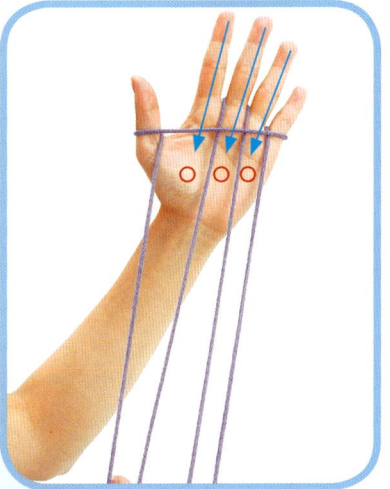

3 왼손 집게손가락, 가운뎃손가락, 약손가락을 ○ 부분으로 각각 넣습니다. 그런 뒤 오른손으로 잡고 있는 실을 왼손의 손등 쪽으로 넘깁니다.

실 거는 방법

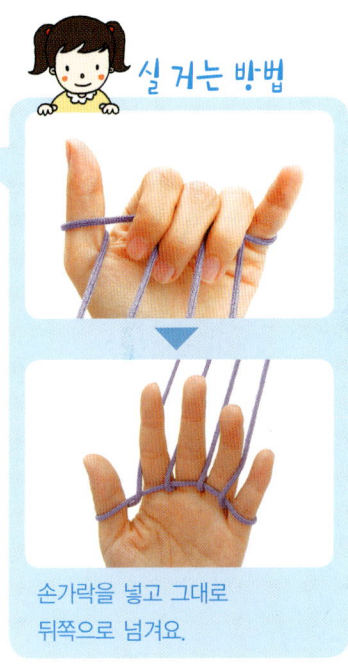

손가락을 넣고 그대로 뒤쪽으로 넘겨요.

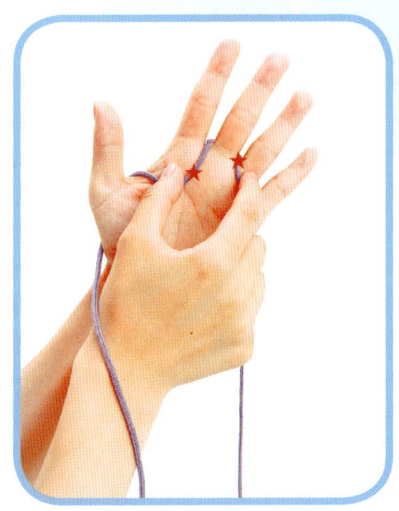

2 오른손 엄지손가락과 집게손가락으로 ★부분을 각각 잡은 다음 아래로 끌어내립니다.

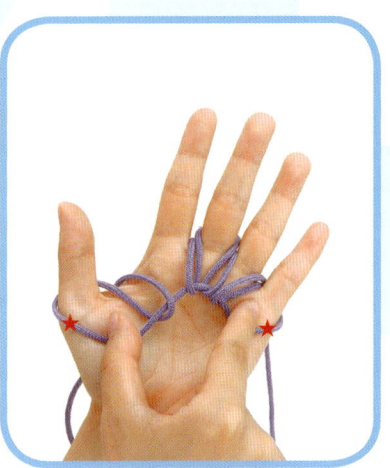

4 오른손 엄지손가락과 집게손가락으로 ★부분을 걸어 아래로 끌어당깁니다.

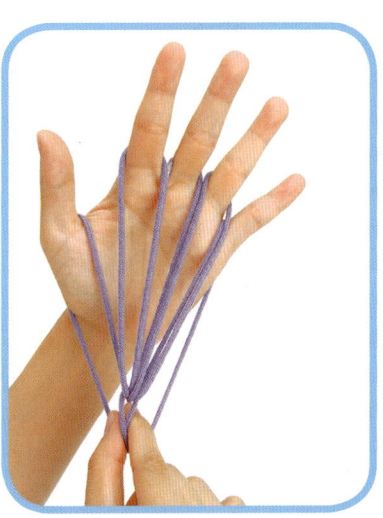

6 완성! '선비의 부채'가 완성됩니다.

멋진 황금 왕관

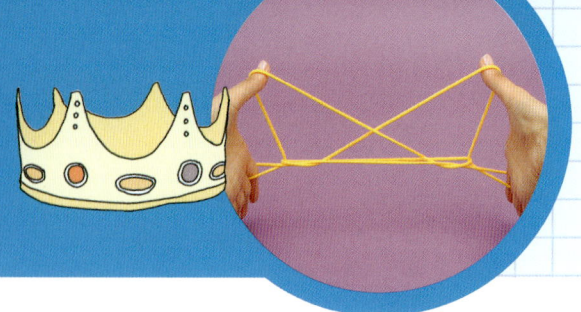

난이도 ★★☆☆☆ 짧은 실

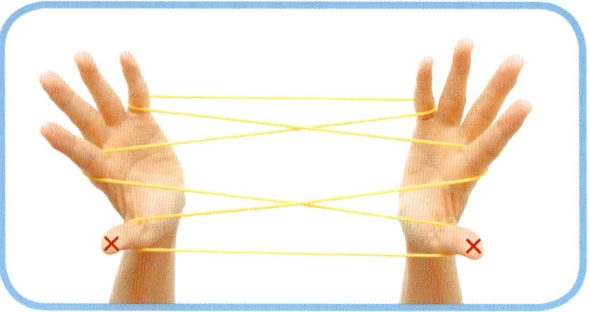

1 '집게손가락 준비 모양'에서 시작합니다. 양쪽 엄지손가락에서 실을 풀어요.

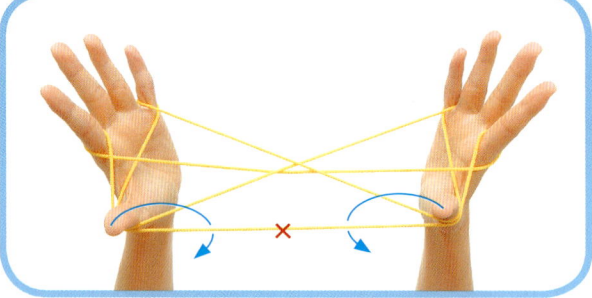

4 화살표 방향을 따라 엄지손가락을 안쪽으로 내려서 ✕ 부분을 풉니다.

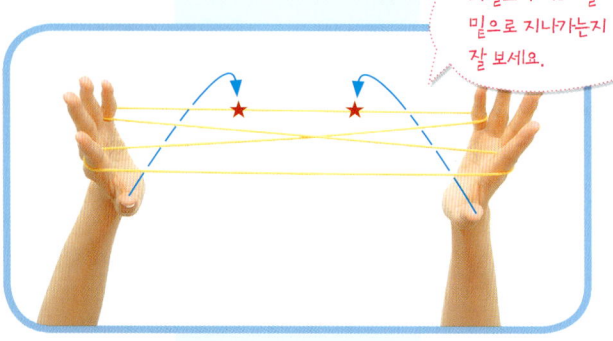

화살표가 어느 실 밑으로 지나가는지 잘 보세요.

2 양쪽 엄지손가락을 화살표 방향으로 움직여 ★ 부분을 걸어요.

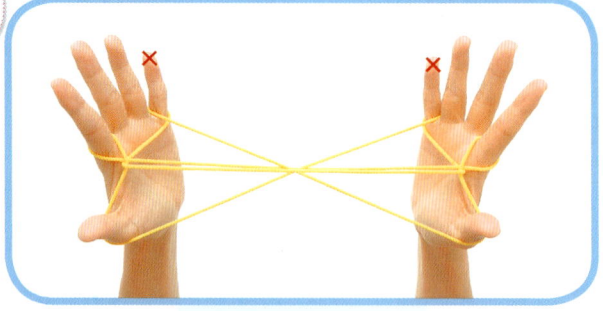

5 양쪽 새끼손가락에 걸린 실을 풀어요.

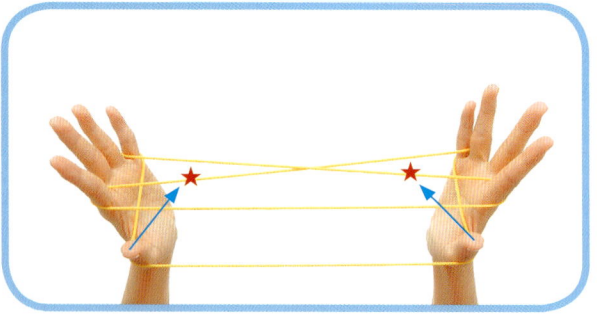

3 실을 걸고 난 뒤의 모습이에요. 양쪽 엄지손가락으로 위쪽에서 ★ 부분을 걸어요.

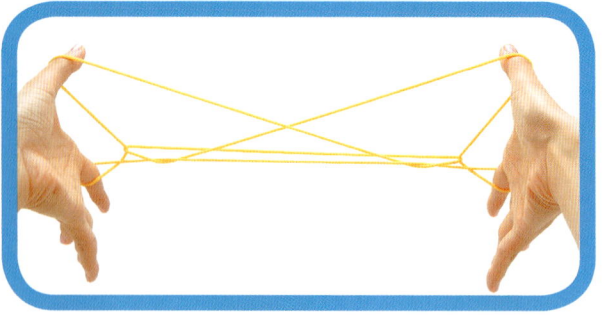

6 완성! 손가락 끝을 몸 바깥쪽으로 향하게 하면 '멋진 황금 왕관'이 완성됩니다.

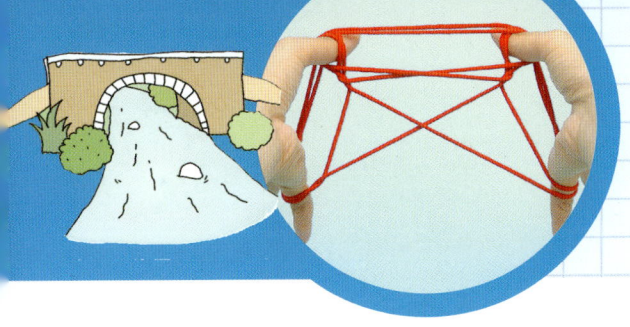

튼튼한 다리

난이도 ★★☆☆☆ 긴 실

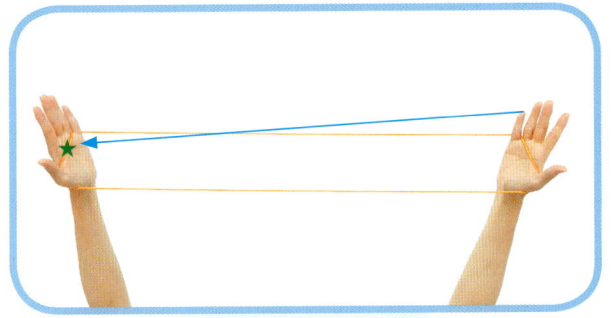

1 '기본 준비 모양'에서 시작합니다.
오른손 새끼손가락으로 왼손의 ★부분을 걸어 당겨요.

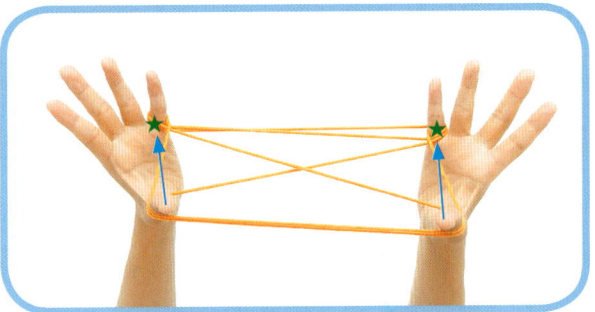

4 양쪽 새끼손가락에 걸려 있는 ★부분의
실 두 줄을 엄지손가락으로 겁니다.

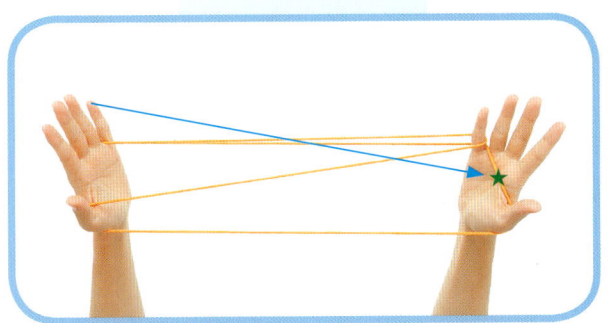

2 왼손 새끼손가락으로 오른손의 ★부분을 걸어
당깁니다.

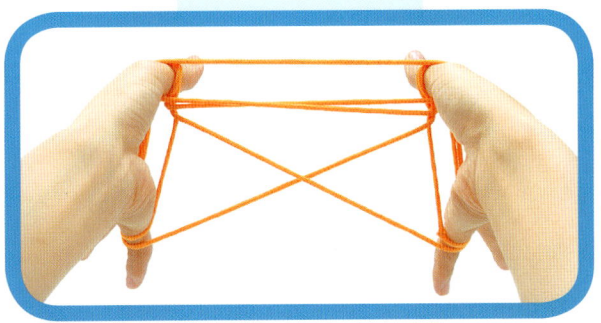

5 완성! 손가락 끝을 몸 바깥쪽으로 향하게
하면 '튼튼한 다리'가 완성되지요.

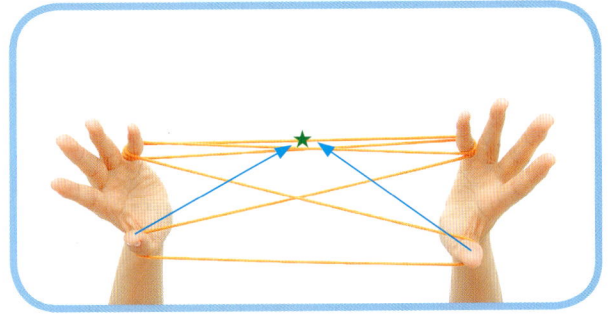

3 양쪽 엄지손가락으로 ★부분을 겁니다.

실뜨기짱의 한마디

다른 실을 걸지 않도록
조심하세요.

높은 산봉우리

난이도 ★★★☆☆　긴 실

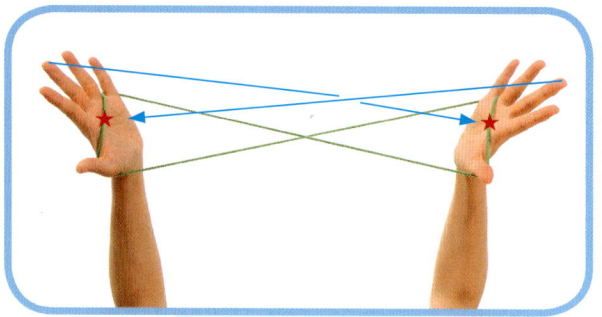

1 '나비 준비 모양'에서 시작합니다. 양쪽 가운뎃손가락으로 반대쪽 손의 ★부분을 걸어서 당깁니다.

4 실을 넘기고 있는 모습이에요. 다 넘긴 다음 손가락을 몸 바깥쪽으로 향하게 합니다.

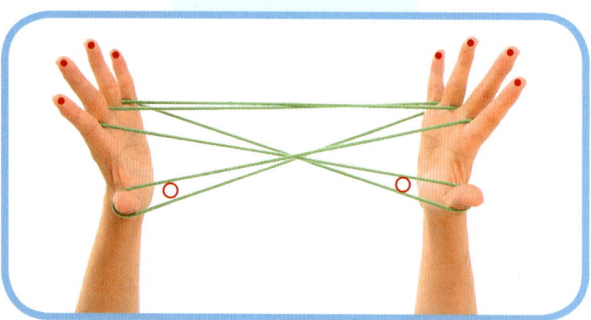

2 ○부분에 집게손가락, 가운뎃손가락, 약손가락, 새끼손가락을 넣어서 실을 모아 쥐어요.

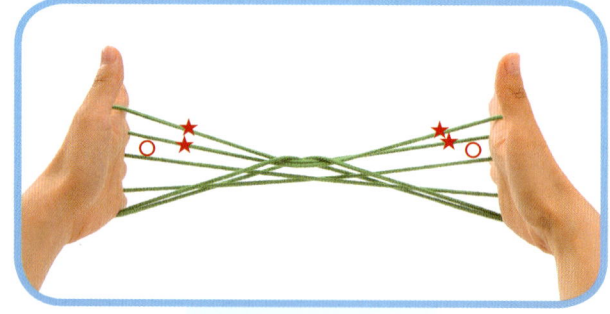

5 양쪽 엄지손가락을 ○부분에 넣어 ★표시가 된 실 두 줄을 위로 올립니다.

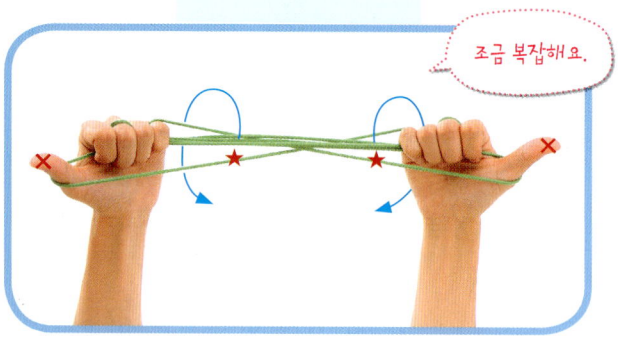

조금 복잡해요.

3 ★부분을 엄지손가락에서 빼면서 손등 쪽으로 넘깁니다.

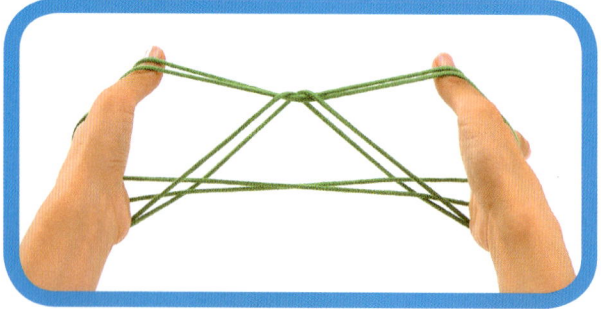

6 완성! '높은 산봉우리'가 완성되었어요.

잠자는 두뇌를 깨우는
고급 실뜨기에
도전해 봅시다

열 손가락이 모두 말랑말랑해져요.

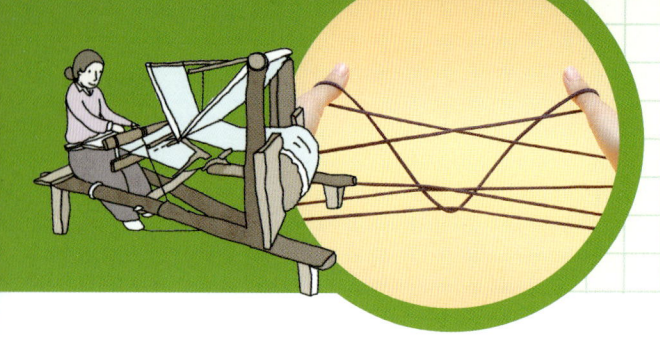

옷감을 짜는 베틀

난이도 ★★☆☆☆ 긴 실

'베틀'은 옷감을 짜는 기계를 말합니다. 삼각형 모양이 위아래로 움직이는 모습이 재미있지요.

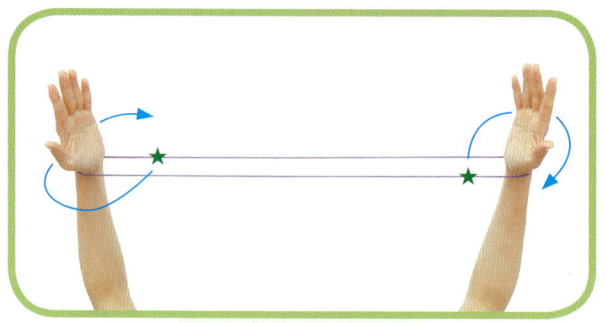

1 실을 양쪽 손목에 걸고 화살표 방향에 따라 ★ 부분을 손목에 한 바퀴씩 감습니다.

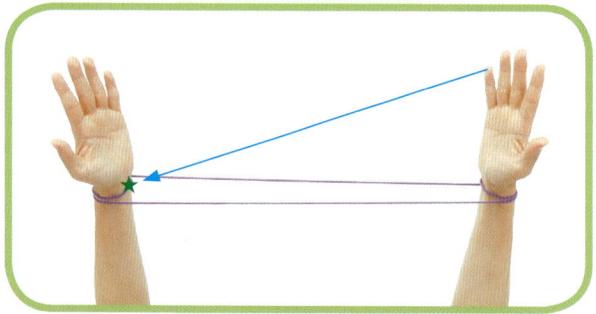

2 오른손 새끼손가락으로 왼쪽 손목의 ★ 부분을 걸어서 당깁니다.

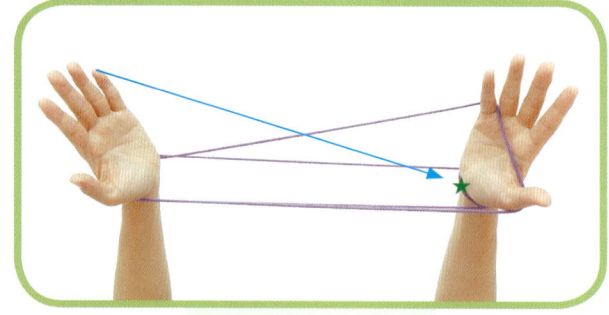

4 왼손 새끼손가락으로 오른쪽 손목의 ★ 부분을 걸어서 당깁니다.

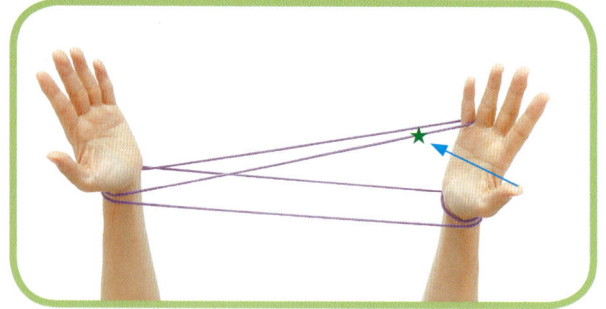

3 오른손 엄지손가락으로 ★ 부분을 걸어요.

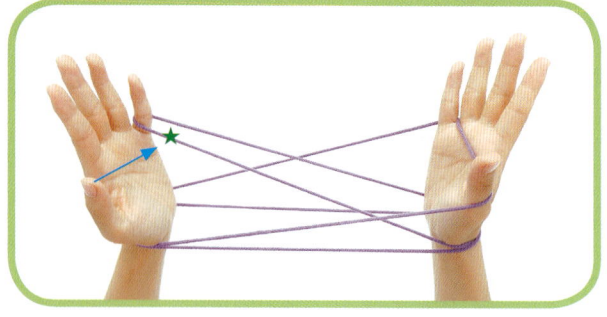

5 왼손 엄지손가락으로 ★ 부분을 걸어요.

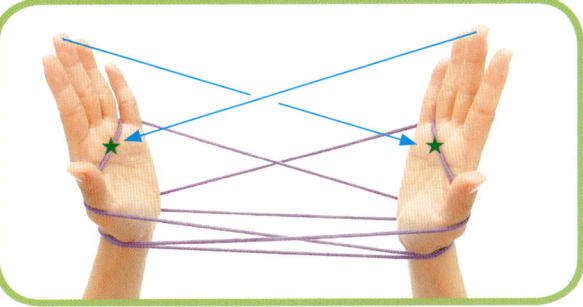

6 가운뎃손가락으로 서로 반대쪽 손바닥의 ★ 부분을 걸어서 당깁니다.

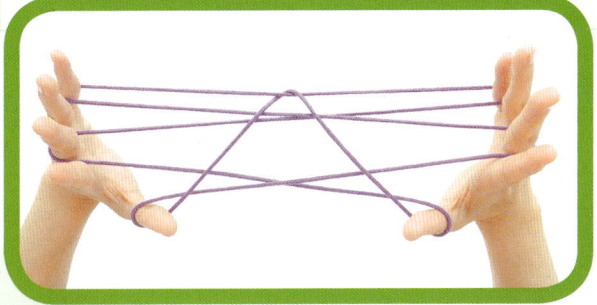

8 완성! '옷감을 짜는 베틀'이 완성되었습니다.

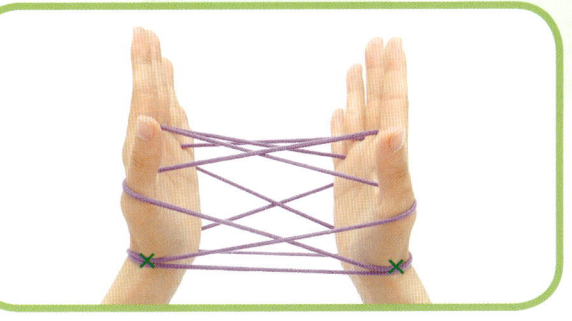

7 양쪽 손목 ✗ 부분에 있는 실 두 줄을 반대쪽 손을 사용해 손목에서 풀어 주세요.

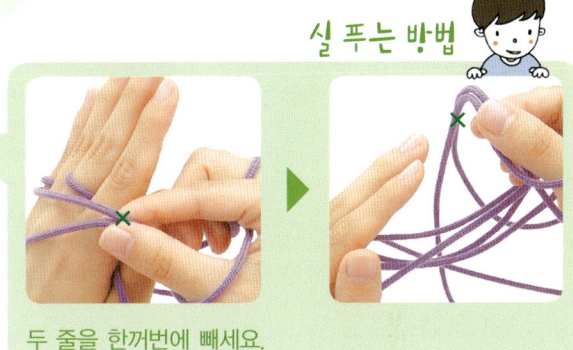

실 푸는 방법

두 줄을 한꺼번에 빼세요.

★움직여 볼까요?★

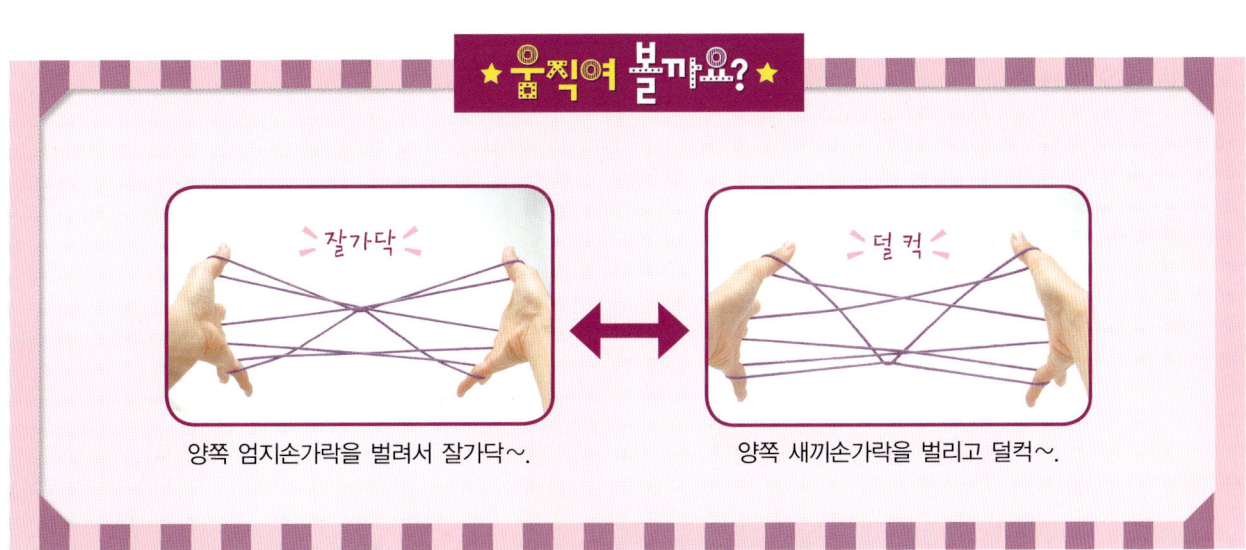

양쪽 엄지손가락을 벌려서 잘가닥~.

양쪽 새끼손가락을 벌리고 덜컥~.

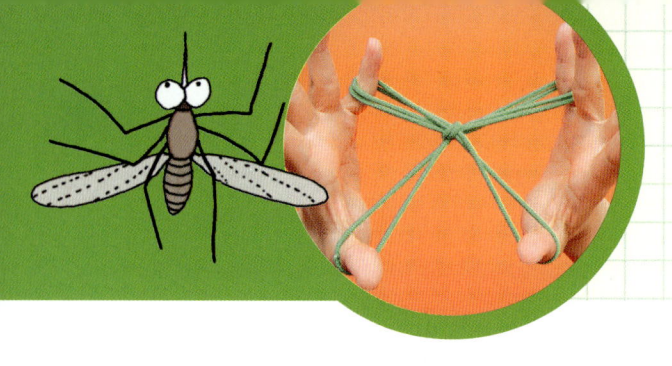

한여름밤 모기

난이도 ★★☆☆☆ 긴 실

다음 쪽의
'재미있게 놀아요'에서
'한여름밤 모기'를 사라지게
해 보세요.

1 실을 양쪽 엄지손가락에 걸고, 왼손은 ②번과 같은 모양이 되도록 화살표 방향에 따라 한 바퀴 감습니다.

2 ★부분에 있는 두 줄의 실을 오른손 새끼손가락으로 위에서 아래로 걸어요.

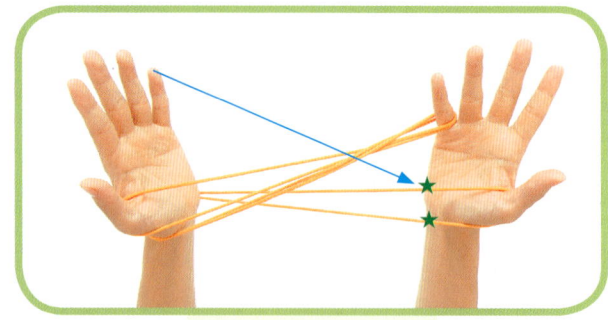

4 오른손 엄지손가락에 걸린 ★부분의 실 두 줄을 왼손 새끼손가락으로 겁니다.

3 실을 걸고 있는 모습이에요.
그대로 손가락을 들면서 손을 쫙 폅니다.

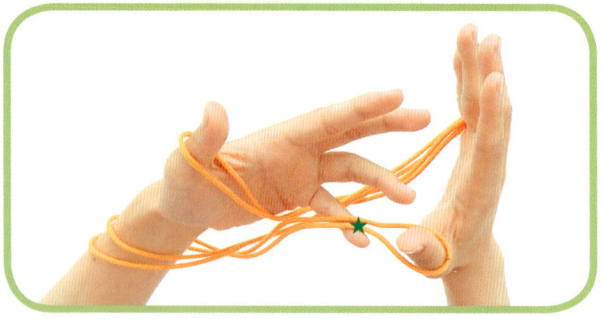

5 실을 걸고 있는 모습이에요.
그대로 손가락을 들면서 손을 쫙 폅니다.

6 오른손으로 왼쪽 손등에 있는 ✕ 부분의 실 두 줄을 풀어 줍니다.

7 실을 풀고 있는 모습이에요. 다 풀고 나면 양손을 펴서 묶인 부분이 가운데에 오도록 잘 조절합니다.

8 완성! '한여름밤 모기'가 완성되었어요.

재미있게 놀아요

'모기'가 사라졌어요!

양 손바닥을 붙인 다음, 새끼손가락의 실을 풀면서 손바닥을 쫙 벌려 보세요. **'모기'**가 사라질 거예요.

짝!

모기가 사라졌다!

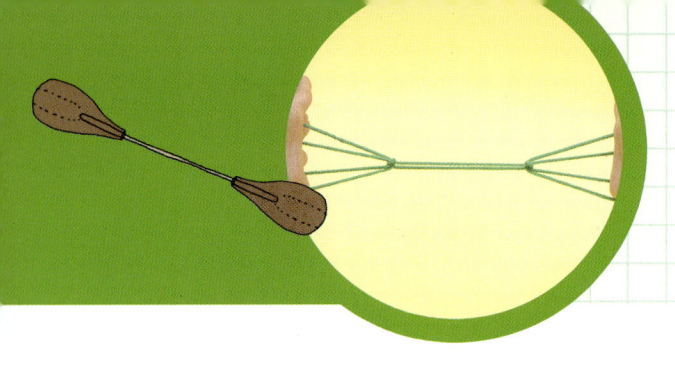

영차영차 배 젓는 노

난이도 ★★★☆☆ 짧은 실

1 '집게손가락 준비 모양'에서 시작합니다.
엄지손가락을 뺀 나머지 네 손가락을 ○부분에 넣어요.

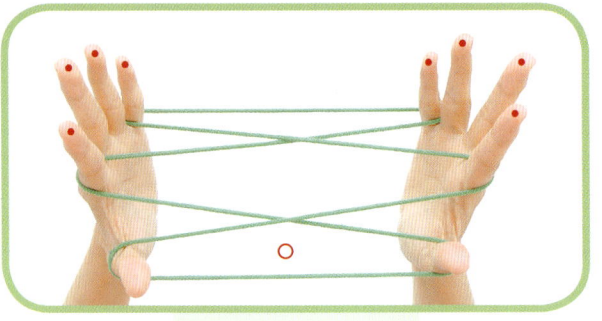

실 거는 방법

★부분을 풀고 가운뎃손가락에 다시 걸어요.

2 네 손가락으로 ★부분을 엄지손가락에서 풀면서 손등 쪽으로 빙글 돌립니다.

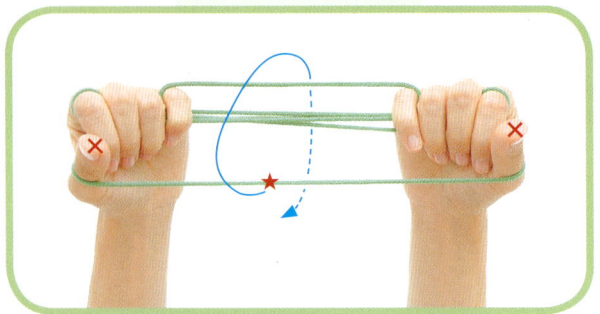

4 양쪽 손등에 있는 실의 ★부분을 각각 반대쪽 손을 이용해서 가운뎃손가락에 겁니다.

3 양쪽 엄지손가락으로 ★부분을 걸고 집게손가락에 걸려 있는 실을 풀어요.

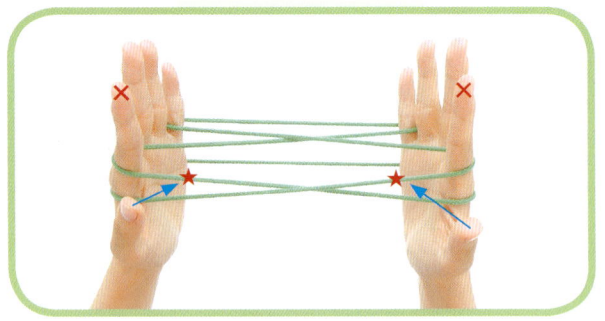

5 양쪽 새끼손가락을 ○부분에 넣습니다.

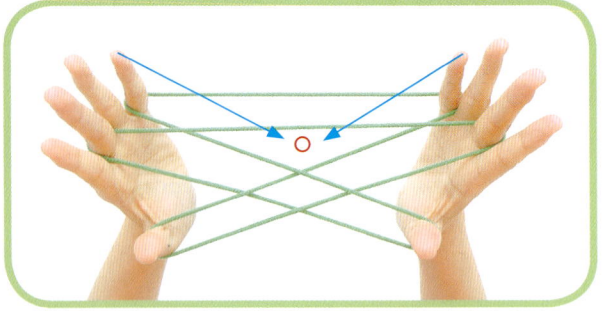

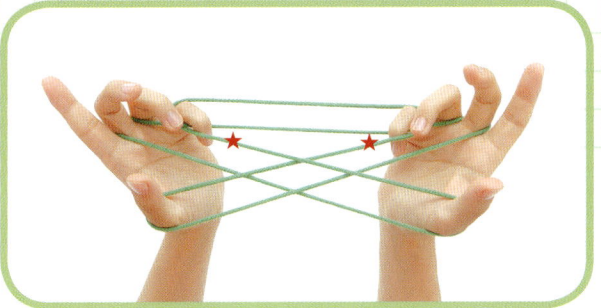

6 손가락을 넣은 모습이에요.
그 상태에서 양쪽 새끼손가락으로 ★부분을 겁니다.

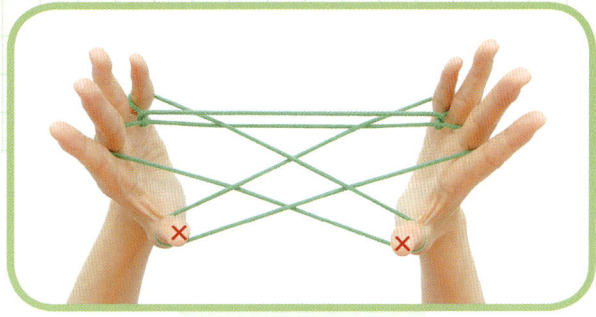

8 양쪽 엄지손가락에 걸려 있는 실을 풀어요.

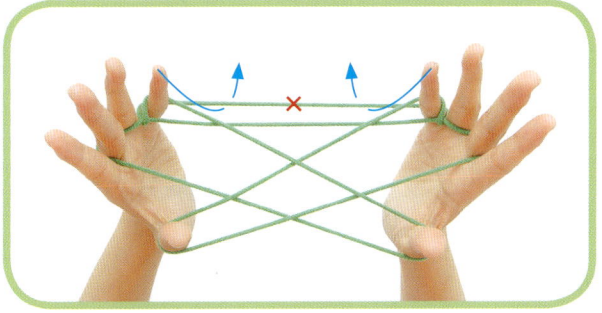

7 새끼손가락을 화살표 방향으로 내려서 ×부분을 풉니다.

9 완성! '영차영차 배 젓는 노'가 완성되었어요.

'마스크'에 도전해 봐요!

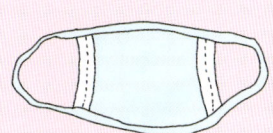

'배 젓는 노'에서 '마스크'를 만들 수 있어요.

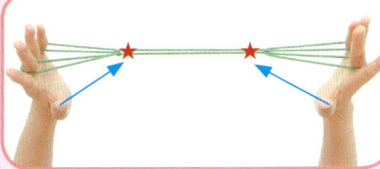

10 양쪽 엄지손가락으로 ★부분을 겁니다.

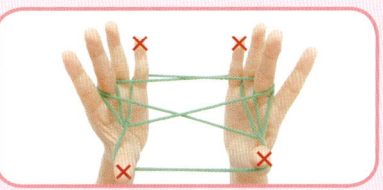

12 양쪽 엄지손가락과 새끼손가락에 걸려 있는 실을 풉니다.

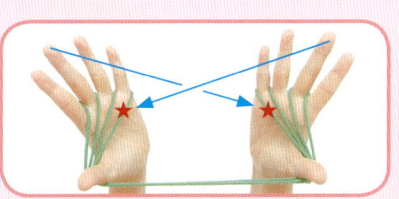

11 양쪽 가운뎃손가락으로 서로 반대쪽 ★부분을 걸어서 당겨요.

13 가운뎃손가락에 걸린 실을 양손으로 쥡니다.

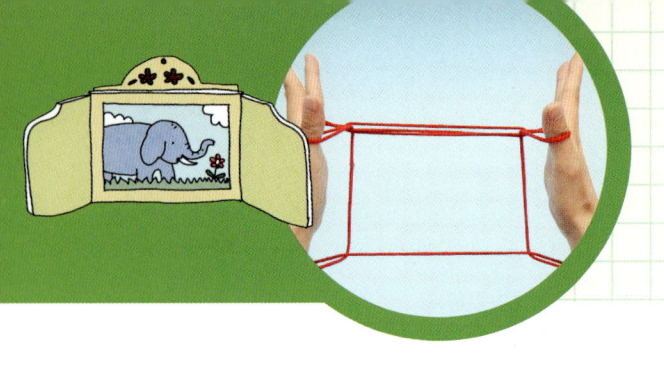

예쁜 그림 액자

난이도 ★★★☆☆   긴 실

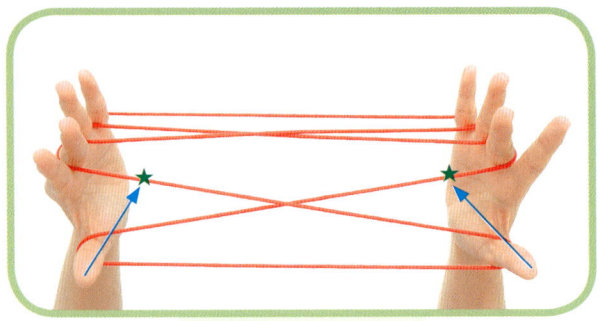

1 '가운뎃손가락 준비 모양'에서 시작합니다. 엄지손가락으로 ★부분을 각각 걸어요.

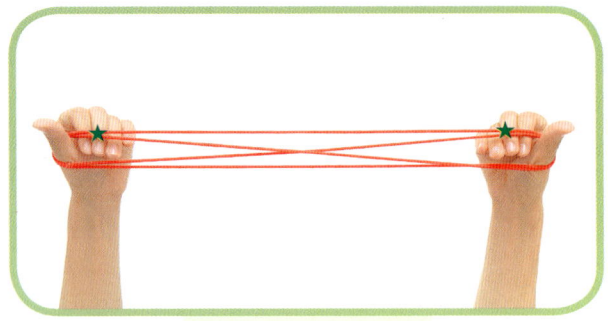

4 손가락을 넣은 모습이에요. 그대로 네 손가락을 세워 ★부분의 실을 손목까지 내립니다.

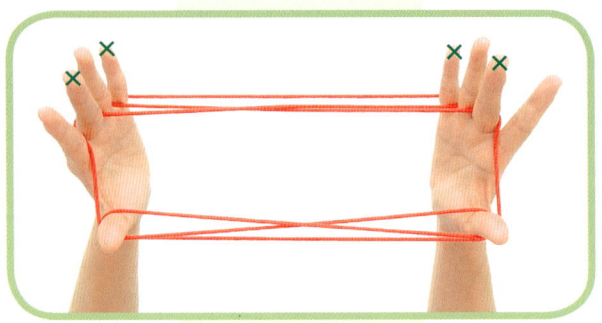

2 새끼손가락과 가운뎃손가락에 걸려 있는 실을 풉니다.

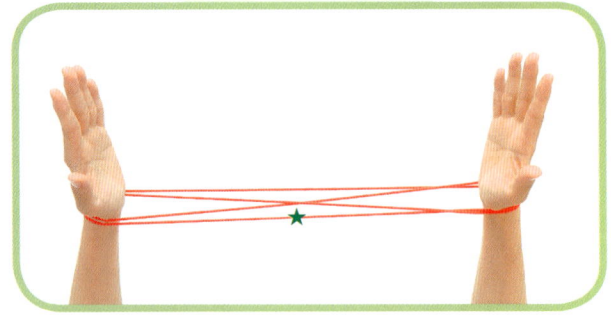

5 오른손으로 ★부분을 왼쪽 손목에서 푼 다음 왼손 엄지손가락과 새끼손가락에 겁니다.

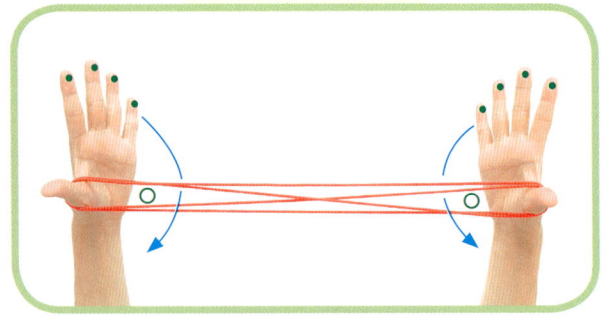

3 엄지손가락 외의 네 손가락을 구부려 화살표 방향을 따라 아래쪽에서 ○부분에 넣습니다.

실 거는 방법

★부분을 푼 다음 엄지손가락과 새끼손가락에 다시 걸어요.

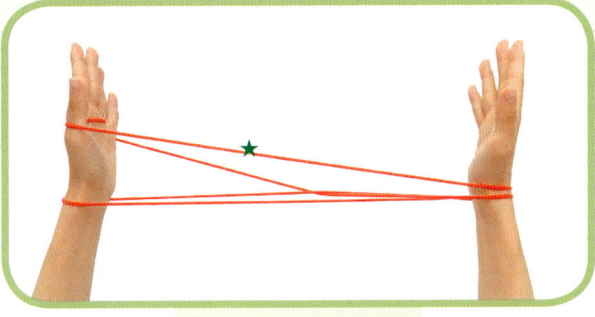

6 같은 방법으로 ★부분을 오른쪽 손목에서 푼 다음 오른손 엄지손가락과 새끼손가락에 겁니다.

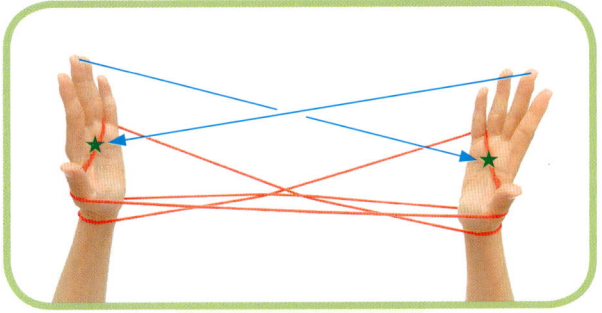

7 양쪽 가운뎃손가락으로 서로 반대쪽 손의 ★부분을 걸어서 당깁니다.

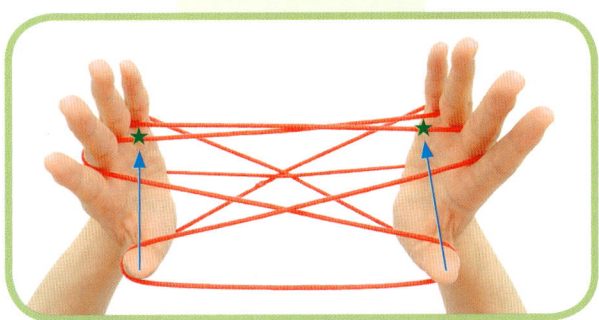

8 양쪽 엄지손가락으로 ★부분을 걸어요.

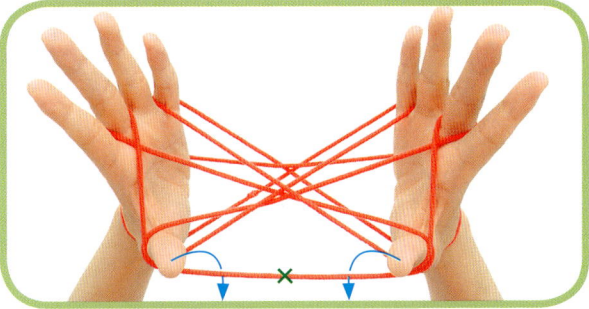

9 엄지손가락을 화살표 방향으로 내려서 ×부분의 실을 풉니다.

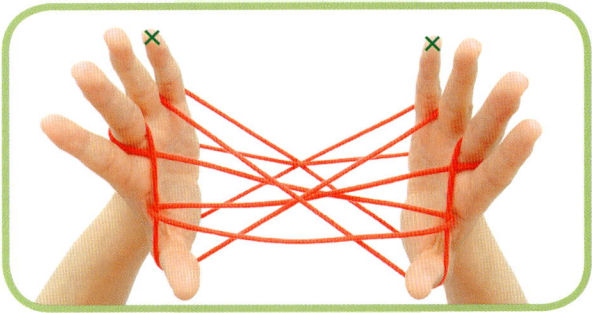

10 새끼손가락에 걸려 있는 실을 풉니다.

11 완성! '예쁜 그림 액자'가 완성되었어요.

37

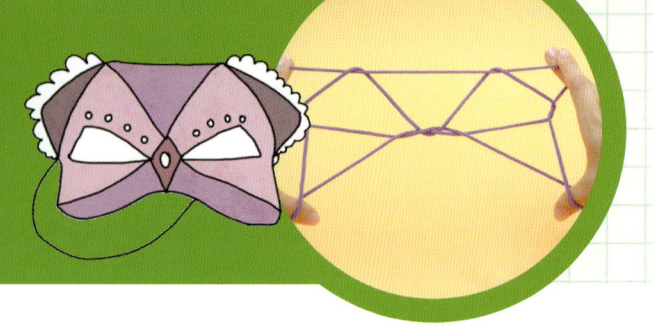

무도회 가면

난이도 ★★★☆☆ 짧은 실

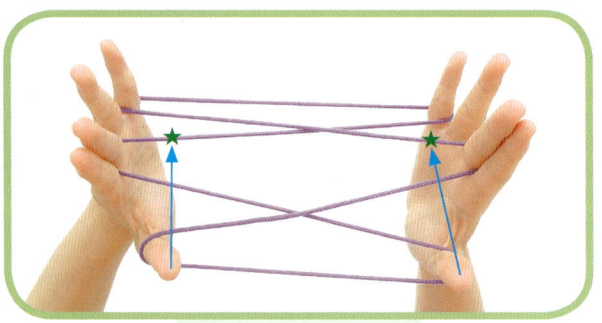

1 '가운뎃손가락 준비 모양'에서 시작합니다.
양쪽 엄지손가락으로 ★부분을 걸어요.

실뜨기짱의 한마디

⑥번부터 ⑪번까지의 방법은 다른 작품에도 자주 나와요. 잘 기억해 두세요.

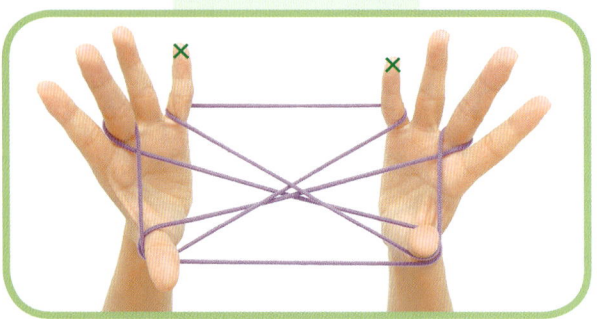

2 새끼손가락에 걸려 있는 실을 풉니다.

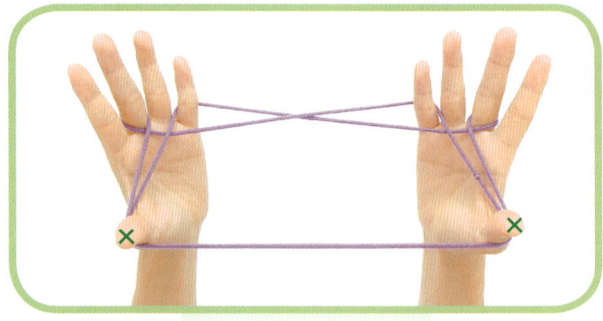

4 엄지손가락에 걸려 있는 실을 풀어요.

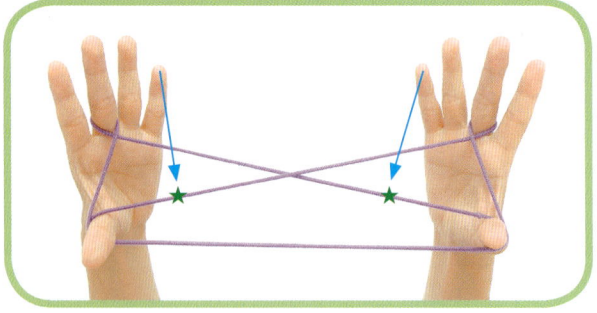

3 새끼손가락으로 ★부분을 겁니다.

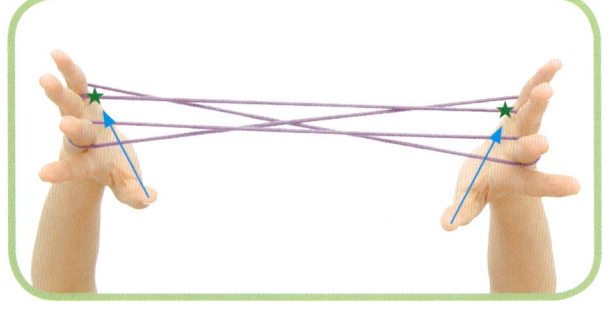

5 양쪽 엄지손가락으로 새끼손가락에 걸려 있는 ★부분의 실을 걸어요.

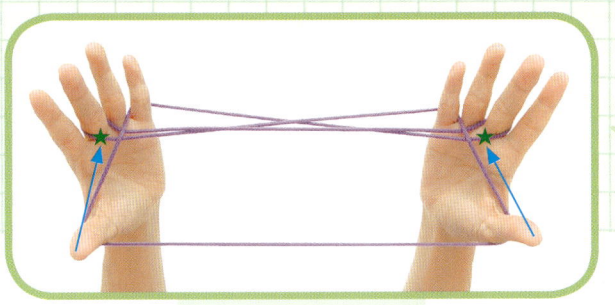

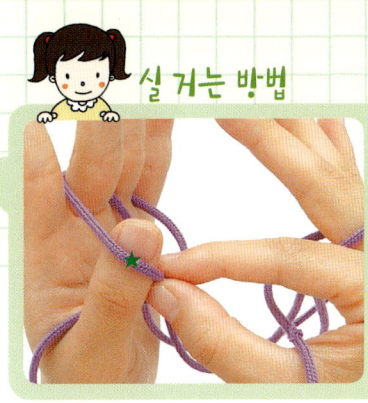

실 거는 방법

반대쪽 손을 사용해서 실을 걸어요.

6 엄지손가락으로 양쪽 가운뎃손가락의 ★ 부분을 겁니다.

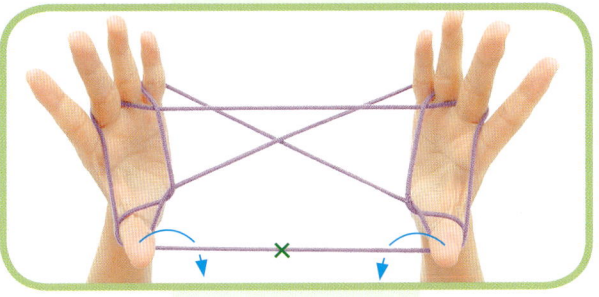

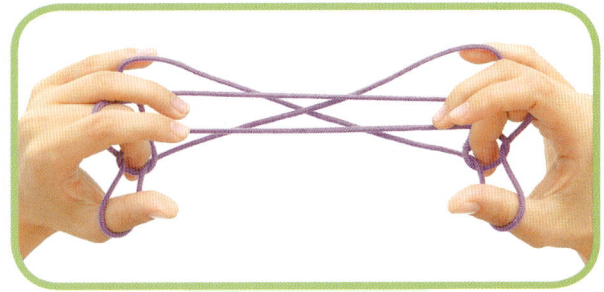

7 양쪽 엄지손가락을 화살표 방향으로 내려서 × 부분을 풀어 줍니다.

10 손바닥을 몸 바깥쪽으로 펼치면…….

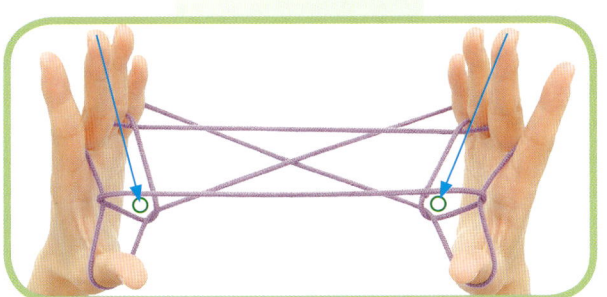

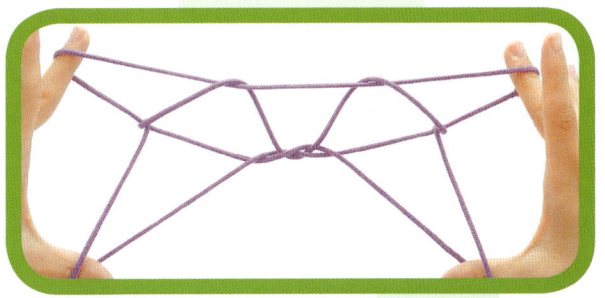

8 가운뎃손가락을 ○ 부분에 넣습니다.

11 완성! '무도회 가면'이 완성되었어요.

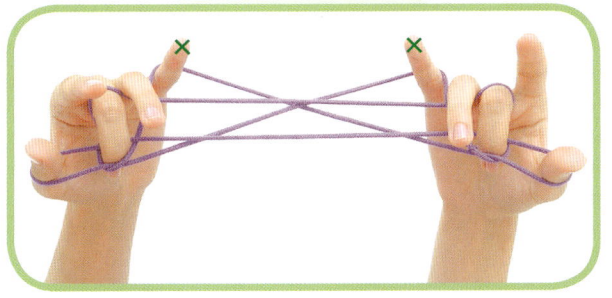

9 가운뎃손가락을 넣은 모습이에요.
그 상태에서 새끼손가락에 걸려 있는 실을 풉니다.

여기서 잠깐!

거꾸로 하면 '안경'이 된답니다!

1단 사다리

난이도 ★★★☆☆ 짧은 실

짧은 실을 사용하면
예쁜 '사다리'를 만들 수 있어요.
⑥번에서 ⑩번까지는
'무도회 가면'을 만드는
방법과 똑같아요.

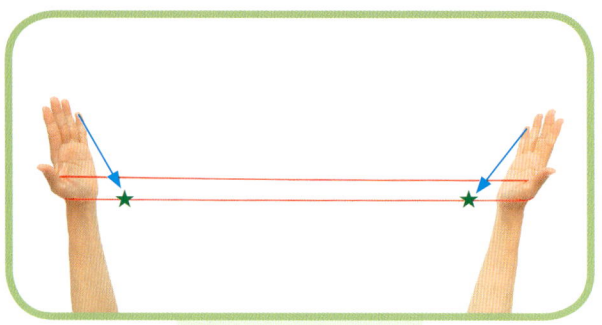

1 실을 양쪽 엄지손가락에 걸고 새끼손가락으로 ★부분을 겁니다.

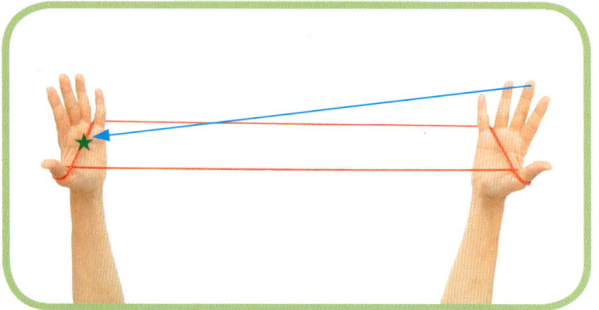

2 오른손의 가운뎃손가락으로 왼손의 ★부분을 걸어서 당깁니다.

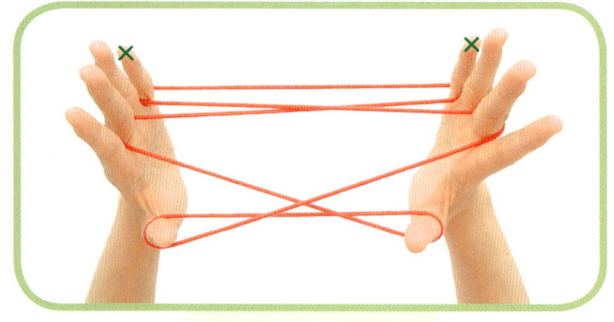

4 양쪽 새끼손가락에 걸려 있는 실을 풉니다.

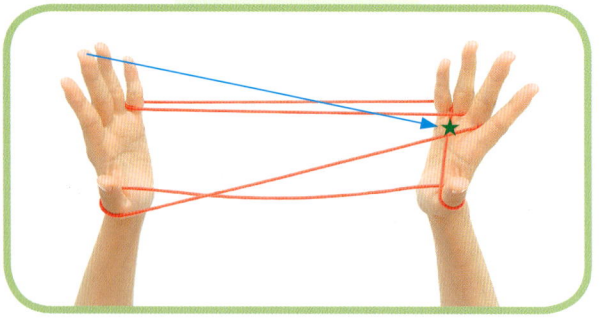

3 왼손 가운뎃손가락으로 오른손의 ★부분을 걸어서 당깁니다.

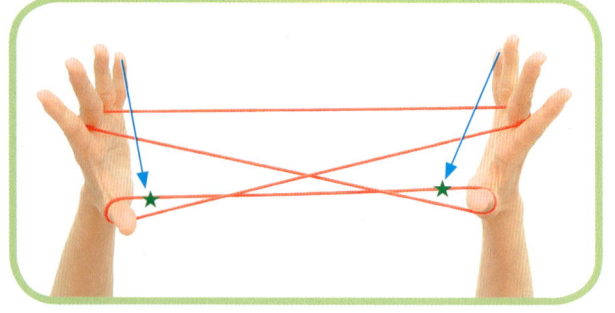

5 새끼손가락으로 ★부분을 겁니다.

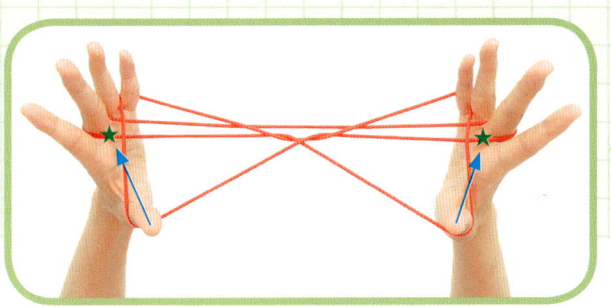

6 엄지손가락으로 ★ 부분을 겁니다.

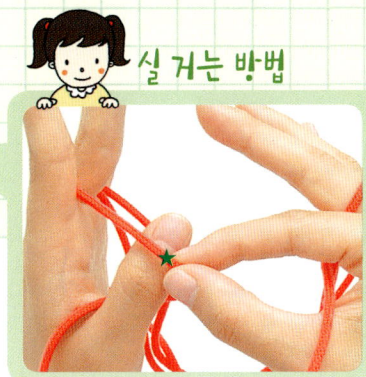

실 거는 방법

실을 걸고 있는 모습이에요. **'무도회 가면'**을 만드는 방법과 같습니다.

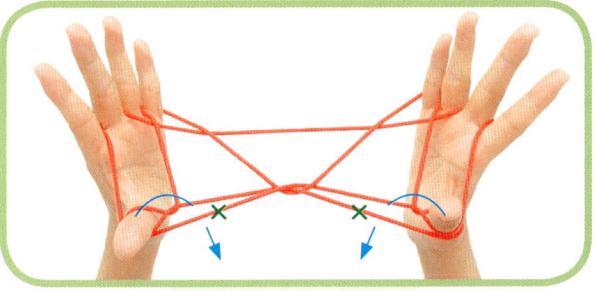

7 양쪽 엄지손가락을 화살표 방향으로 내려서 × 부분을 풀어 줍니다.

10 손바닥을 몸 바깥쪽으로 펼치세요.

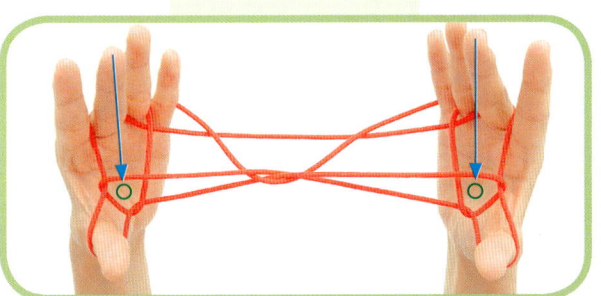

8 가운뎃손가락을 ○ 부분에 넣습니다.

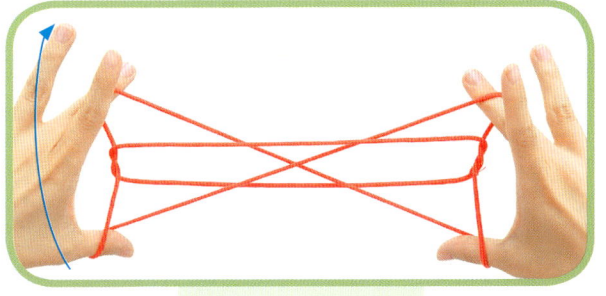

11 그 상태에서 왼손 손바닥만 몸 안쪽으로 방향을 돌립니다.

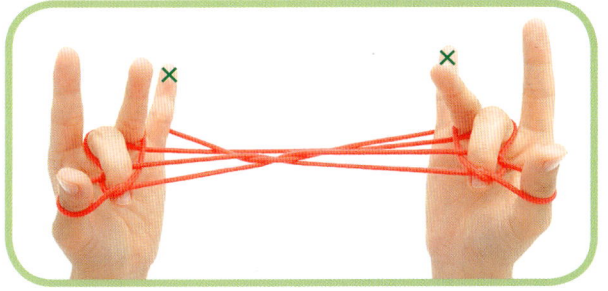

9 가운뎃손가락을 넣은 모습이에요.
그 상태에서 새끼손가락에 걸려 있는 실을 풉니다.

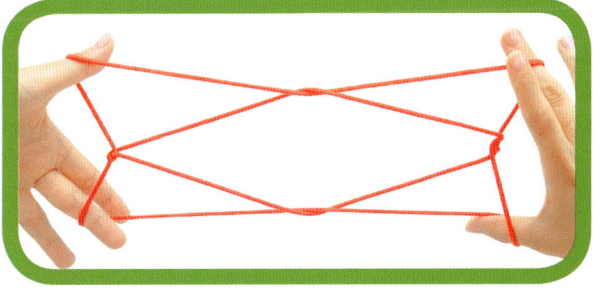

12 완성! '1단 사다리'가 완성되었어요.

2단 사다리

난이도 ★★★☆☆ 짧은 실

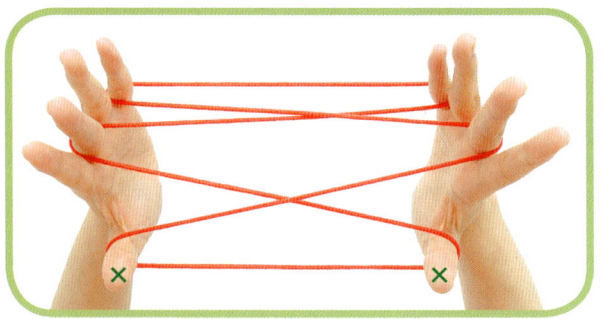

1 '가운뎃손가락 준비 모양'에서 시작합니다. 양쪽 엄지손가락에 걸려 있는 실을 풀어요.

③번부터는 '1단 사다리'의 ⑥번 이후 순서와 똑같은 방법입니다. 새끼손가락에 걸린 실을 풀 때는 반대쪽 손을 사용하면 훨씬 쉬워요.

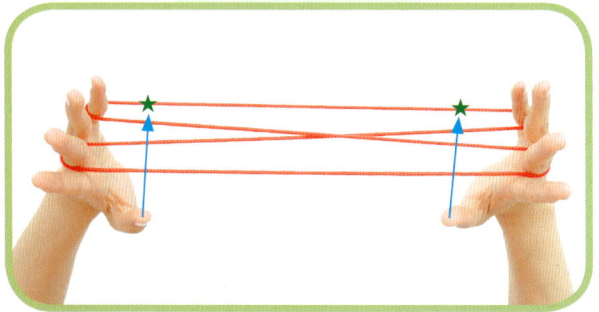

2 양쪽 엄지손가락으로 ★부분을 겁니다.

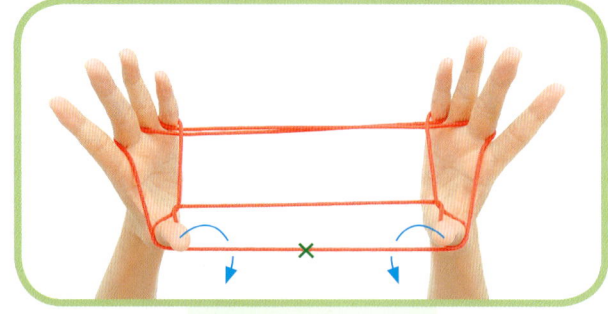

4 화살표 방향을 따라 엄지손가락을 내려서 ×부분을 풀어요.

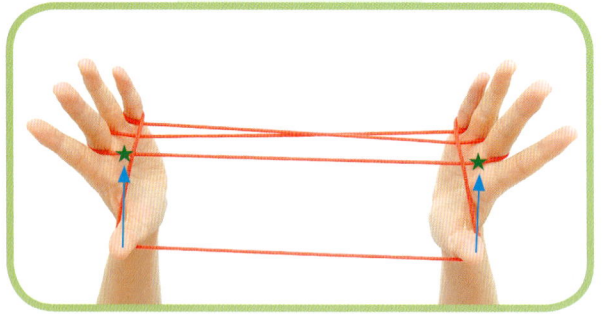

3 양쪽 엄지손가락으로 ★부분을 걸어요.

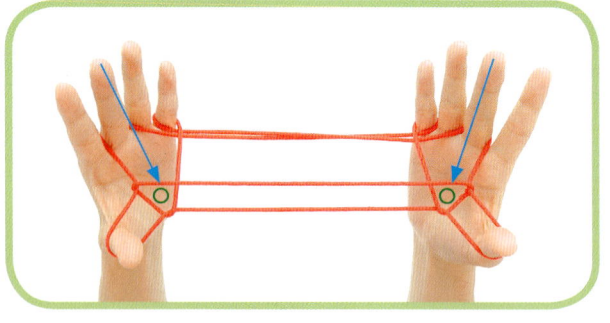

5 양쪽 가운뎃손가락을 각각 ○부분에 넣습니다.

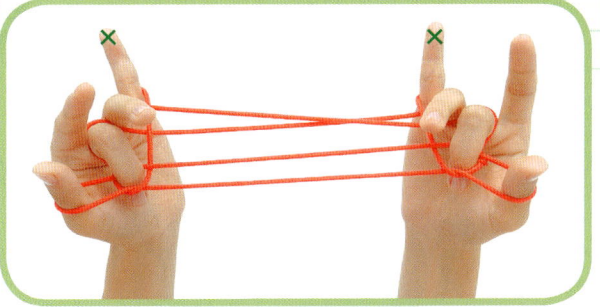

6 손가락을 넣은 모습이에요. 양쪽 새끼손가락에 걸려 있는 실을 풀고 손바닥을 몸 바깥쪽으로 폅니다.

실 푸는 방법

실을 풀기가 어려운 경우에는 반대쪽 손을 사용해서 풀어 보세요.

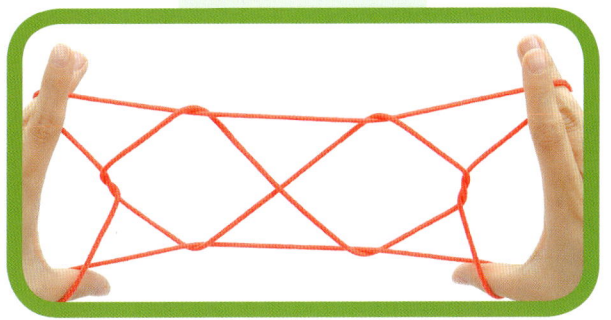

7 완성! '2단 사다리'가 완성되었습니다.

'1단 사다리'와 '2단 사다리' 만드는 방법을 기억해 두면 다양한 사다리를 만들 수 있어요.
언제라도 사다리를 쉽게 만들 수 있도록 ③번에서 ⑦번까지 과정을 연습해 두세요.

3단 사다리	5단 사다리	8단 사다리
	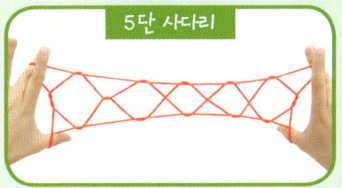	
4단 사다리	6단 사다리	10단 사다리
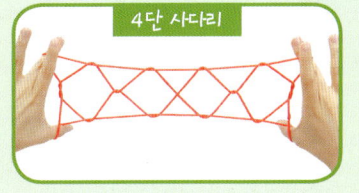	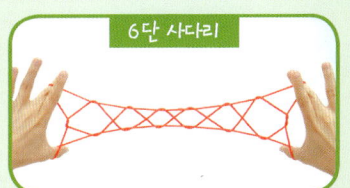	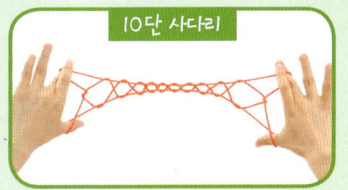

3단 사다리

난이도 ★★★☆☆ 짧은 실

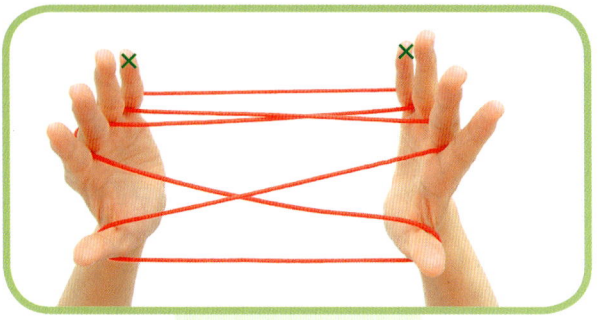

1 '가운뎃손가락 준비 모양'에서 시작합니다.
양쪽 새끼손가락에 걸려 있는 실을 풀어요.

실뜨기짱의 한마디

실을 아래쪽에서 걸 때는 화살표가 어느 실 밑으로 지나가는지 잘 봐야 해요.

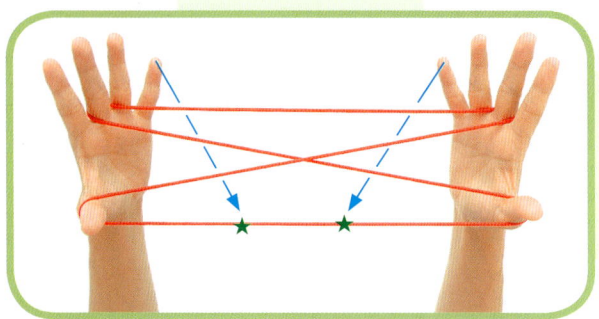

2 새끼손가락으로 ★부분을 아래쪽에서 겁니다.

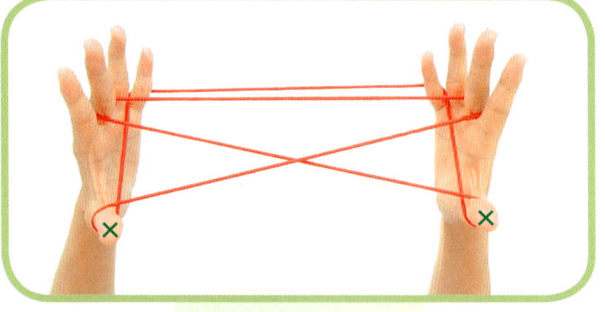

3 엄지손가락에 걸려 있는 실을 풉니다.

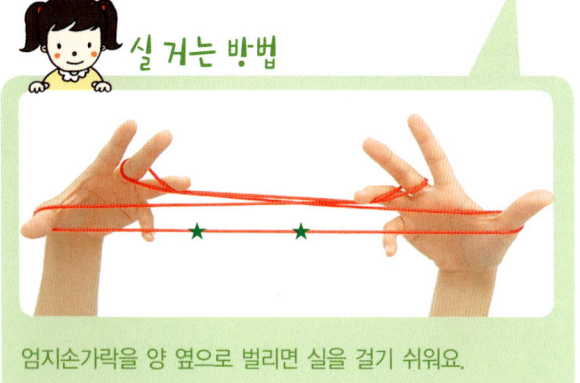

실 거는 방법

엄지손가락을 양 옆으로 벌리면 실을 걸기 쉬워요.

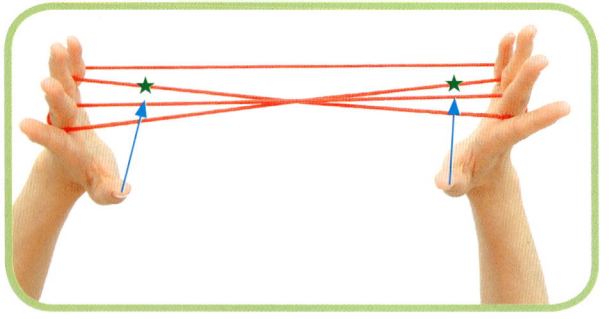

4 양쪽 엄지손가락으로 약손가락과 새끼손가락 사이에 걸려 있는 실의 ★부분을 걸어요.

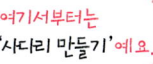
여기서부터는 '사다리 만들기'예요.

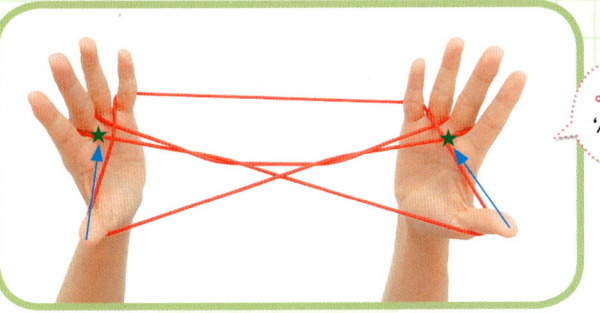

5 양쪽 엄지손가락으로 집게손가락과 가운뎃손가락 사이에 걸려 있는 실의 ★부분을 겁니다.

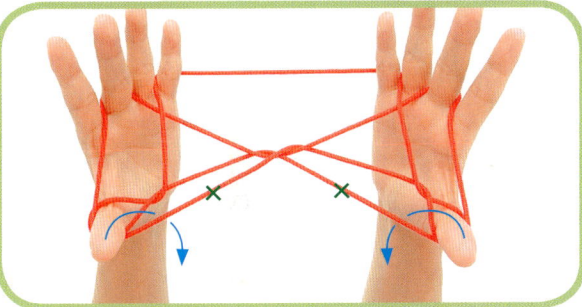

6 화살표가 어느 실 사이를 지나가는지 잘 보면서 엄지손가락을 안쪽으로 내려 ✕부분을 풉니다.

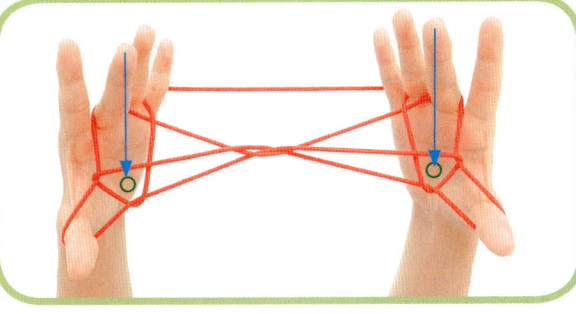

7 양쪽 가운뎃손가락을 ○부분에 넣습니다.

왼쪽 손바닥이 보이도록 몸 안쪽으로 왼손을 돌려요.

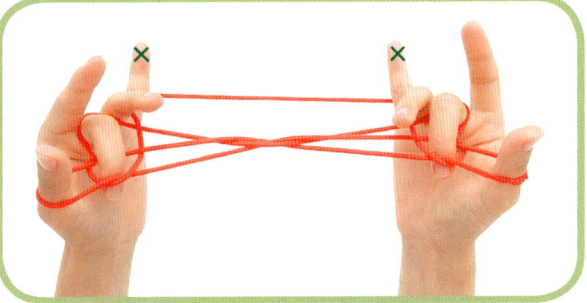

8 그 상태에서 양쪽 새끼손가락에 걸려 있는 실을 풀고 손바닥을 몸 바깥쪽으로 폅니다.

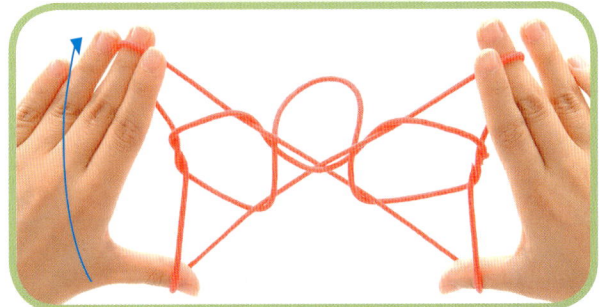

9 왼쪽 손바닥만 몸 안쪽을 향해 돌립니다.

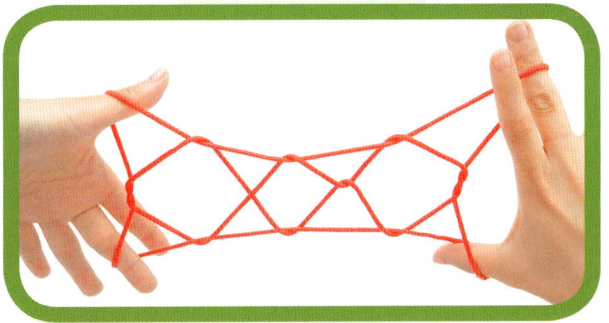

10 완성! '3단 사다리'가 완성되었습니다.

예쁜 꽃바구니

난이도 ★★★☆☆   짧은 실

1 엄지손가락과 집게손가락에 실을 건 다음 손을 화살표 방향으로 돌려서 ★부분을 손가락에 걸어요.

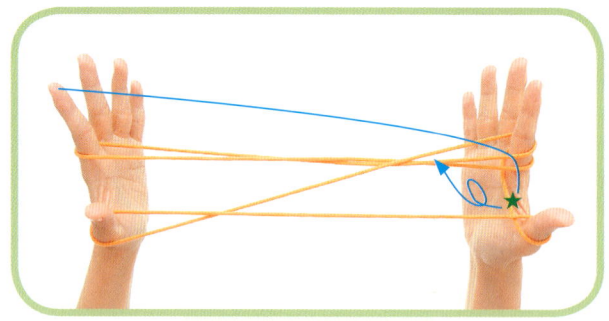

3 마찬가지로 왼손 집게손가락으로 오른손의 ★부분을 걸고 안쪽으로 한 바퀴 돌려 실을 꼬아 당깁니다.

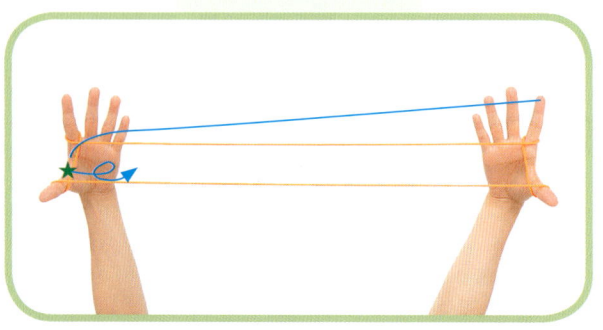

2 오른손 집게손가락으로 ★부분을 건 다음 손가락을 안쪽으로 한 바퀴 돌려 실을 꼬아 당깁니다.

4 양쪽 엄지손가락으로 ★부분을 겁니다.

실 거는 방법

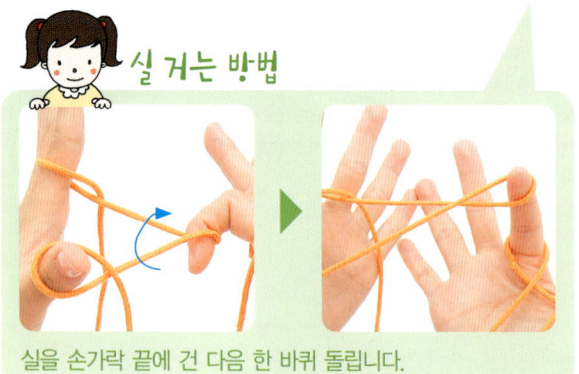

실을 손가락 끝에 건 다음 한 바퀴 돌립니다.

5 실이 헝클어지지 않도록 조심스럽게 손가락에서 뺀 다음 바닥에 가만히 놓습니다.

6 실을 바닥에 놓은 모습이에요. ★부분을 하나씩 접어 가운데에 겹쳐 놓습니다.

8 완성! '예쁜 꽃바구니'가 완성되었습니다.

7 실을 접은 모습이에요. ★부분을 살짝 들어 올려 마주 잡아요.

재미있게 놀아요 '나팔꽃'에 도전해 봐요!

'예쁜 꽃바구니'의 ⑤번에서 시작하면 '나팔꽃'을 만들 수 있어요.

6 엄지손가락이 위에 오도록 실을 바닥에 놓습니다.

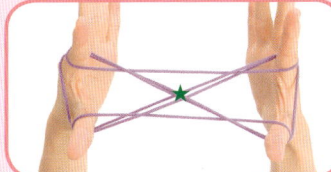

8 ★부분을 입에 물어요.

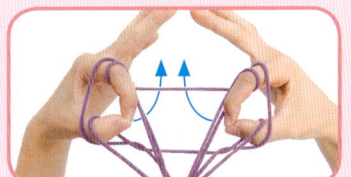

10 화살표 방향을 따라 손가락을 빼고 손바닥이 몸 바깥쪽을 향하게 펴요.

7 실의 아래쪽으로 손가락을 넣어 다시 손에 겁니다.

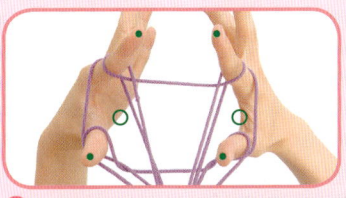

9 양쪽 엄지손가락과 집게손가락을 붙여서 ○부분에 집어넣습니다.

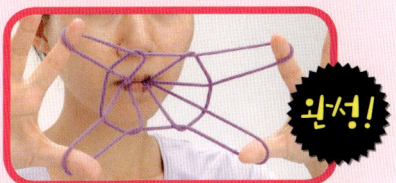

11 '나팔꽃'이 완성되었어요. 완성!

47

눈 덮인 산봉우리

난이도 ★★★☆☆   긴 실

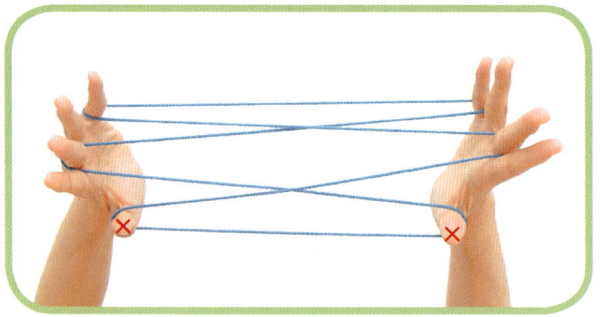

1 '가운뎃손가락 준비 모양'에서 시작합니다.
양쪽 엄지손가락에 걸려 있는 실을 풀어 주세요.

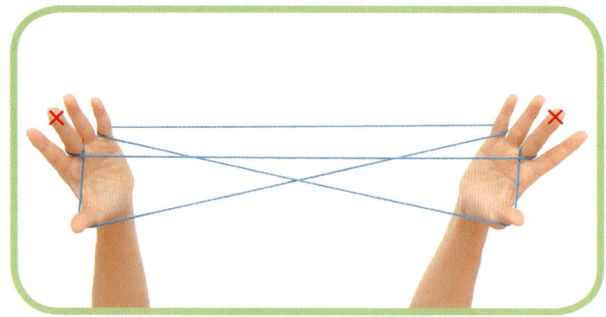

3 서로 반대쪽 손을 사용하여 가운뎃손가락에 걸려 있는 실을 풉니다.

2 양쪽 엄지손가락으로 아래쪽에서 ★부분을 겁니다.

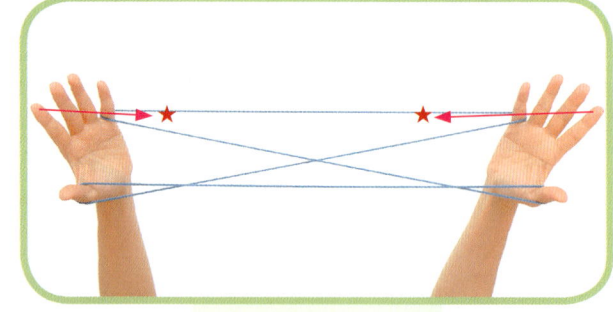

4 양쪽 집게손가락으로 ★부분을 겁니다.

실 거는 방법

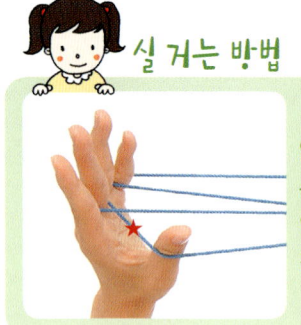

엄지손가락으로 가운뎃손가락과 약손가락 사이에 있는 실을 아래쪽에서 걸어요.

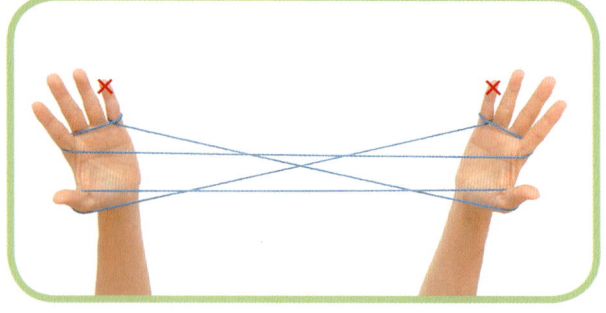

5 반대쪽 손을 사용하여 새끼손가락에 걸려 있는 실을 풉니다.

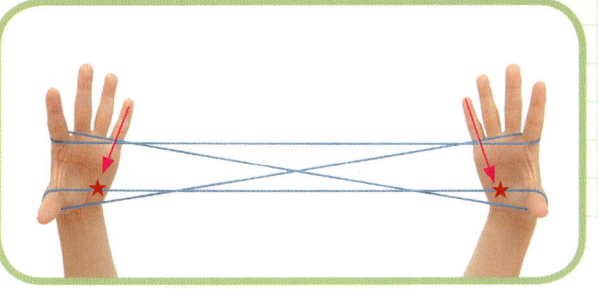

6 양쪽 새끼손가락으로 ★부분을 겁니다.

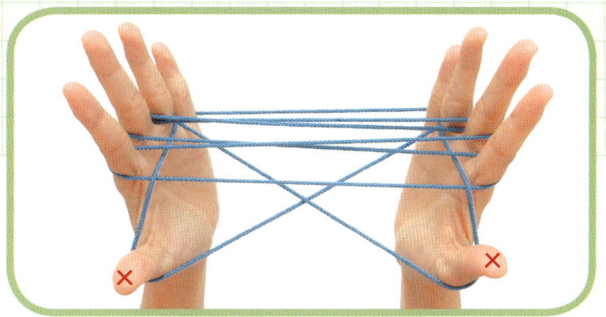

9 엄지손가락에 걸려 있는 실을 풀고 손가락을 몸 바깥쪽으로 돌립니다.

7 양쪽 약손가락으로 ★부분을 겁니다.

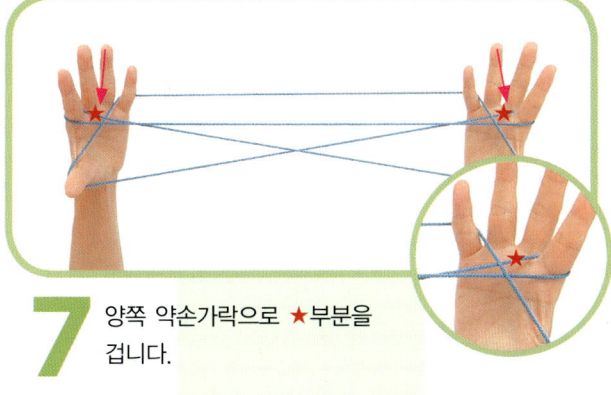

10 완성! '눈 덮인 산봉우리'가 완성되었습니다.

8 양쪽 가운뎃손가락으로 서로 반대쪽 손의 ★부분을 걸어서 당깁니다.

'아름다운 달님'을 만들 수 있어요!

재미있게 놀아요

'눈 덮인 산봉우리'가 '아름다운 달님'으로 변해요.

새끼손가락에 걸려 있는 실을 살짝 푼 다음 손을 옆으로 천천히 벌립니다.

완성!

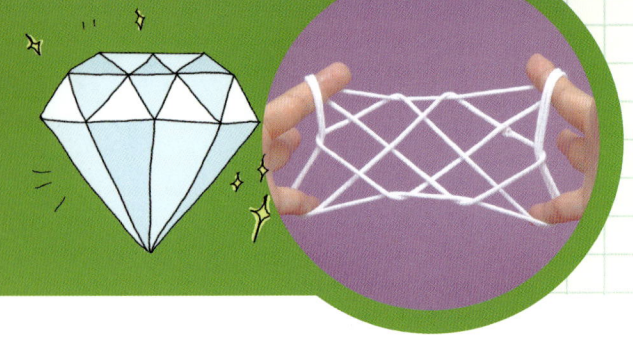

일곱 개의 다이아몬드

난이도 ★★★★☆ 짧은 실

짧은 실을 사용하면 예쁜 다이아몬드를 만들 수 있어요.

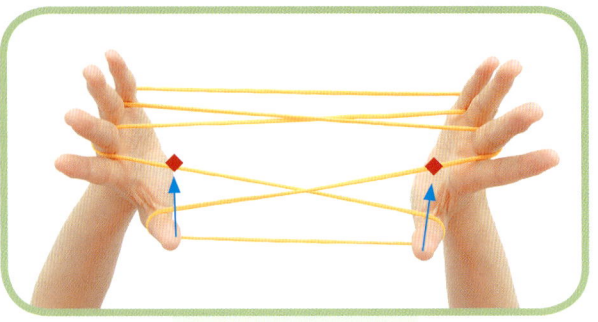

1 '가운뎃손가락 준비 모양'에서 시작합니다. 양쪽 엄지손가락으로 ◆ 부분을 누르세요.

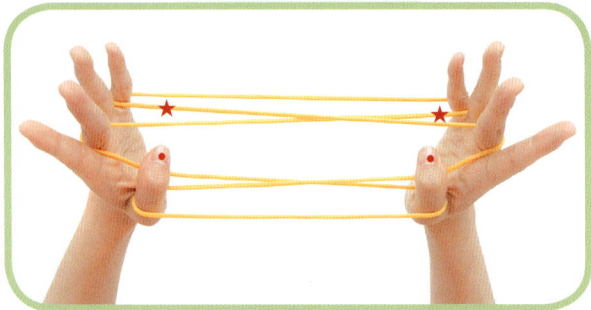

2 실을 누르고 있는 모습이에요. 그 상태에서 엄지손가락으로 실 아래쪽에서 ★ 부분을 겁니다.

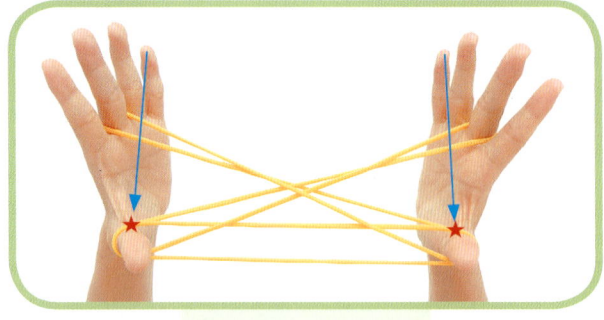

4 양쪽 새끼손가락으로 엄지손가락에 걸려 있는 ★ 부분의 실 두 줄을 한꺼번에 겁니다.

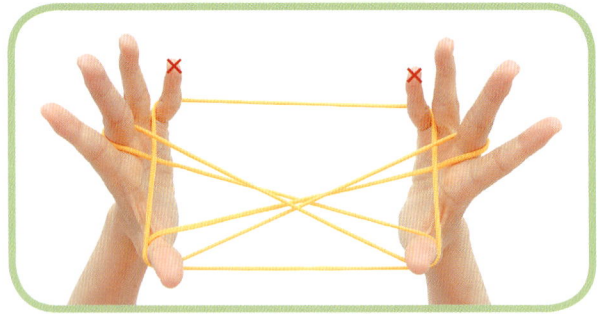

3 새끼손가락에 걸려 있는 실을 풀어요.

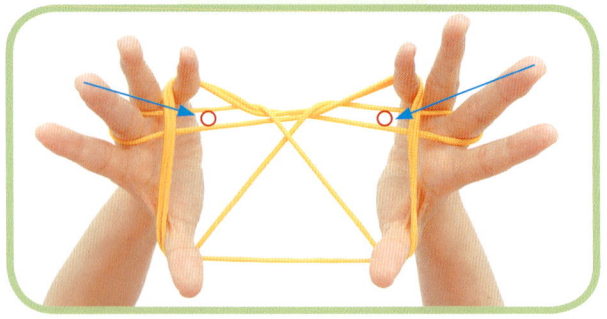

5 양쪽 가운뎃손가락을 ○ 부분 안에 넣습니다.

50

6 가운뎃손가락을 넣은 모습이에요. 그 상태에서 엄지손가락에 걸려 있는 실을 풉니다.

난이도가 높아서 조금 어려울 거예요! 새끼손가락에서 실이 빠지지 않도록 조심하세요.

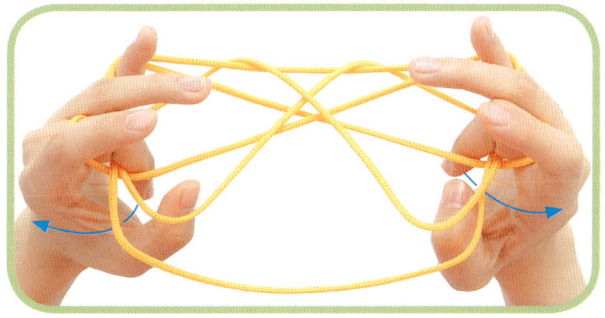

7 엄지손가락을 풀고 있는 모습이에요. 손바닥을 몸 안쪽으로 돌리면서 가운뎃손가락을 화살표 방향으로 돌려 위쪽으로 올립니다.

8 완성! '일곱 개의 다이아몬드'가 완성되었습니다.

'북'을 만들 수도 있어요!

'일곱 개의 다이아몬드'의 ⑥번에서 새끼손가락을 빼고 엄지손가락을 위쪽으로 올려 봐요. '북'이 완성되지요.

6 새끼손가락에 걸려 있는 실을 풀고 가운뎃손가락을 펼쳐요.

7 손끝을 몸 바깥쪽으로 돌리면 '북'이 완성됩니다.

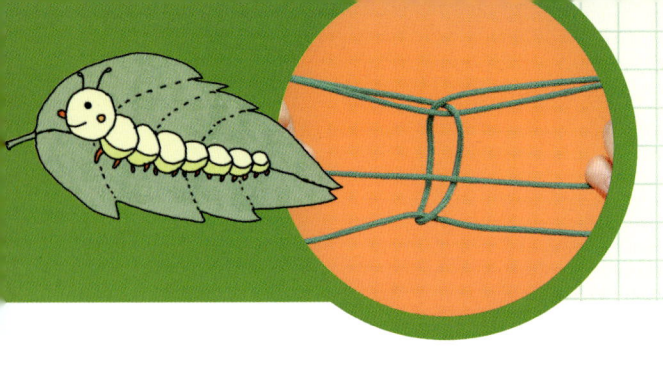

꿈틀꿈틀 애벌레

난이도 ★★★☆ **긴 실**

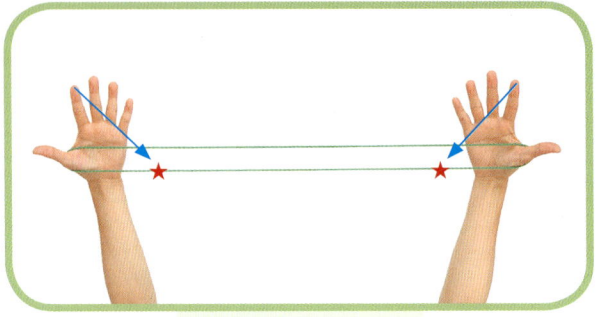

1 양쪽 엄지손가락에 실을 걸고 집게손가락으로 ★ 부분을 겁니다.

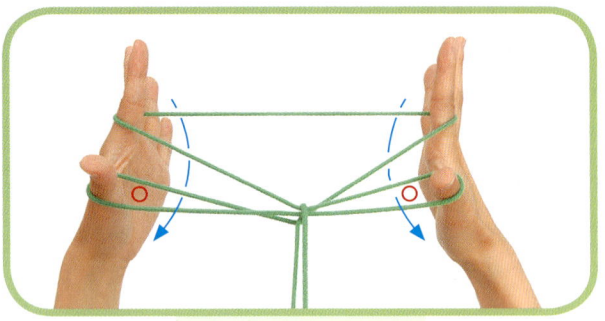

4 가운뎃손가락, 약손가락, 새끼손가락을 화살표 방향에 따라 아래쪽에서 ○ 부분에 넣습니다.

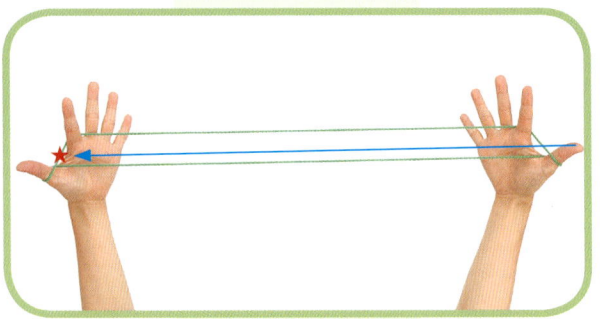

2 오른손 엄지손가락으로 왼손의 ★ 부분을 걸어 당겨요.

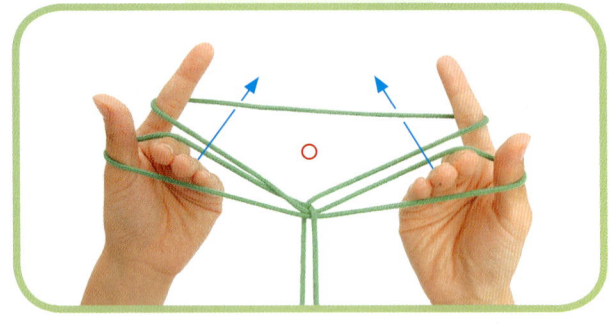

5 손가락을 넣은 모습이에요. 그 상태에서 가운뎃손가락, 약손가락, 새끼손가락을 위쪽에서 ○ 부분에 넣습니다.

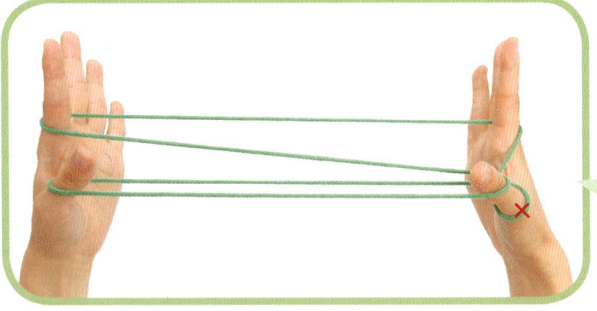

3 왼손으로 ✕ 부분의 실을 오른손 엄지손가락에서 뺀 다음 입에 물어요.

실 거는 방법

왼손으로 실을 푼 다음 입에 물어요.

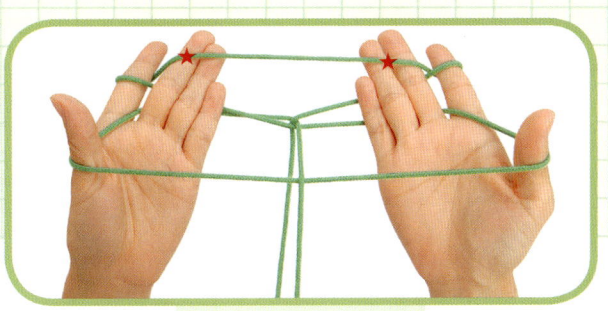

6 가운뎃손가락, 약손가락, 새끼손가락으로 ★ 부분을 쥡니다.

7 실을 쥐고 있는 모습이에요.
입에 물고 있던 실을 놓습니다.

8 완성! '꿈틀꿈틀 애벌레'가 완성되었습니다.

움직여 볼까요?

((꿈틀꿈틀)) ↔ ((꿈틀꿈틀))

엄지손가락을 오른쪽으로 움직여 보세요.   엄지손가락을 왼쪽으로 움직여 보세요.

재밌게 놀아요

'폭발하는 화산'을 만들 수 있어요!

'꿈틀꿈틀 애벌레'로 '폭발하는 화산'을 만들 수 있어요.

집게손가락을 ○ 부분에 넣고 엄지손가락에 걸려 있는 실을 풀면서 집게손가락 끝을 몸 바깥쪽으로 돌려요.

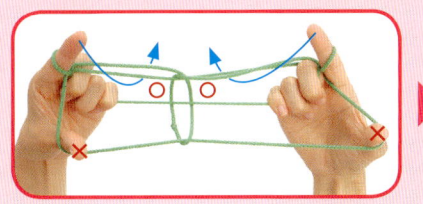

완성!

숲 속의 산장

난이도 ★★★☆ 긴 실

1 '기본 준비 모양'에서 시작합니다.
오른손 가운뎃손가락으로 ★ 부분을,
왼손 가운뎃손가락으로 ★ 부분을 걸어요.

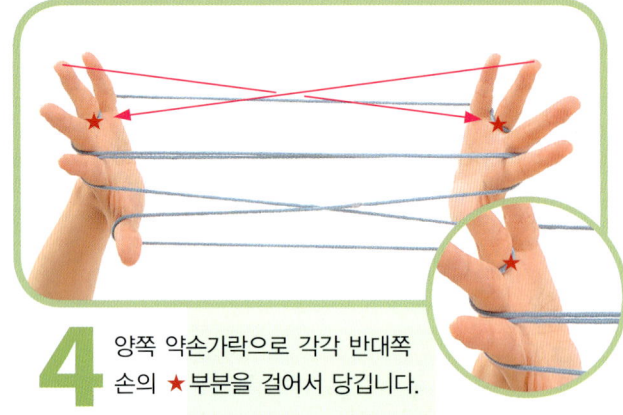

4 양쪽 약손가락으로 각각 반대쪽
손의 ★ 부분을 걸어서 당깁니다.

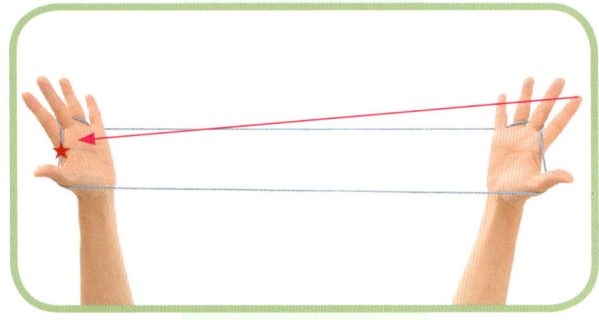

2 오른쪽 집게손가락으로 왼손의 ★ 부분을
걸어서 당깁니다.

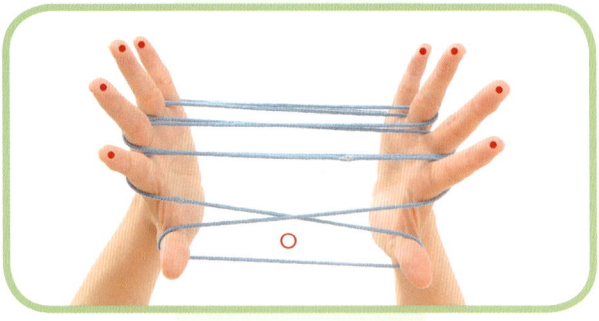

5 엄지손가락 이외의 네 손가락을 ○ 부분에 넣어서
실을 줍니다.

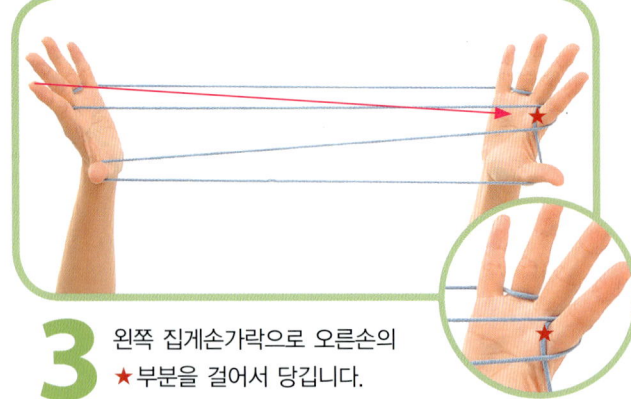

3 왼쪽 집게손가락으로 오른손의
★ 부분을 걸어서 당깁니다.

6 네 손가락으로 ★ 부분을 걸어서 엄지손가락에서
뺀 뒤 실을 손등 쪽으로 넘겨요

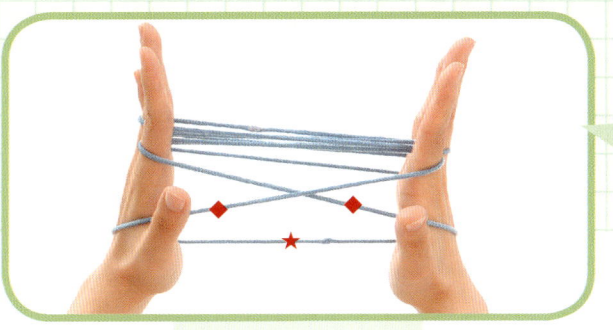

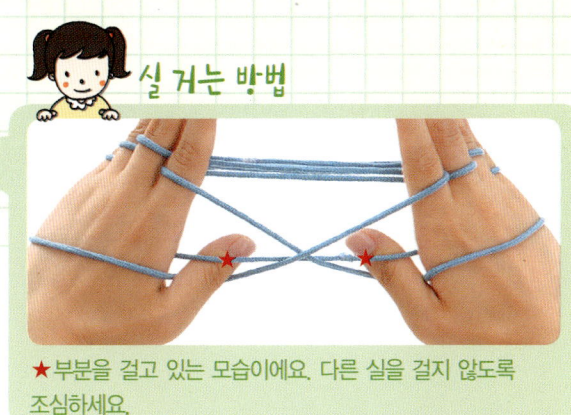

실 거는 방법

7 양쪽 엄지손가락으로 ◆부분을 누른 상태에서 가장 바깥쪽에 있는 실의 ★부분을 겁니다.

★부분을 걸고 있는 모습이에요. 다른 실을 걸지 않도록 조심하세요.

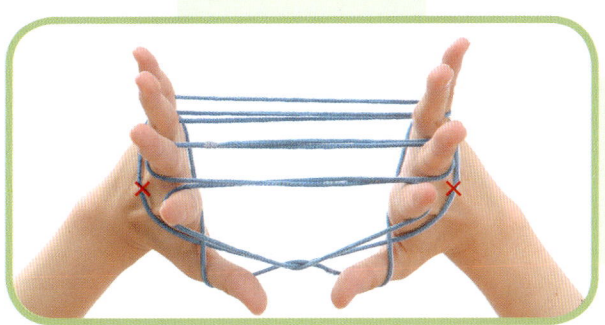

8 서로 반대쪽 손을 사용하여 양쪽 손등의 ×부분을 풀어 줍니다.

9 완성! 손가락 끝을 몸 바깥쪽으로 돌리면 '숲 속의 산장'이 됩니다.

실 푸는 방법

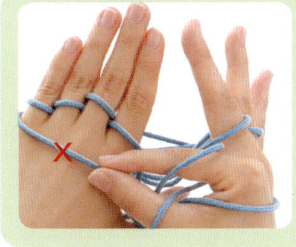

손등에 있는 실을 네 손가락에서 빼내면서 풀어 주세요.

'집'이 무너지네요!?

재미있게 놀아요

이층집이 무너졌어요! 하지만 괜찮아요, 일 층은 남아 있으니까요!

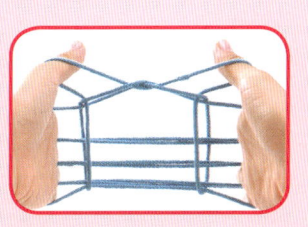

집게손가락을 빼면……

이 층이 무너져요!

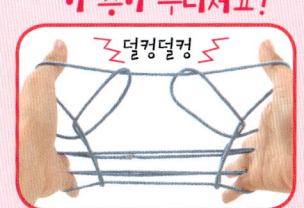

가운뎃손가락을 빼면……

단층집이 된답니다!

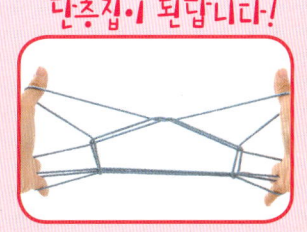

단층집이다!

4단 사다리

난이도 ★★★☆ 긴 실

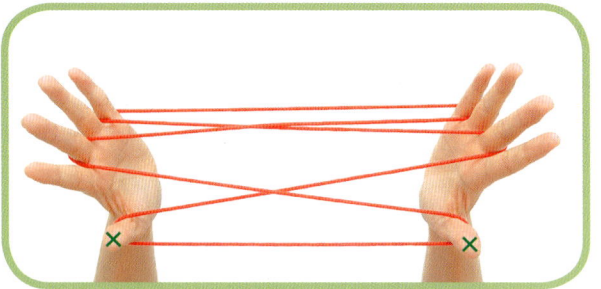

1 '가운뎃손가락 준비 모양'에서 시작합니다. 양쪽 엄지손가락에 걸려 있는 실을 풀어요.

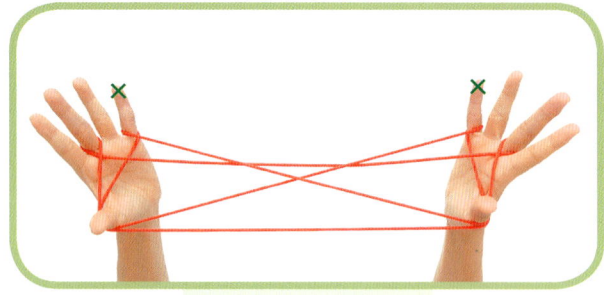

4 새끼손가락에 걸려 있는 실을 풉니다.

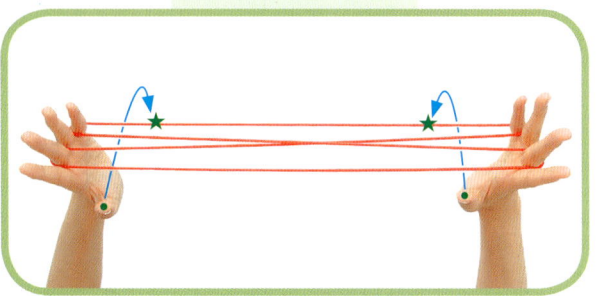

2 양쪽 엄지손가락으로 아래쪽에서 ★ 부분을 겁니다.

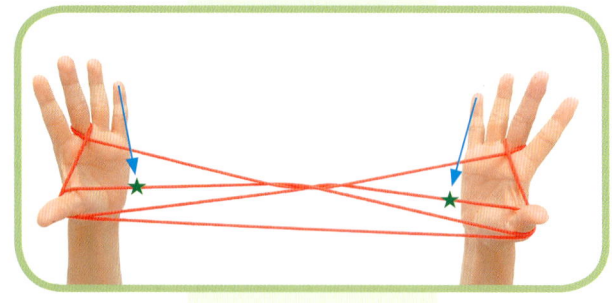

5 양쪽 새끼손가락으로 각각 ★ 부분을 겁니다.

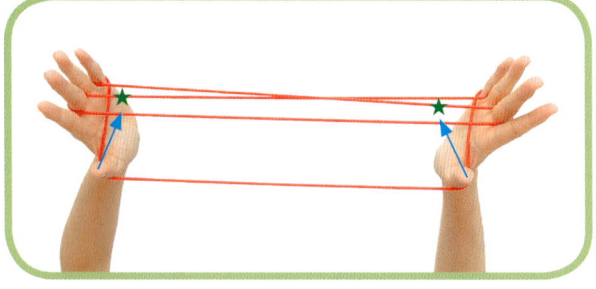

3 엄지손가락으로 가운뎃손가락과 약손가락 사이에 걸려 있는 실의 ★ 부분을 겁니다.

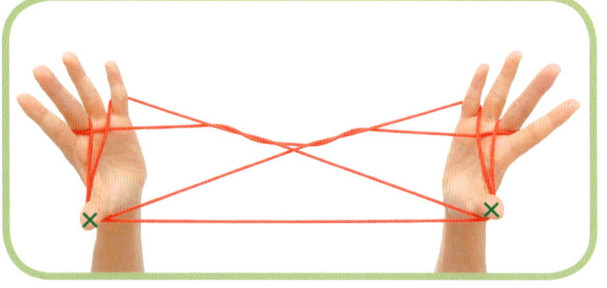

6 양쪽 엄지손가락에 걸려 있는 실을 풉니다.

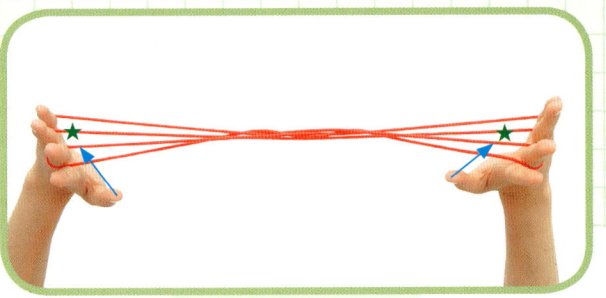

7 양쪽 엄지손가락으로 약손가락과 새끼손가락 사이에 걸려 있는 실의 ★ 부분을 겁니다.

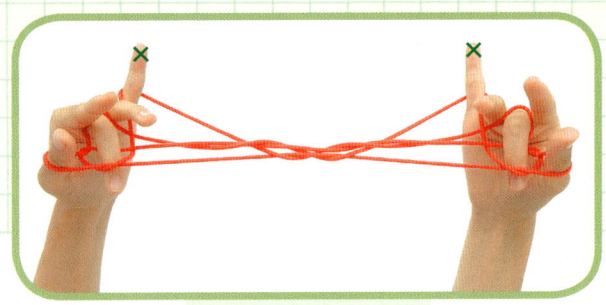

11 손가락을 넣은 모습이에요. 새끼손가락에 걸린 실을 풀고 손바닥을 몸 바깥쪽으로 돌립니다.

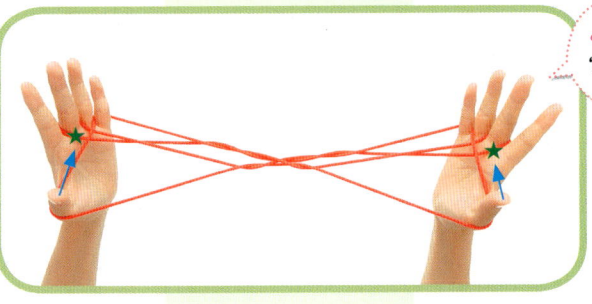

여기서부터는 '사다리 만들기'예요.

8 양쪽 엄지손가락으로 집게손가락과 가운뎃손가락 사이에 걸려 있는 실의 ★ 부분을 겁니다.

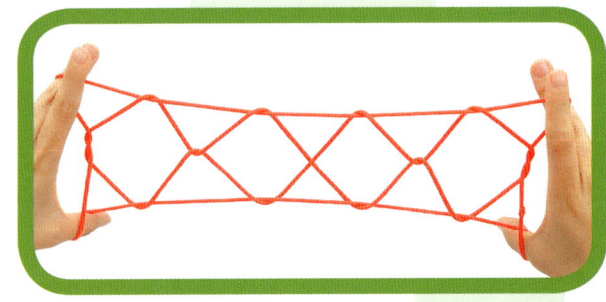

12 완성! '4단 사다리'가 완성되었어요.

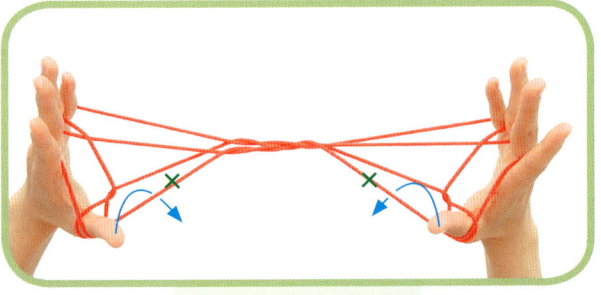

9 엄지손가락을 화살표 방향으로 내려 ✕ 부분의 실을 풀어 줍니다.

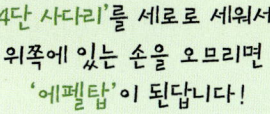

'4단 사다리'를 세로로 세워서 위쪽에 있는 손을 오므리면 '에펠탑'이 된답니다!

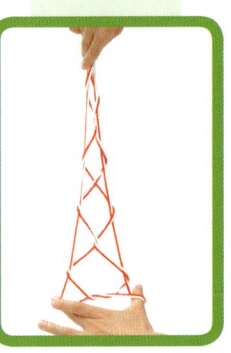

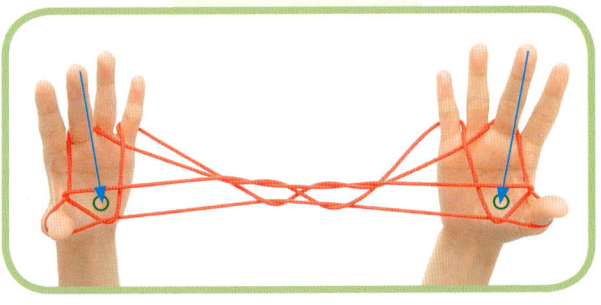

10 양쪽 가운뎃손가락을 ○ 부분에 넣습니다.

57

6단 사다리

난이도 ★★★☆ 긴 실

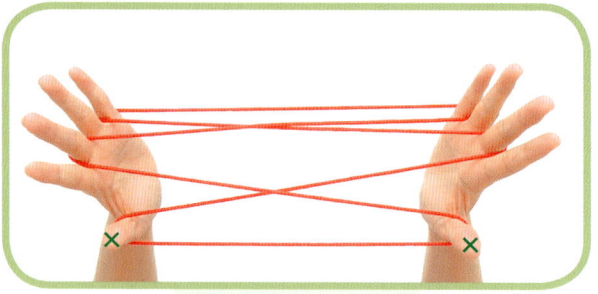

1 '가운뎃손가락 준비 모양'에서 시작합니다. 양쪽 엄지손가락에 걸려 있는 실을 풀어요.

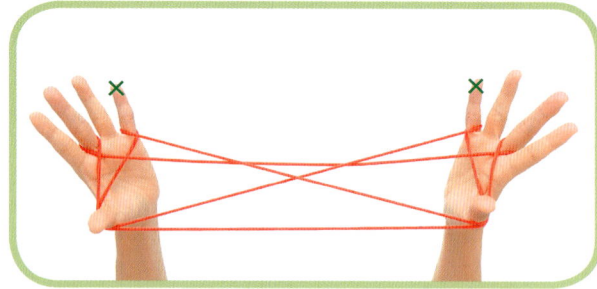

4 새끼손가락에 걸려 있는 실을 풉니다.

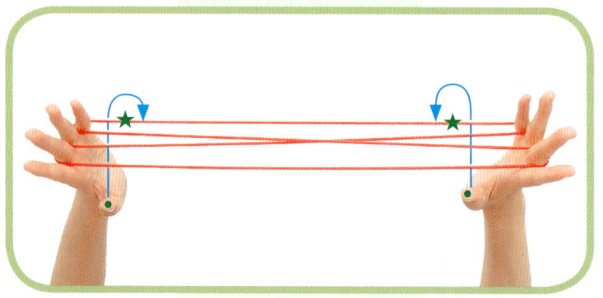

2 양쪽 엄지손가락으로 아래쪽에서 ★부분을 겁니다.

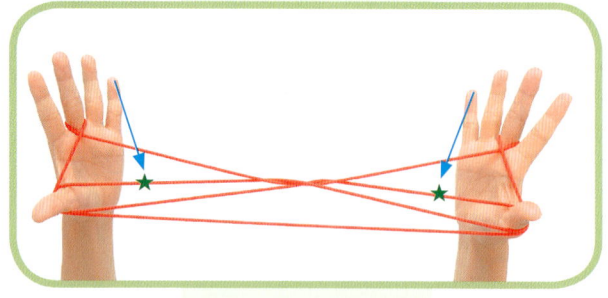

5 양쪽 새끼손가락으로 ★부분을 각각 겁니다.

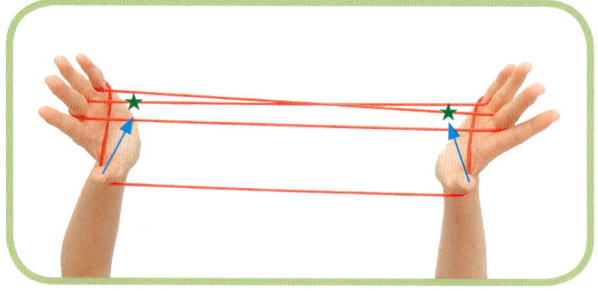

3 엄지손가락으로 가운뎃손가락과 약손가락 사이에 걸려 있는 실의 ★부분을 겁니다.

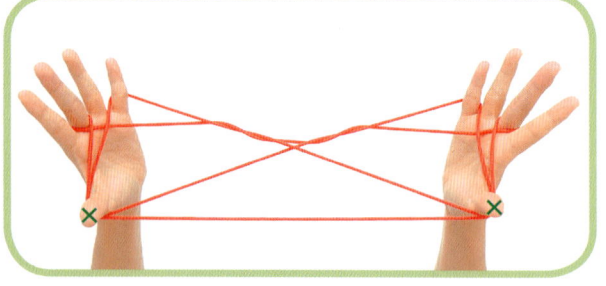

6 양쪽 엄지손가락에 걸려 있는 실을 풉니다.

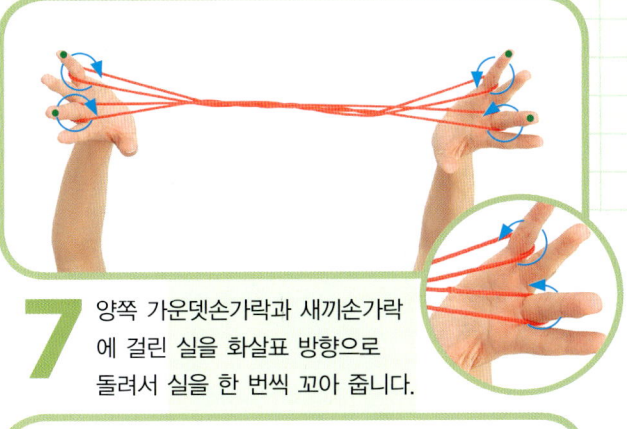

7 양쪽 가운뎃손가락과 새끼손가락에 걸린 실을 화살표 방향으로 돌려서 실을 한 번씩 꼬아 줍니다.

실뜨기짱의 한마디

실을 꼴 때에는 각 손가락에 걸린 실 두 줄을 반대쪽 손으로 잡고 손가락 주위를 한 바퀴 빙글 돌리면 쉽게 꼬여요.

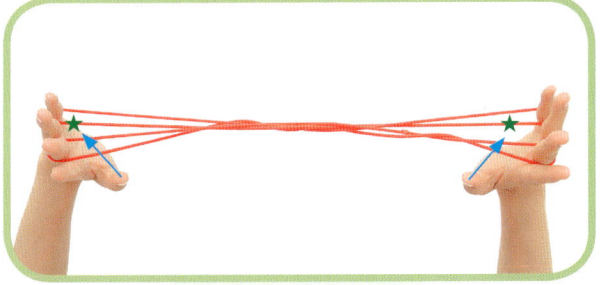

8 양쪽 엄지손가락으로 약손가락과 새끼손가락 사이에 걸려 있는 실의 ★ 부분을 겁니다.

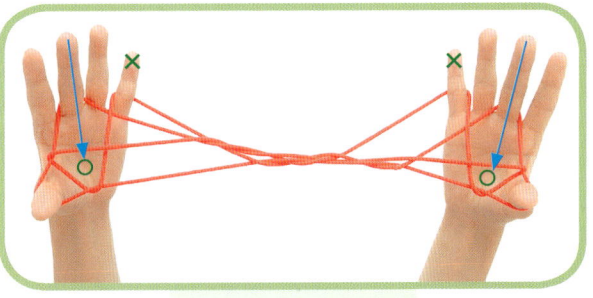

11 가운뎃손가락을 ○ 부분에 넣고 새끼손가락에 걸려 있는 실을 풀면서 손바닥을 몸 바깥쪽으로 돌립니다.

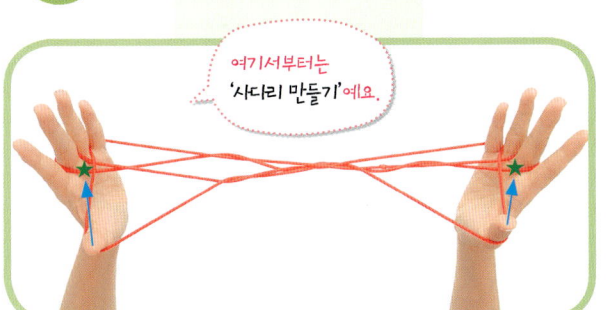

여기서부터는 '사다리 만들기'예요.

9 양쪽 엄지손가락으로 집게손가락과 가운뎃손가락 사이에 걸려 있는 실의 ★ 부분을 걸어요.

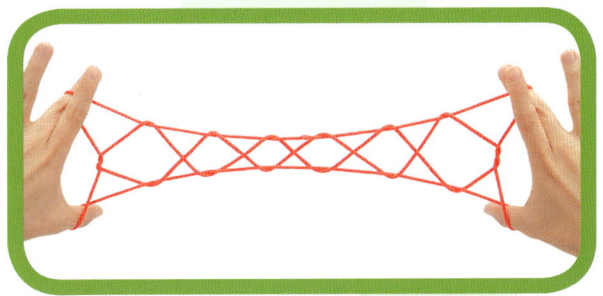

12 완성! '6단 사다리'가 완성되었어요.

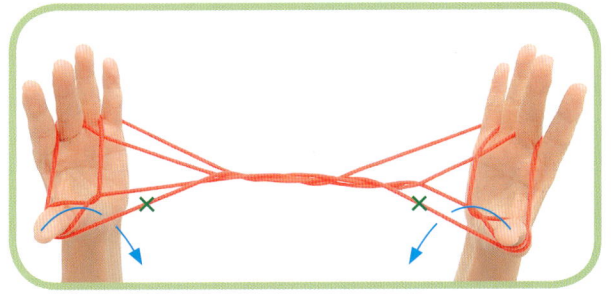

10 화살표 방향에 따라 엄지손가락을 안쪽으로 내려 × 부분의 실을 풀어요.

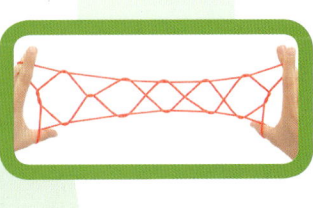

여기서 잠깐! ⑦번에서 오른손에 걸린 실만 꼬면 '5단 사다리'가 된답니다!

59

8단 사다리

난이도 ★★★★ 긴 실

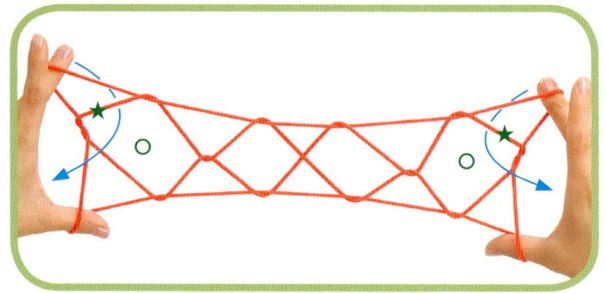

1 '4단 사다리'(56쪽)에서 시작합니다. 가운뎃손가락을 화살표 방향에 따라 ○부분에 넣어서 ★부분을 걸어요. 그런 다음 손바닥이 몸 안쪽으로 향하도록 돌려요.

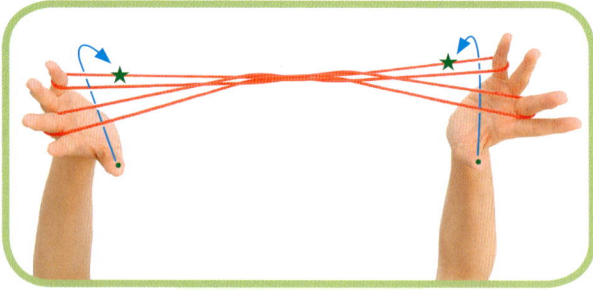

4 양쪽 엄지손가락으로 아래쪽에서 ★부분을 겁니다.

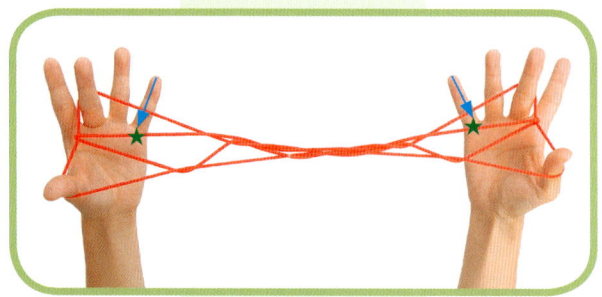

2 새끼손가락으로 ★부분을 겁니다.

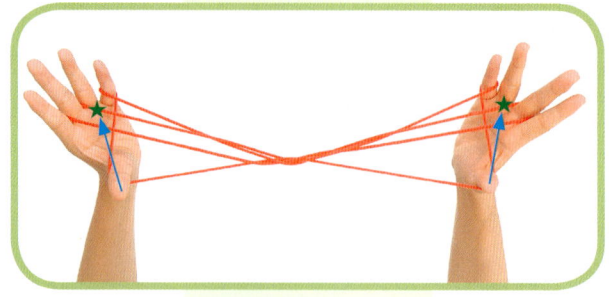

5 양쪽 엄지손가락으로 ★부분을 걸어요.

3 양쪽 엄지손가락에 걸려 있는 실을 풉니다.

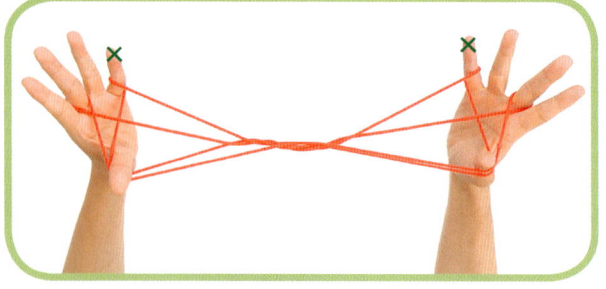

6 양쪽 새끼손가락에 걸려 있는 실을 풉니다.

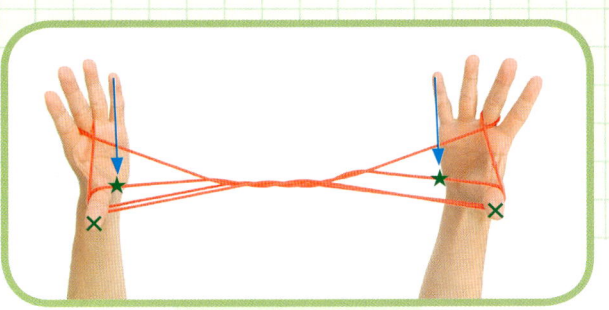

7 양쪽 새끼손가락으로 ★ 부분을 걸어요. 그런 다음 양쪽 엄지손가락에 걸려 있는 실을 풉니다.

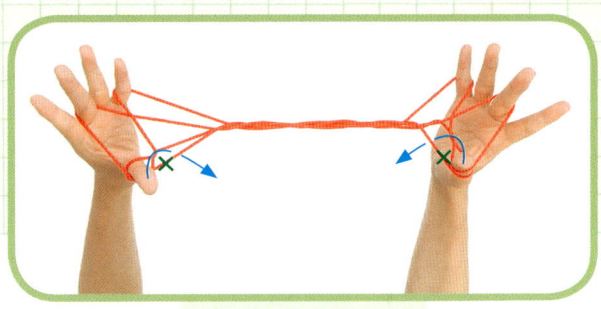

11 엄지손가락을 화살표 방향에 따라 안쪽으로 내려 × 부분의 실을 풉니다.

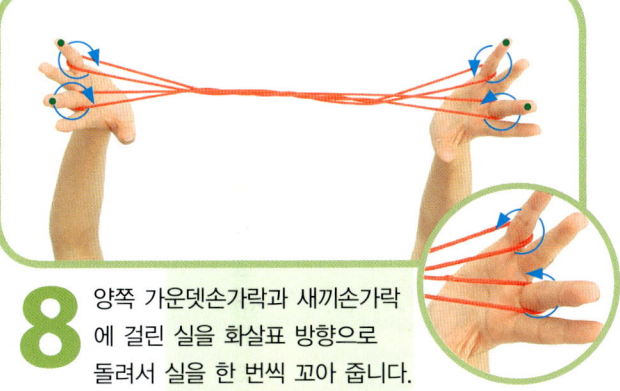

8 양쪽 가운뎃손가락과 새끼손가락에 걸린 실을 화살표 방향으로 돌려서 실을 한 번씩 꼬아 줍니다.

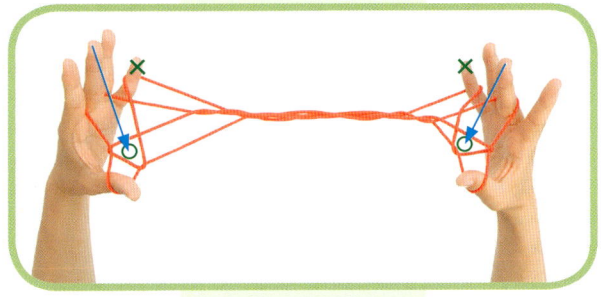

12 가운뎃손가락을 ○부분에 넣고 새끼손가락에 걸려 있는 실을 풀면서 손바닥을 몸 바깥쪽으로 돌려요.

9 양쪽 엄지손가락으로 약손가락과 새끼손가락 사이에 걸려 있는 실의 ★ 부분을 겁니다.

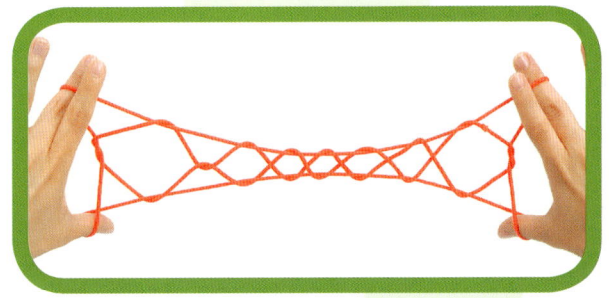

13 완성! '8단 사다리'가 완성되었어요.

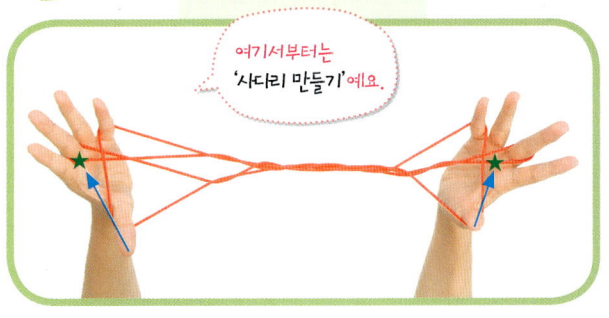

여기서부터는 '사다리 만들기'예요.

10 엄지손가락으로 집게손가락과 가운뎃손가락 사이에 걸려 있는 실의 ★ 부분을 겁니다.

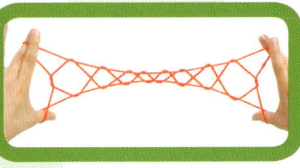

여기서 잠깐!
⑧번에서 오른손에 걸린 실만 꼬면 '7단 사다리'가 된답니다!

10단 사다리

난이도 ★★★★★ 긴 실

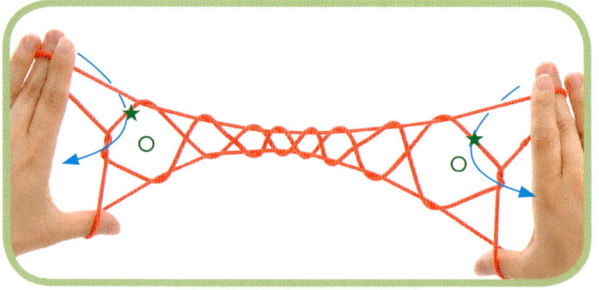

1 '8단 사다리'(60쪽)에서 시작합니다. 가운뎃손가락을 화살표 방향에 따라 ○ 부분으로 집어넣어서 ★ 부분을 겁니다. 그런 다음 손바닥을 몸 안쪽으로 돌려요.

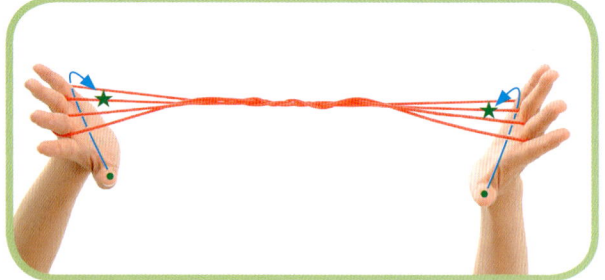

4 양쪽 엄지손가락으로 약손가락과 새끼손가락 사이에 걸린 실의 ★ 부분을 아래에서 겁니다.

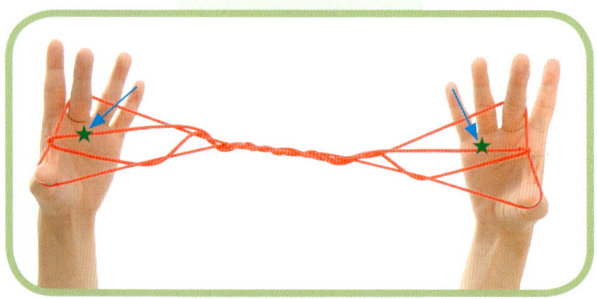

2 양쪽 새끼손가락으로 각각 ★ 부분을 겁니다.

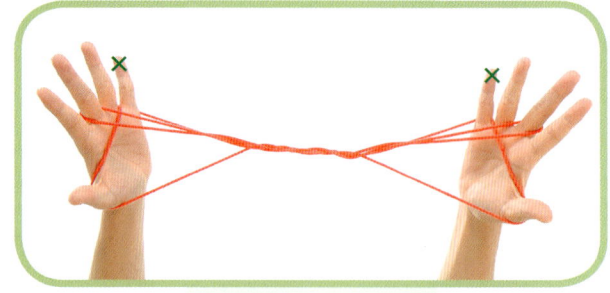

5 새끼손가락에 걸려 있는 실을 풉니다.

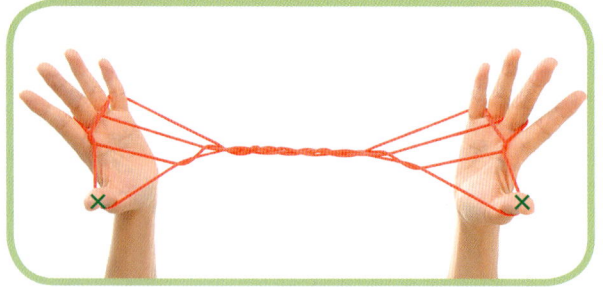

3 양쪽 엄지손가락에 걸려 있는 실을 풉니다.

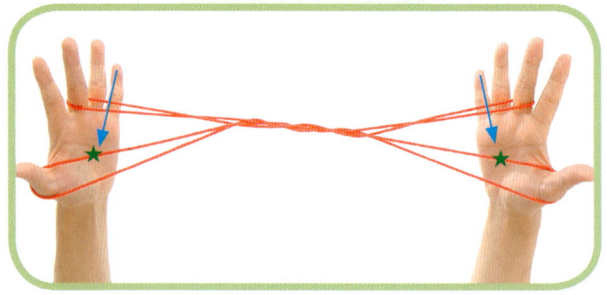

6 양쪽 새끼손가락으로 ★ 부분을 겁니다.

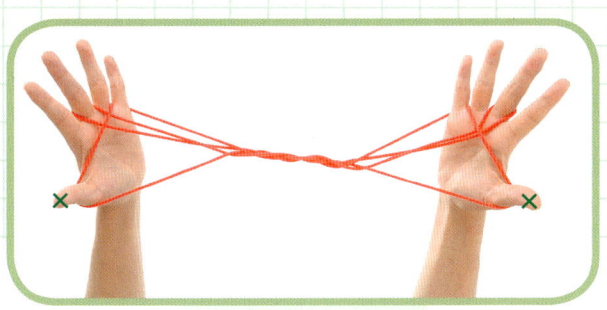

7 양쪽 엄지손가락에 걸려 있는 실을 풉니다.

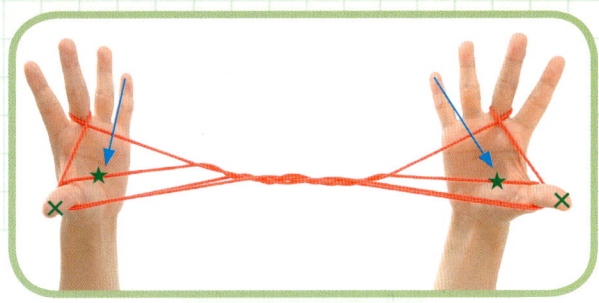

11 양쪽 새끼손가락으로 ★ 부분을 걸고 엄지손가락에 걸려 있는 실을 풉니다.

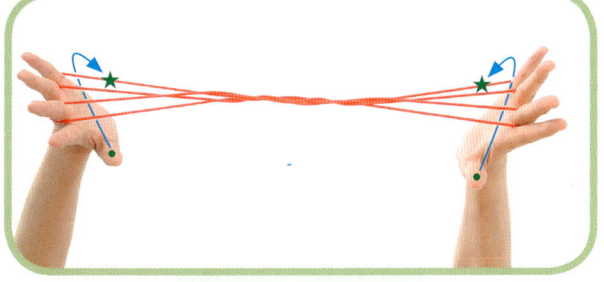

8 양쪽 엄지손가락으로 가장 바깥쪽에 있는 실의 ★ 부분을 아래에서 겁니다.

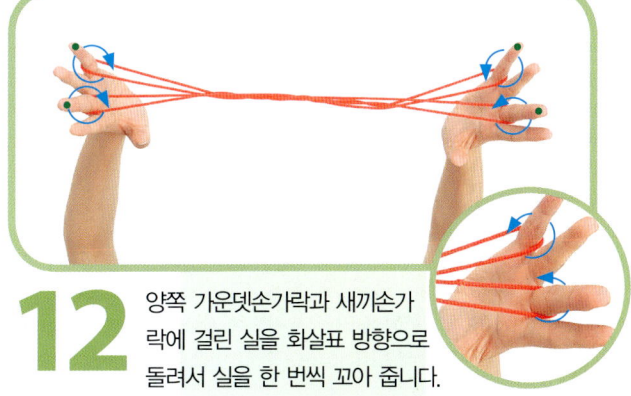

12 양쪽 가운뎃손가락과 새끼손가락에 걸린 실을 화살표 방향으로 돌려서 실을 한 번씩 꼬아 줍니다.

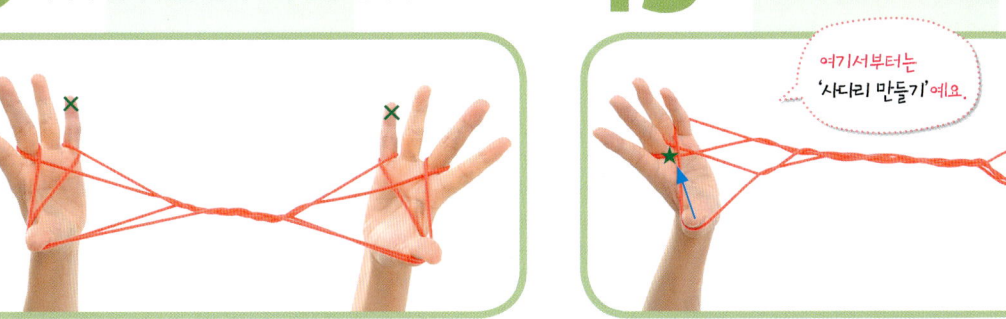

9 양쪽 엄지손가락으로 가운뎃손가락과 약손가락 사이에 걸려 있는 실의 ★ 부분을 겁니다.

10 양쪽 새끼손가락에 걸려 있는 실을 풉니다.

13 양쪽 엄지손가락으로 약손가락과 새끼손가락 사이에 걸려 있는 실의 ★ 부분을 걸어요.

여기서부터는 '사다리 만들기'예요.

14 양쪽 엄지손가락으로 집게손가락과 가운뎃손가락에 걸려 있는 실의 ★ 부분을 겁니다.

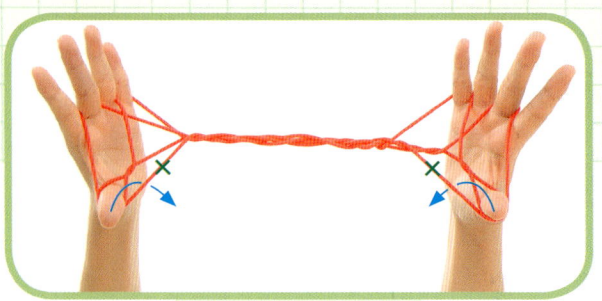

15 양쪽 엄지손가락을 화살표 방향에 따라 안쪽으로 내려 ✕ 부분의 실을 풀어요.

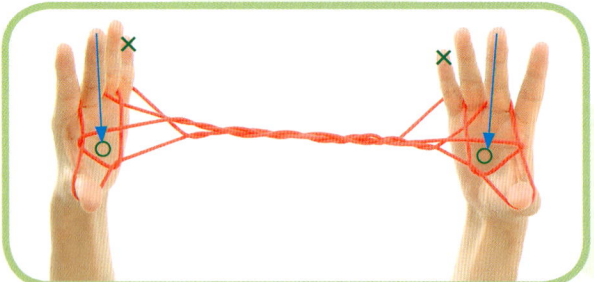

16 양쪽 가운뎃손가락을 ○부분에 넣고 양쪽 새끼손가락에 걸려 있는 실을 풀면서 손바닥을 몸 바깥쪽으로 돌립니다.

실뜨기짱의 한마디

'10단 사다리' 만드는 방법을 반복하면 사다리가 점점 길어져요!

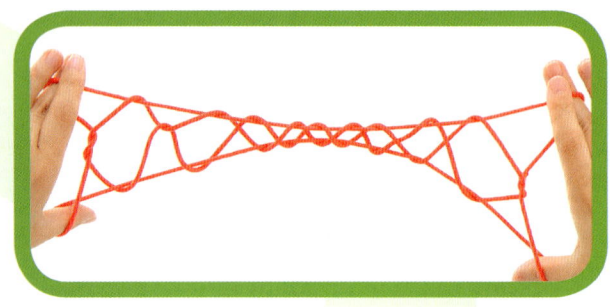

17 완성! '10단 사다리'가 완성되었어요.

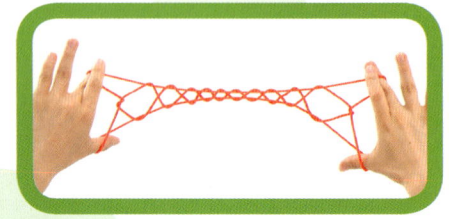

여기서 잠깐!

⑫번에서 오른손에 걸린 실만 꼬면 '9단 사다리'가 된답니다!

친구와 사이좋게 주고받는 실뜨기 놀이

협동심과 이해심을 발휘해 보세요.

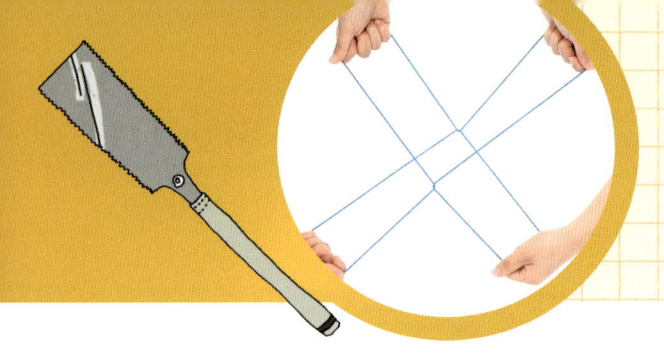

쓱싹쓱싹 톱

난이도 ★ ☆ ☆ ☆ ☆   긴 실

실 거는 방법

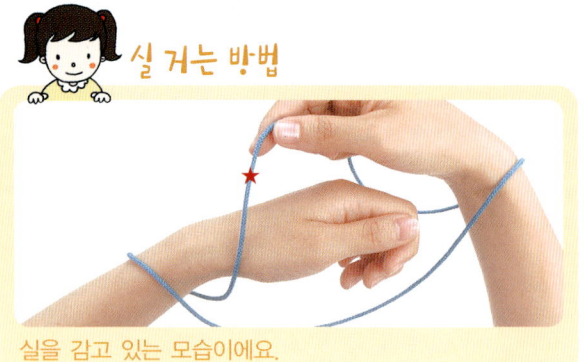

실을 감고 있는 모습이에요.

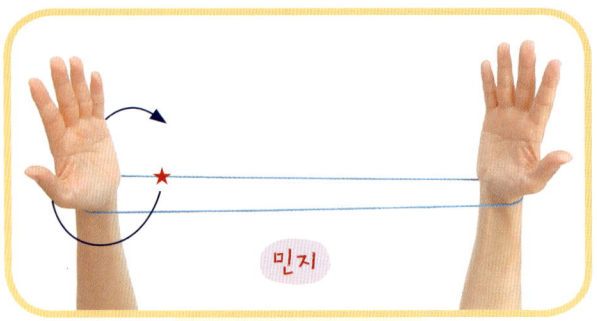

1 민지의 손목에 실을 걸고 화살표 방향에 따라 ★부분을 왼쪽 손목에 한 번 감습니다.

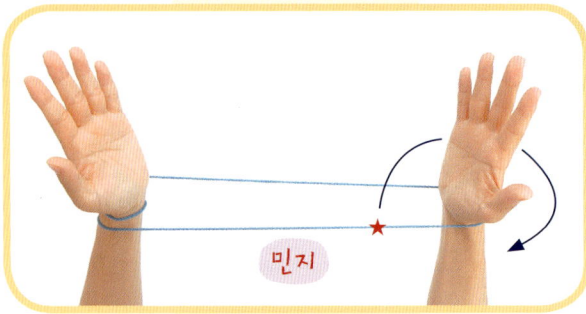

2 마찬가지로 화살표 방향에 따라 ★부분을 오른쪽 손목에 한 번 감습니다.

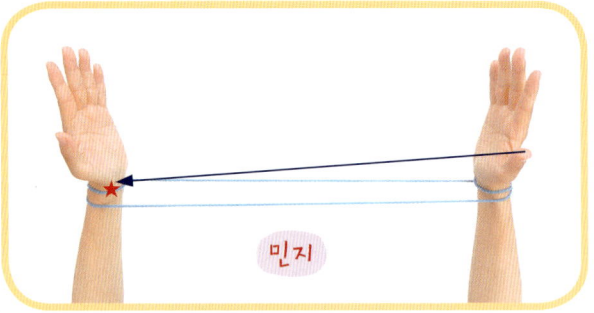

3 오른손 엄지손가락으로 왼쪽 손목의 ★부분을 걸어서 당깁니다.

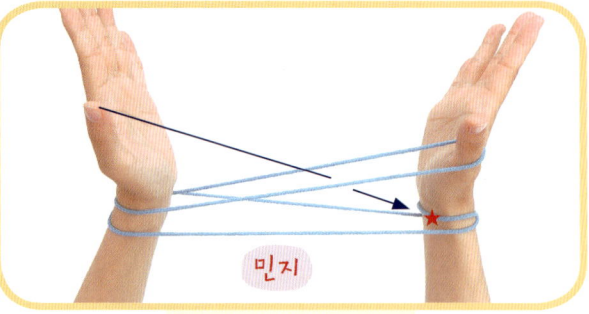

4 왼손 엄지손가락으로 오른쪽 손목의 ★부분을 걸어서 당깁니다.

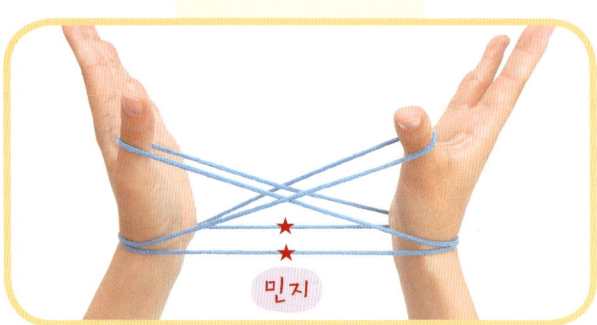

5 ④번까지 완성된 모습이에요. 이번에는 지영이 양쪽 집게손가락으로 ★부분을 걸고 위로 올립니다.

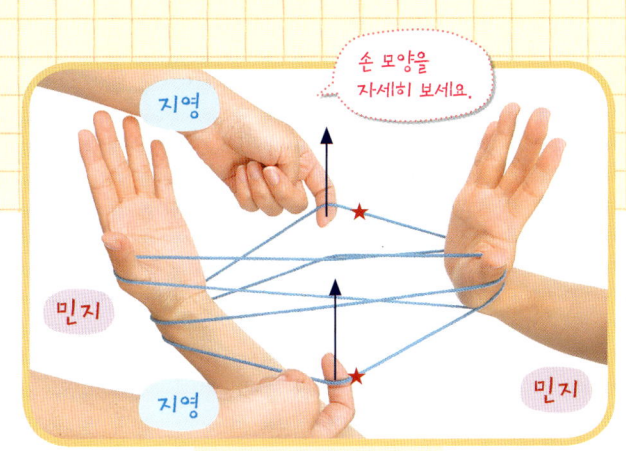

6 그다음 실을 민지의 손목에서 뺍니다.

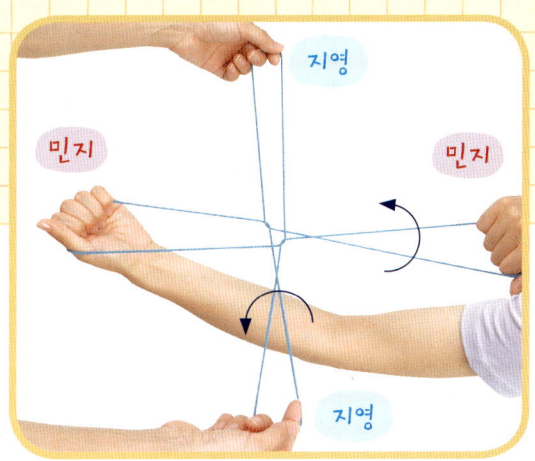

8 지영과 민지 모두 오른손에 잡은 실을 화살표 방향으로 돌려 꼬여 있는 부분을 풉니다.

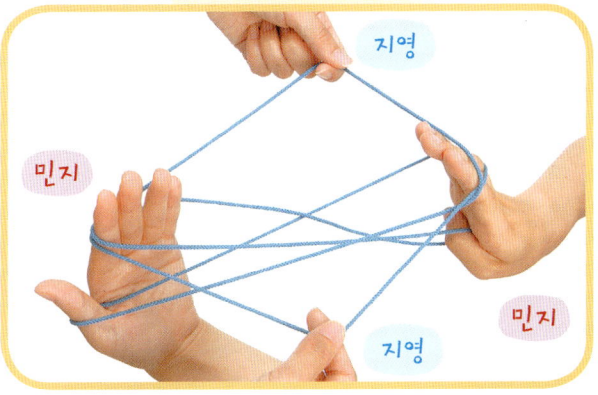

7 지영이 민지 손목에서 실을 빼고 있는 모습이에요. 민지는 엄지손가락에 걸린 실을 네 손가락으로 꼭 쥐어요.

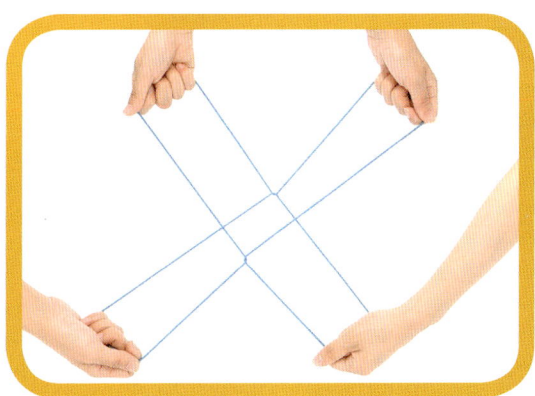

9 완성! '쓱싹쓱싹 톱'이 완성되었습니다.

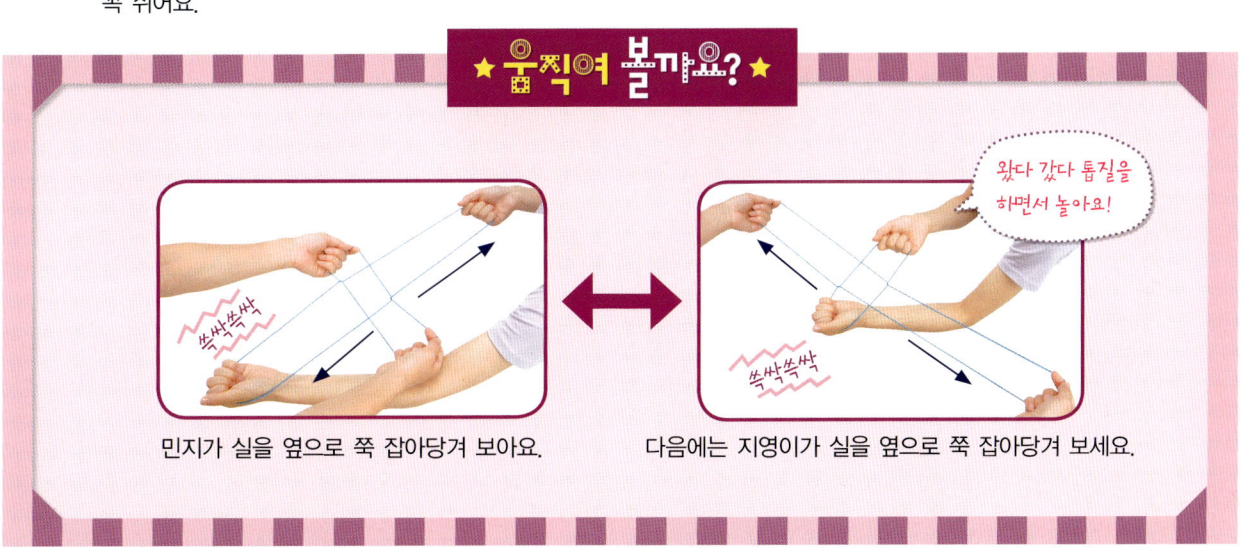

민지가 실을 옆으로 쭉 잡아당겨 보아요.

다음에는 지영이가 실을 옆으로 쭉 잡아당겨 보세요.

쿵덕쿵덕 떡방아

난이도 ★☆☆☆☆　긴 실

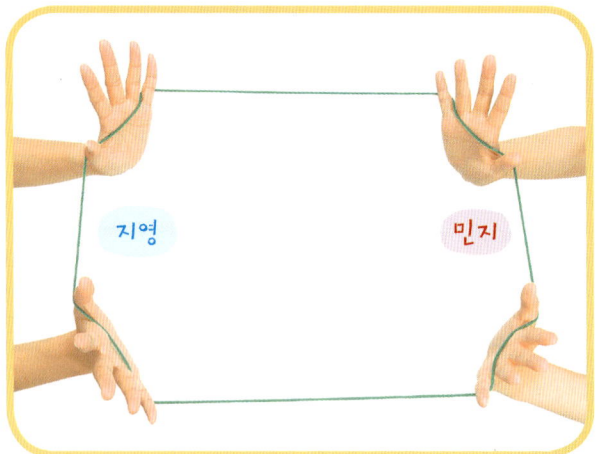

1 지영과 민지가 양쪽 엄지손가락과 새끼손가락에 실을 겁니다.

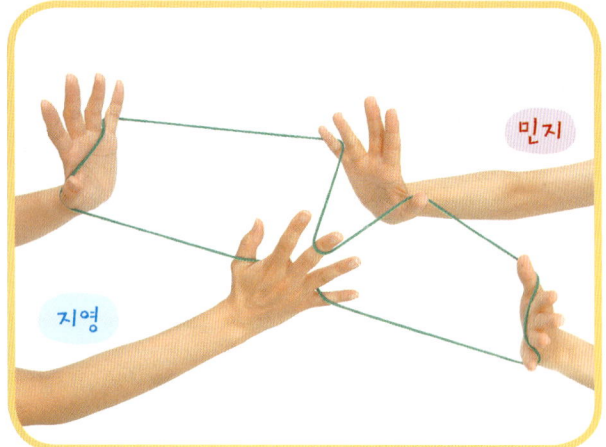

3 실을 걸고 있는 모습이에요.

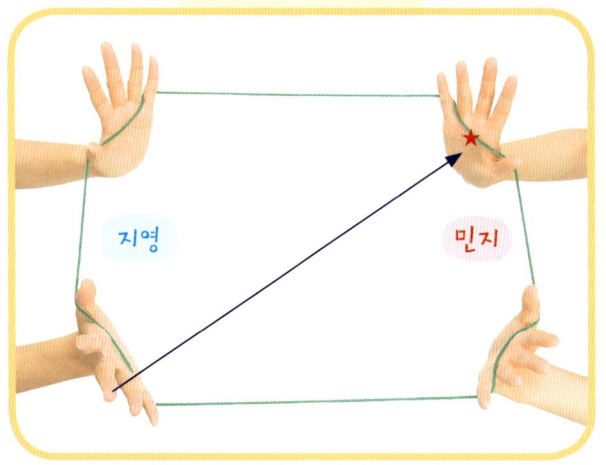

2 지영이 오른손 가운뎃손가락으로 민지의 오른손 ★부분을 걸어서 당깁니다.

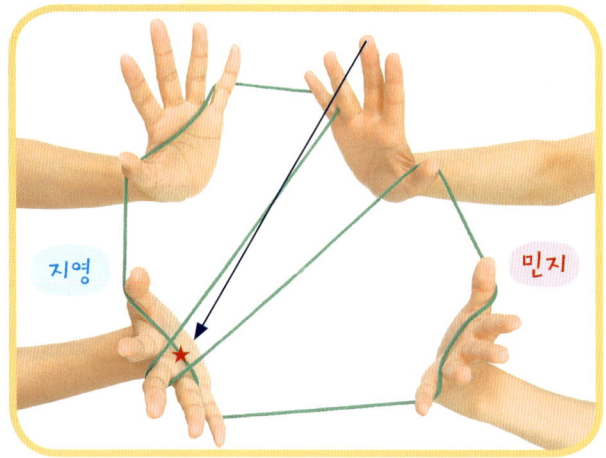

4 이번에는 민지가 오른손 가운뎃손가락으로 지영의 오른손 ★부분을 걸어서 당깁니다.

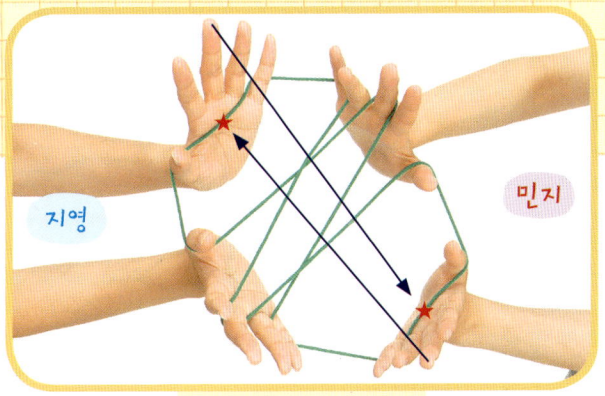

5 마찬가지로 두 사람이 차례차례 왼손 가운뎃손가락으로 상대방의 왼손 ★ 부분을 걸어서 당깁니다.

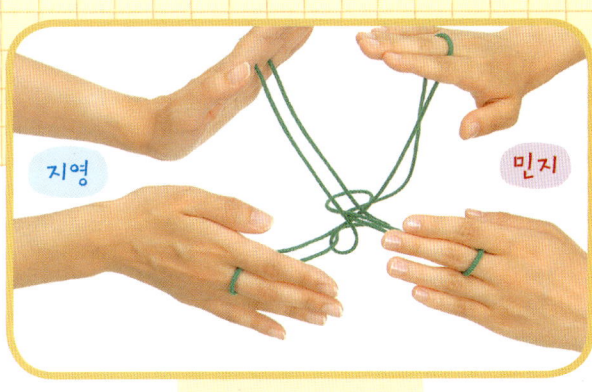

7 실을 풀고 있는 모습이에요.

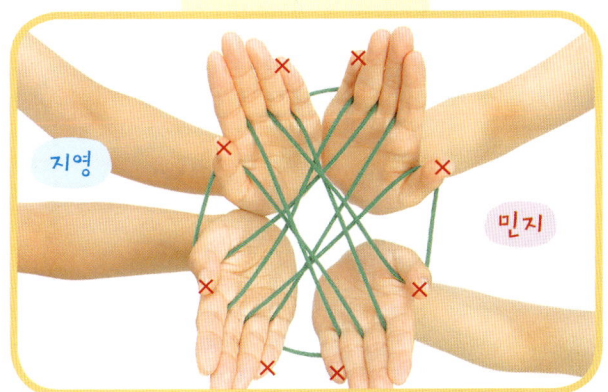

6 ⑤번까지 완성된 모습이에요. 두 사람의 양손 엄지손가락과 새끼손가락에 걸려 있는 실을 풉니다.

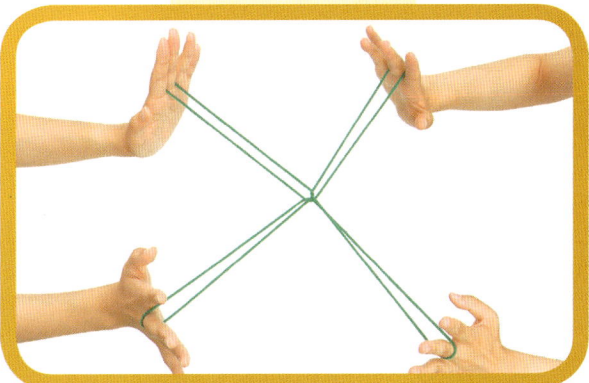

8 완성! '쿵덕쿵덕 떡방아'가 완성되었습니다.

★ 움직여 볼까요? ★

쿵덕

리듬을 타면서 움직이면 재미있게 놀 수 있어요!

쿵덕

두 사람이 오른손을 마주쳐 봐요.

이번에는 서로 왼손을 마주쳐 보세요.

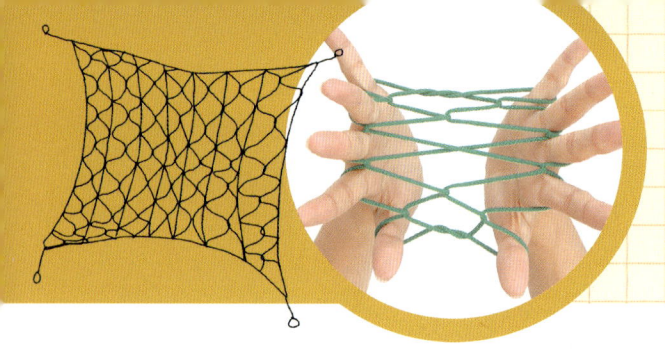

고기잡이 그물

난이도 ★★☆☆☆ 긴 실

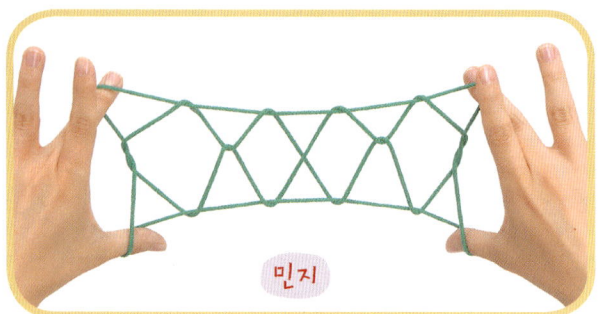

1 민지가 '4단 사다리'(56쪽)를 만듭니다.

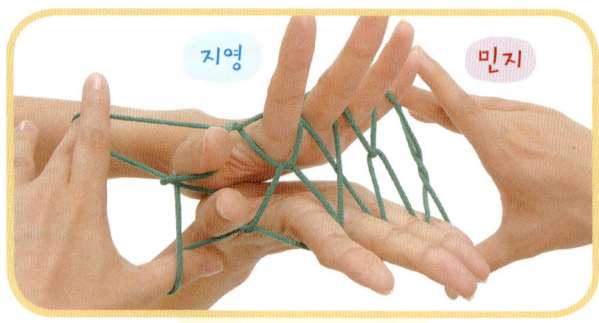

4 지영이 오른손 손가락까지 다 넣은 모습이에요.
민지는 실에서 손가락을 모두 뺍니다.

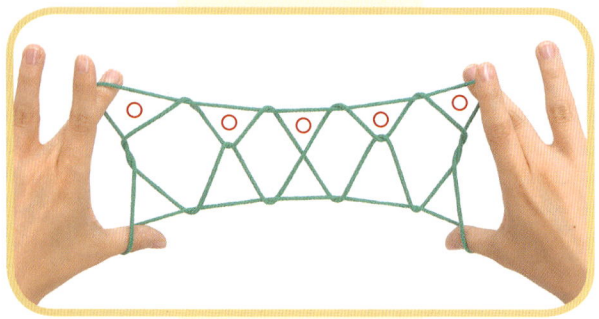

2 지영은 민지가 만든 4단 사다리의 ○부분에 왼손 손가락 다섯 개를 각각 넣습니다.

5 지영이 양손을 벌립니다.

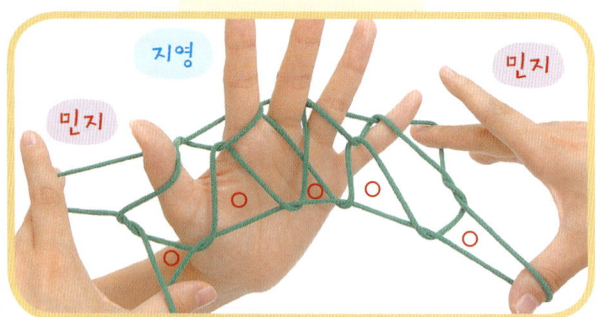

3 지영 왼손을 넣은 모습이에요. 다시 지영은 오른손 손가락 다섯 개를 ○부분에 각각 넣습니다.

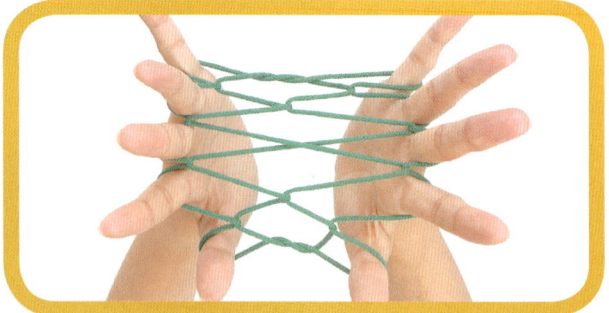

6 완성! '고기잡이 그물'이 완성되었습니다.

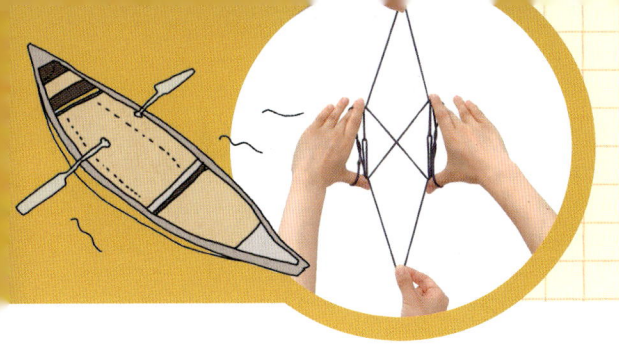

인디언 카누

난이도 ★★☆☆☆ 긴 실

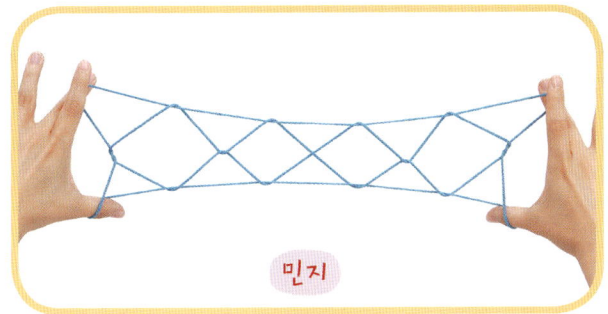

1 민지가 '4단 사다리'(56쪽)를 만듭니다.

2 지영은 양쪽 엄지손가락과 집게손가락으로 ★부분을 잡습니다.

3 지영이 잡은 실을 위아래로 잡아당깁니다.

4 완성! '인디언 카누'가 완성되었습니다.

친구랑 같이 실뜨기를 하면 더 재미있어요.

거미와 거미줄

난이도 ★★★☆☆ 긴 실

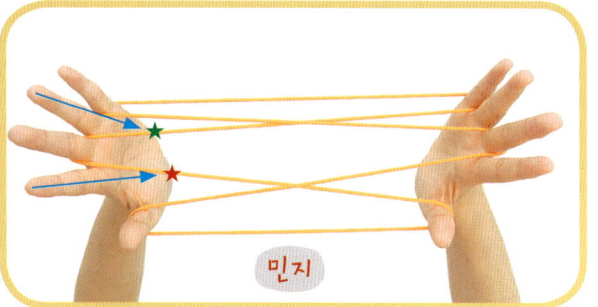

1 '가운뎃손가락 준비 모양'에서 시작합니다. 민지가 ★부분을 왼손 집게손가락에, ★부분을 왼손 약손가락에 겁니다.

3 지영이 왼손으로 민지의 손에 걸려 있는 실에서 ★부분을 잡아 들어 올립니다.

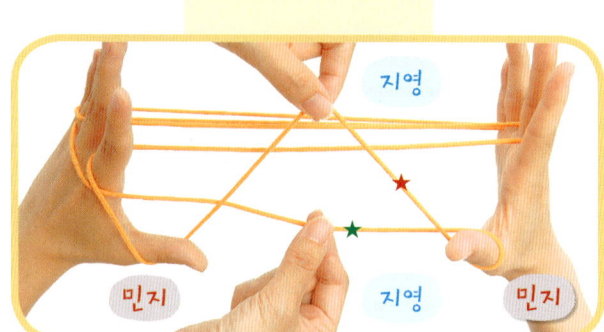

2 이번에는 왼손 집게손가락으로 오른손의 ★부분을, 약손가락으로는 오른손의 ★부분을 걸어요.

4 지영이 오른손으로 ★부분을 잡아서 들어 올립니다. 그다음 왼손에 잡고 있던 실을 놓아요. 오른손 ★부분의 실을 왼손으로 바꿔 잡아요.

실 거는 방법

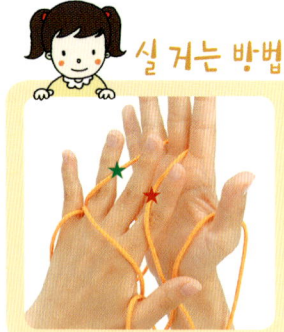

오른손 가운뎃손가락에 걸려 있는 실을 안쪽에서 손가락을 넣어 겁니다.

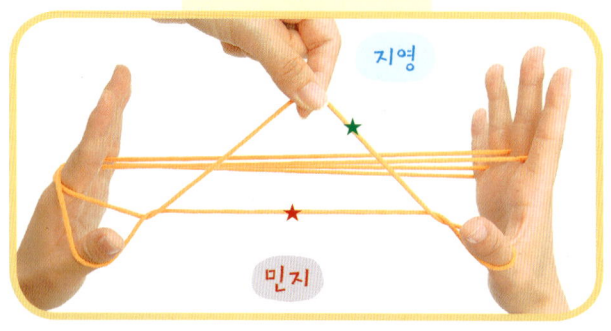

5 ④번까지 완성된 모습이에요.

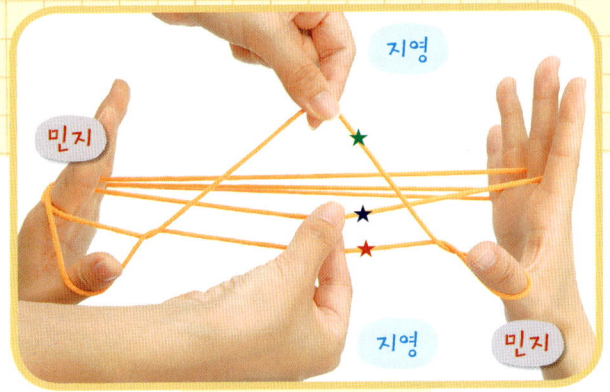

6 지영이 다시 오른손으로 ★부분을 ★과 ★ 사이로 잡아당긴 다음 왼손으로 바꿔 잡아요.

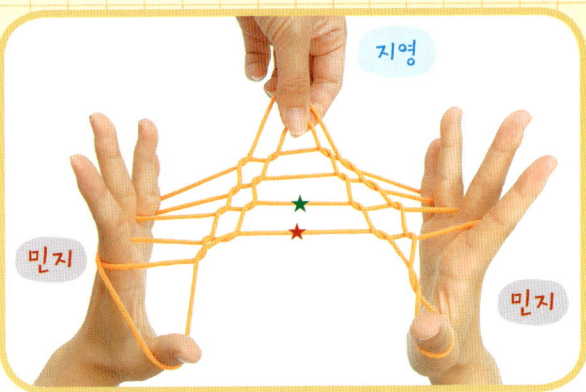

9 다시 ★의 아래쪽으로 오른손을 넣어서 ★부분을 잡은 다음 줄을 모두 잡게 될 때까지 ⑥번을 반복합니다.

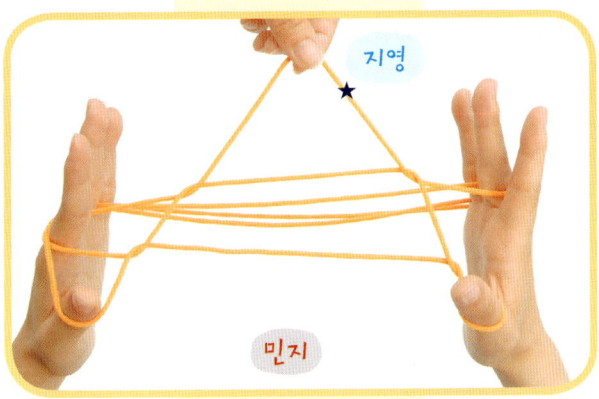

7 왼손으로 ★부분을 잡은 모습이에요.
지영은 새끼손가락에 걸린 실까지 ⑥번에서 했던 방식을 반복합니다.

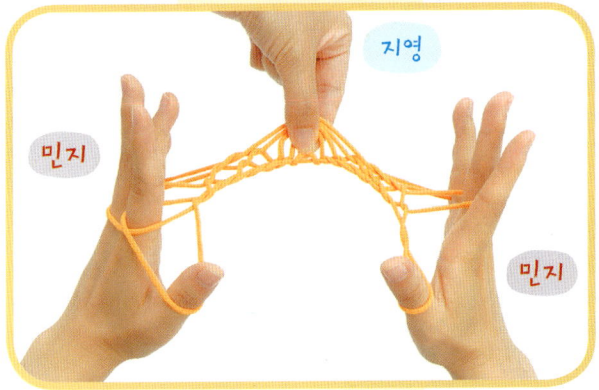

10 줄을 모두 잡은 모습이에요.
왼손에 잡고 있던 모든 줄을 한꺼번에 놓습니다.

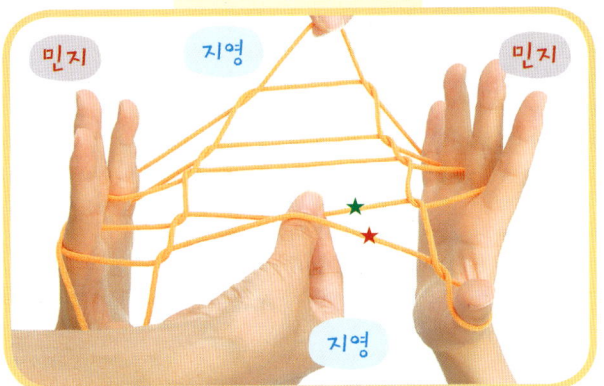

8 ⑦번까지 작업이 모두 끝나면 ★의 아래쪽으로 오른손을 넣어서 ★부분을 잡습니다. 그다음 새끼손가락에 걸린 실까지 ⑥번을 반복합니다.

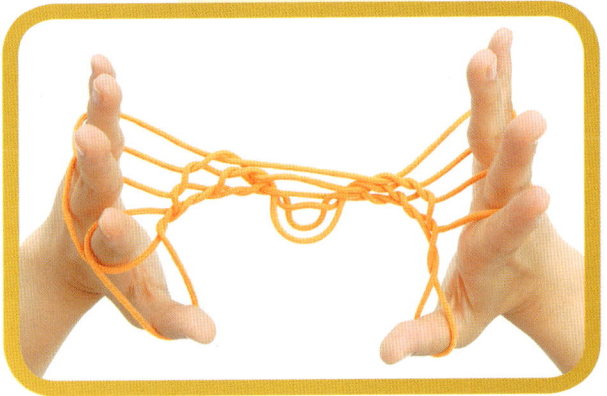

11 완성! '거미와 거미줄'이 완성되었습니다.

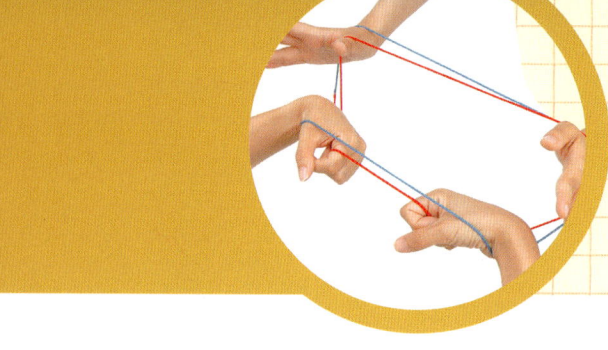

사이좋게 주고받는 실뜨기 1

난이도 ★☆☆☆☆ 긴 실

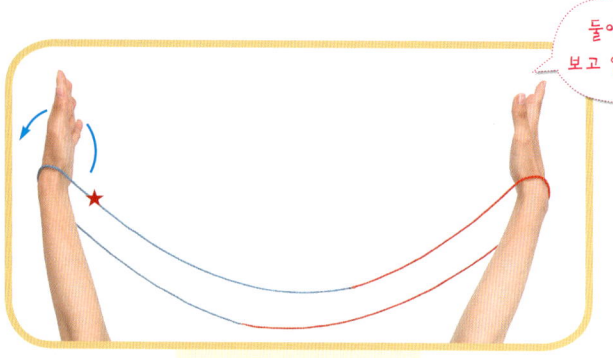

1 찬혁의 손목에 실을 걸고 화살표 방향으로 ★부분을 왼쪽 손목에 한 번 감습니다.

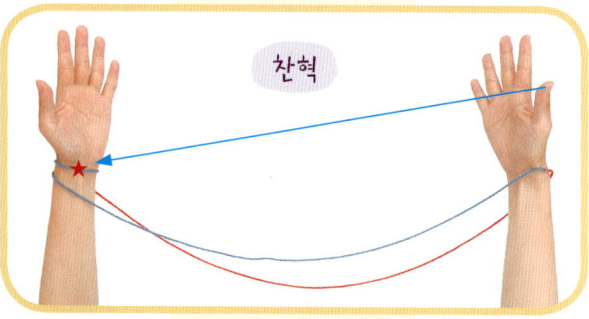

2 오른손 엄지손가락으로 왼쪽 손목에 감긴 실의 ★부분을 걸어서 당깁니다.

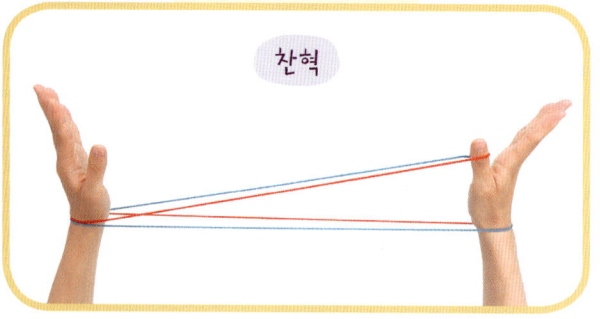

3 ②번까지 완성된 모습이에요.

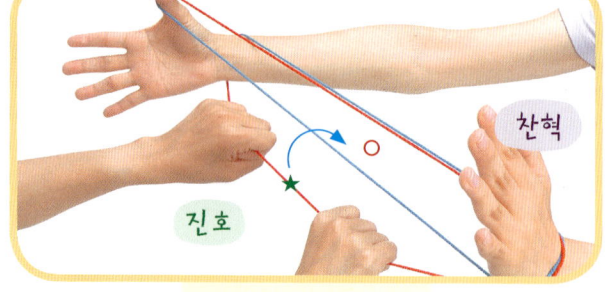

4 진호가 찬혁의 새끼손가락 쪽에 걸린 ★부분의 실을 양손으로 쥐고 ○부분에 넣습니다.

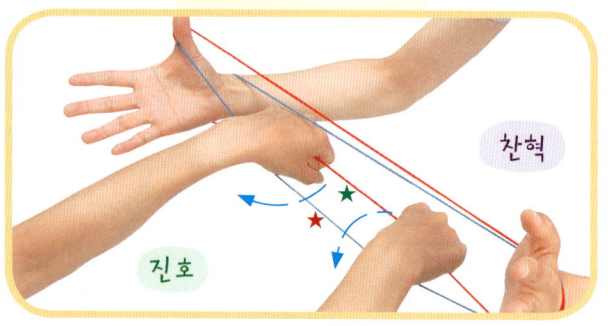

5 손을 넣고 있는 모습이에요. 그 상태에서 손목을 화살표 방향으로 돌려 ★부분을 손목으로 감싸듯 들어 올립니다.

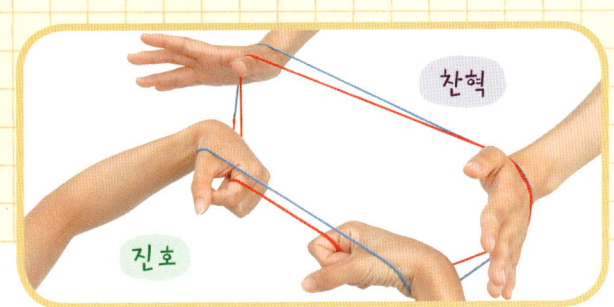

6 손목을 돌려서 실을 감싸듯이 들어 올리는 모습이에요.

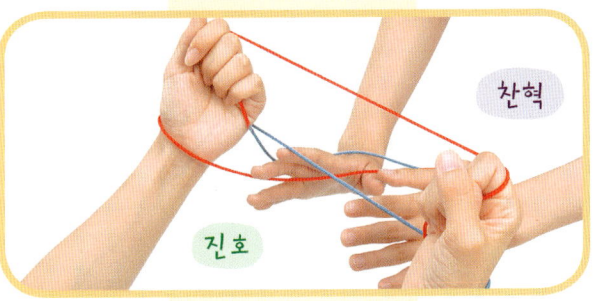

7 진호는 찬혁의 손에서 실을 빼낸 뒤 손을 펼칩니다.

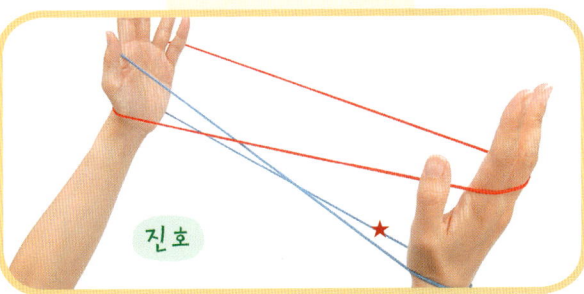

8 이번에는 찬혁이 진호의 새끼손가락 쪽 손목에 걸려 있는 실의 ★부분을 양손으로 쥡니다.

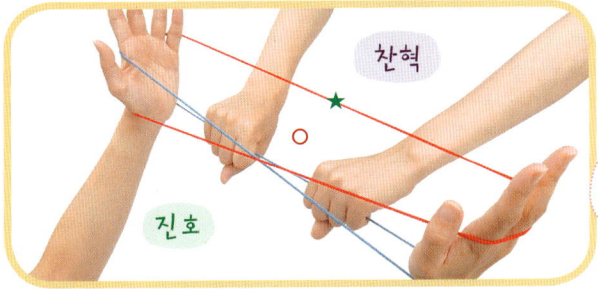

9 실을 잡고 있는 양손으로 ★부분을 걸고 ○부분으로 넣습니다.

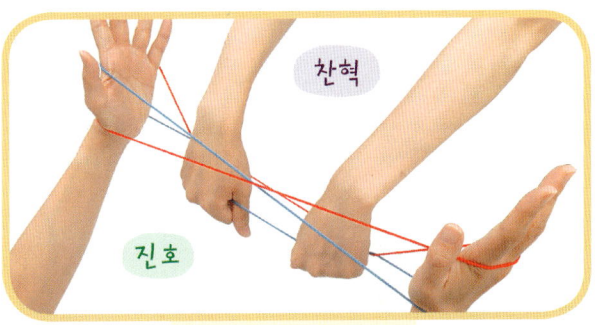

10 양손을 넣고 있는 모습이에요. 그대로 손목을 돌려서 실을 손목으로 감싸듯이 들어 올립니다.

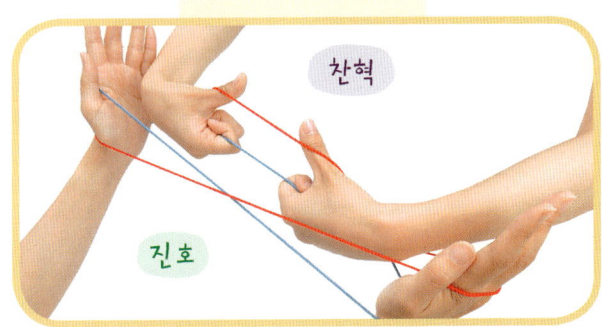

11 실을 들어 올리고 있는 모습이에요. 진호가 실에서 손을 뺍니다.

30초에 몇 번이나 손을 바꿀 수 있는지 세어 보세요.

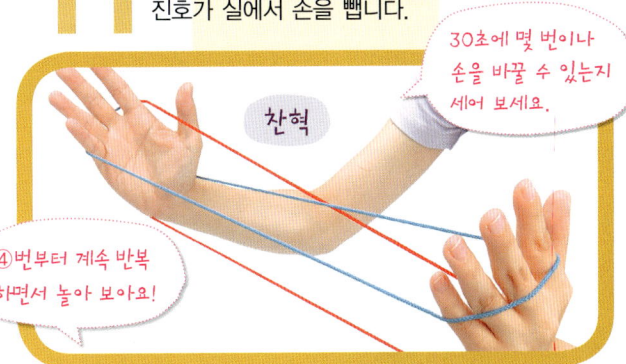

④번부터 계속 반복 하면서 놀아 보아요!

12 완성! '사이좋게 주고받는 실뜨기 1'이 완성되었습니다.

75

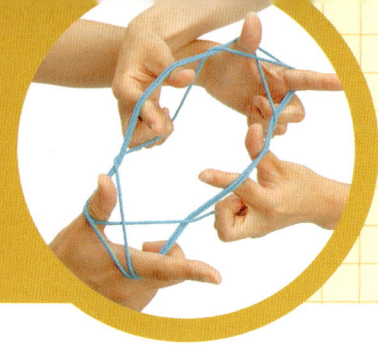

사이좋게 주고받는 실뜨기 2

난이도 ★★★☆☆ 긴 실

> 둘이서 서로 마주 보고 앉아서 시작해요!

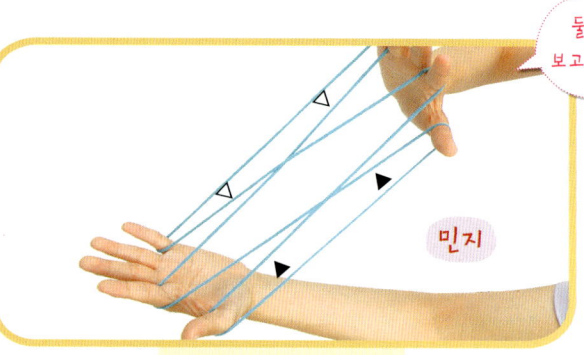

1 민지는 '집게손가락 준비 모양'을 만듭니다. 지영은 △부분에 양쪽 엄지손가락을 넣고 ▲부분에 양쪽 집게손가락을 넣어요.

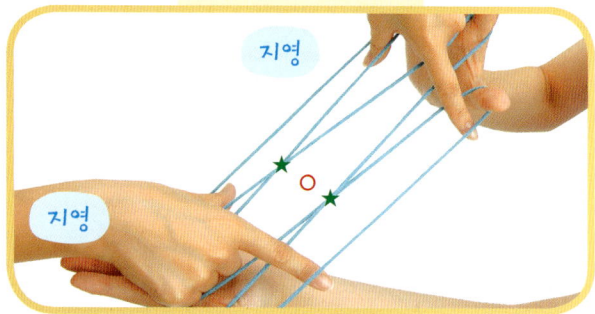

2 지영은 엄지손가락과 집게손가락 사이에 있는 실을 쥐고 O부분의 아래에서 위로 실을 뜹니다.

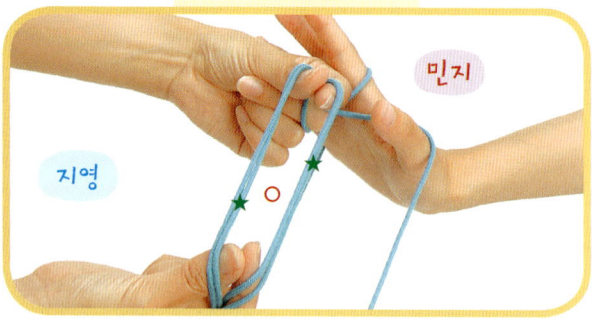

3 지영이 실을 뜨고 있는 모습이에요. 민지가 실에서 손을 뺀 뒤 지영이 실을 잡고 있는 손가락을 쫙 폅니다.

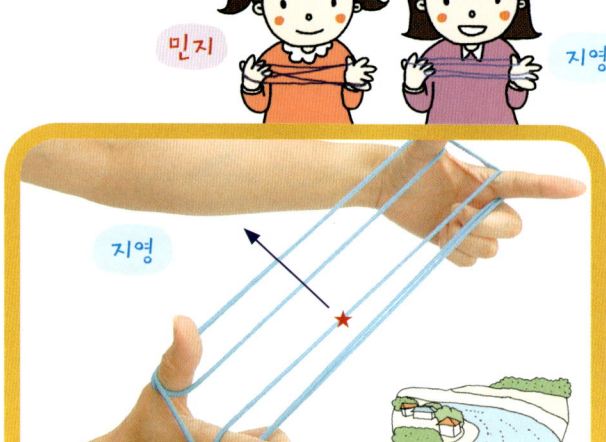

4 '강'이 완성됩니다. 민지는 오른손 새끼손가락으로 ★부분을 걸고 화살표 방향으로 잡아당깁니다.

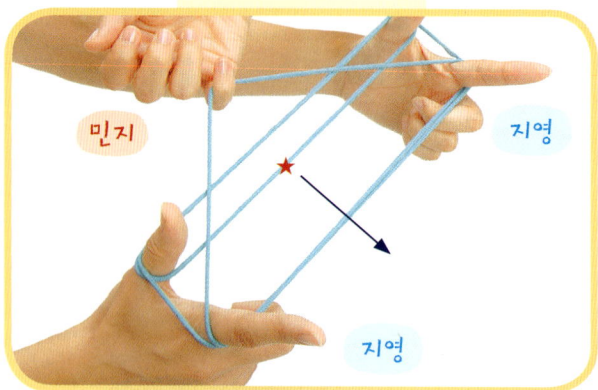

5 민지는 왼손 새끼손가락으로 ★부분을 건 다음 화살표 방향으로 잡아당깁니다.

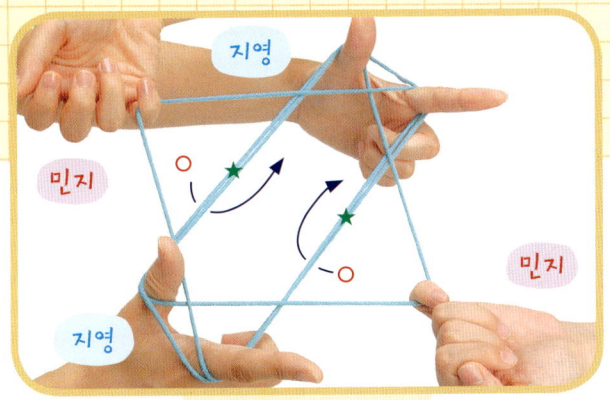

6 민지가 엄지손가락과 집게손가락을 위쪽에서 ○부분에 넣어요. 그런 다음 화살표 방향으로 ★부분을 걸어서 들어 올립니다.

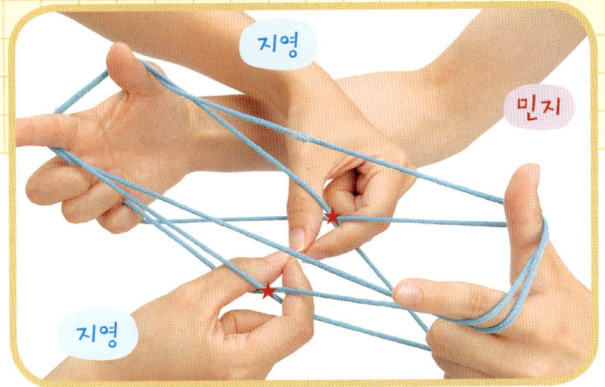

9 지영은 실이 서로 교차하고 있는 ★부분을 엄지손가락과 집게손가락으로 잡습니다.

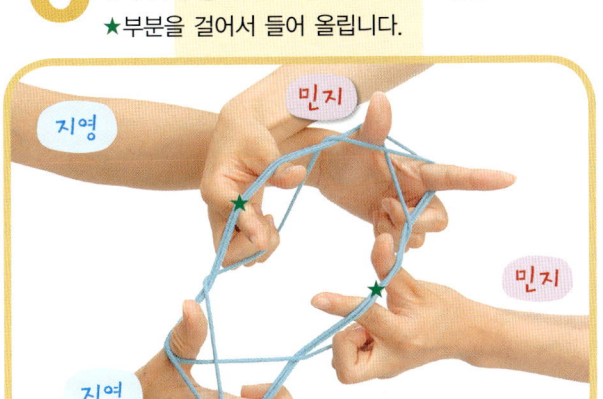

7 민지가 ★부분을 걸고 있는 모습이에요. 지영이 실에서 손을 뺍니다.

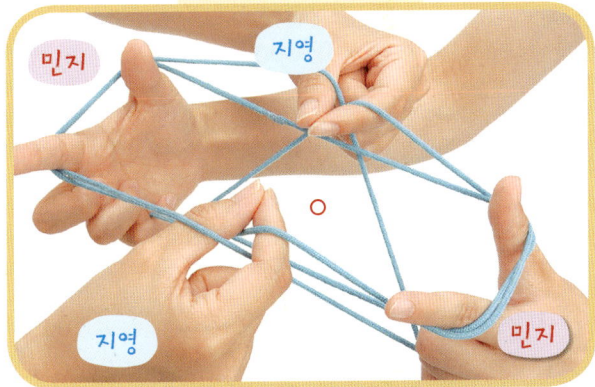

10 지영은 실을 잡은 손가락을 양쪽 옆으로 잡아당기면서 크게 원을 그리듯 위로 올려 ○부분에 손가락을 넣습니다.

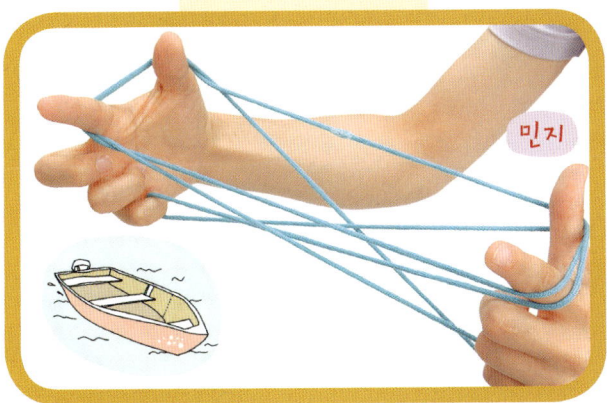

8 '배'가 완성되었습니다.

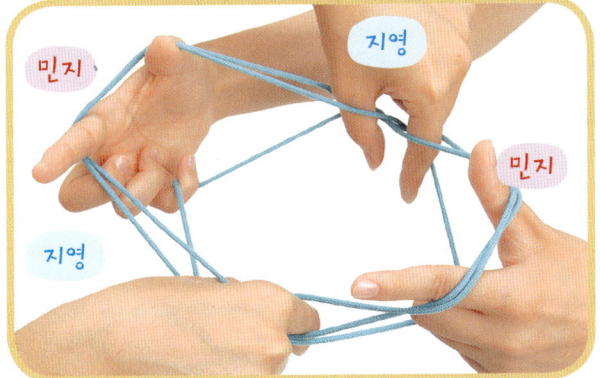

11 지영이 손가락을 넣는 모습이에요. 지영은 손을 양 옆으로 잡아당기며 민지의 손에서 실을 빼냅니다.

77

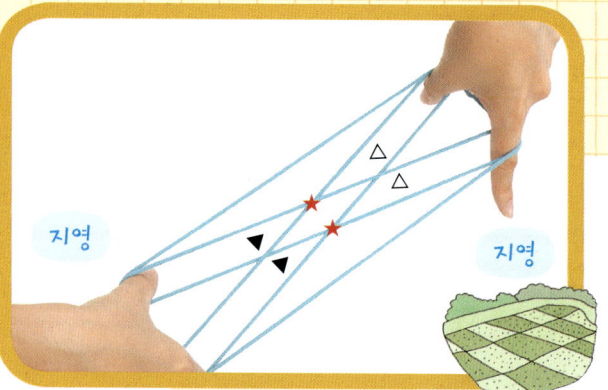

12 '논'이 완성되었어요. 민지는 △부분에 양쪽 엄지손가락을, ▲부분에는 양쪽 집게손가락을 넣고 ★부분을 잡습니다.

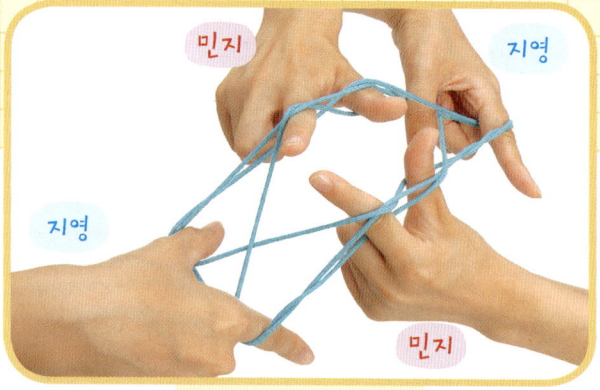

15 실을 감아 올리는 모습이에요. 손가락을 들어 올리면서 실을 지영의 손에서 빼냅니다.

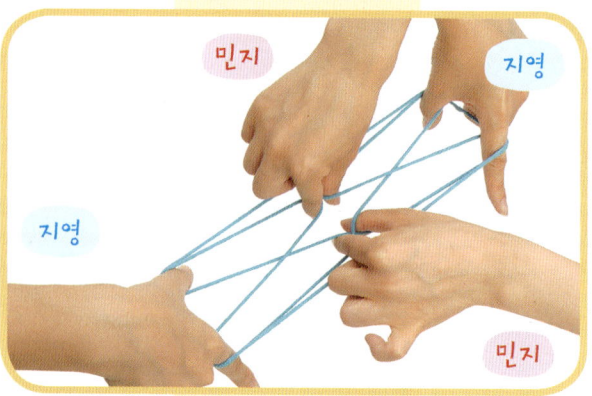

13 민지가 실을 잡은 모습이에요. 민지는 잡은 실을 그대로 들어 올립니다.

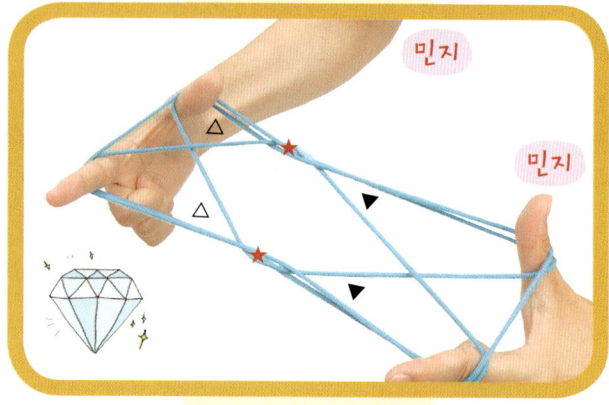

16 '다이아몬드'가 완성되었어요. 지영은 △부분에 양쪽 엄지손가락을, ▲부분에는 양쪽 집게 손가락을 각각 넣고 ★부분을 잡습니다.

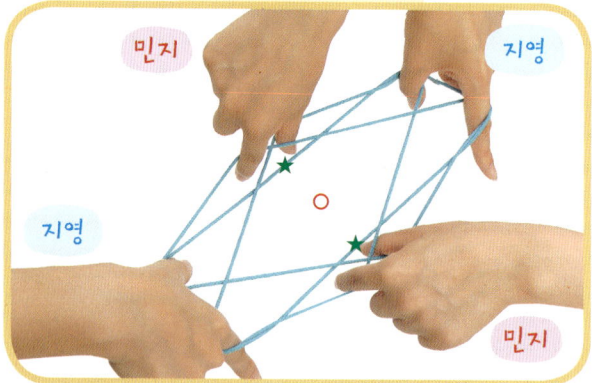

14 민지는 들어 올린 실을 양 옆으로 벌려 아래쪽으로 원을 그리면서 ○부분으로 손가락을 넣습니다. 이때 ★부분을 감아올리게 됩니다.

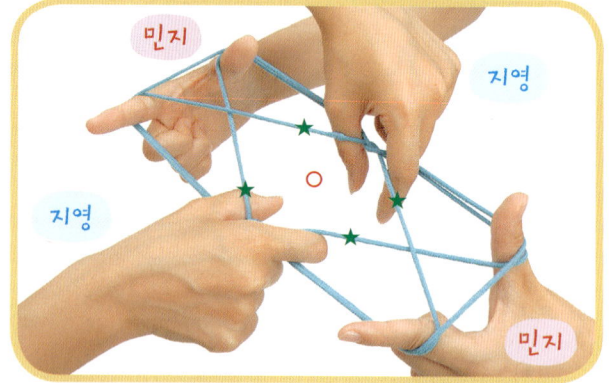

17 그 상태에서 아래쪽에서 ○부분으로 손가락을 넣어 위쪽으로 뜹니다.

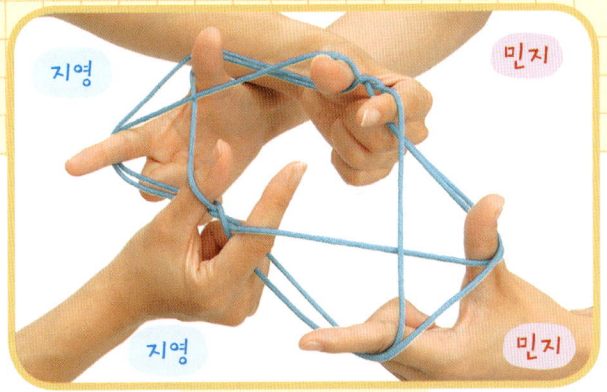

18 실을 뜨고 있는 모습이에요. 지영은 손을 양 옆으로 벌리면서 민지의 손에서 실을 빼냅니다.

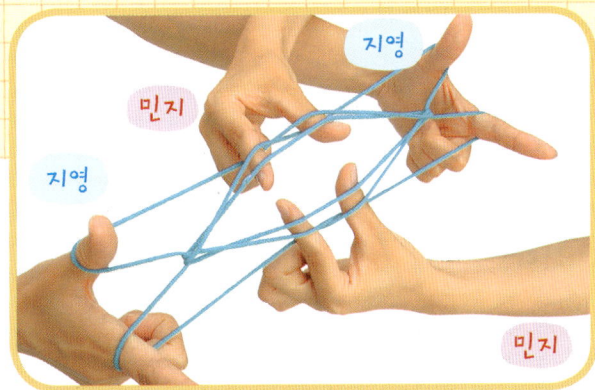

21 민지가 실을 양 옆으로 잡아당기면서 지영의 손에서 실을 빼냅니다.

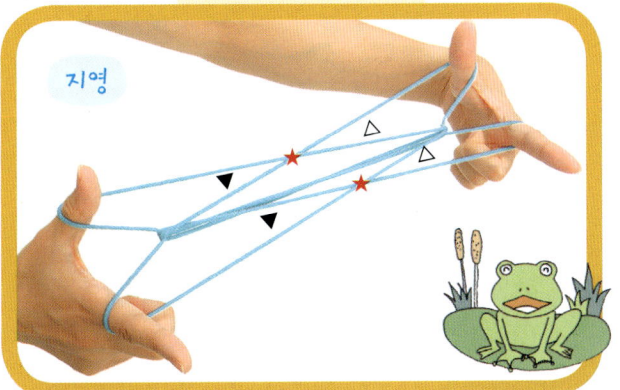

19 '개구리'가 완성되었어요. 민지는 △부분에 양쪽 엄지손가락을, ▲부분에는 양쪽 집게손가락을 넣고 ★부분을 잡습니다.

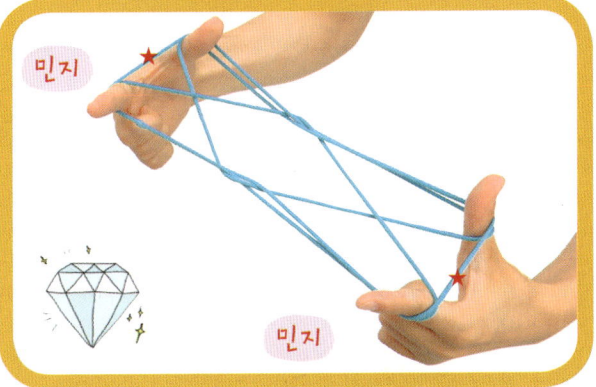

22 '다이아몬드'가 완성되었어요. 지영이 양쪽 새끼손가락으로 ★부분을 겁니다.

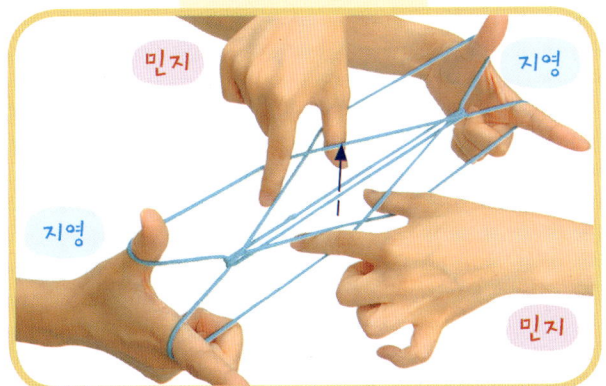

20 민지는 가운데에 있는 실 두 줄 사이로 아래쪽에서 손가락을 넣습니다.

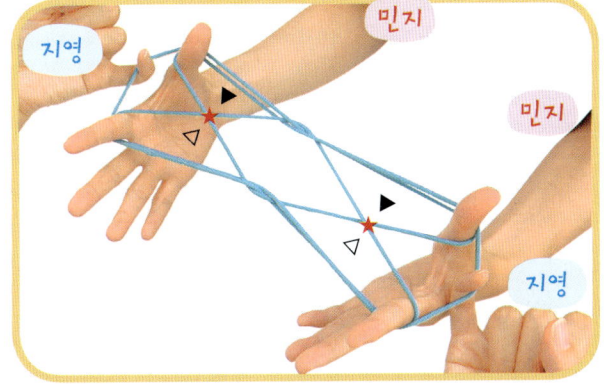

23 그 상태에서 △부분에 양쪽 엄지손가락을, ▲부분에는 양쪽 집게손가락을 넣고 ★부분을 잡습니다.

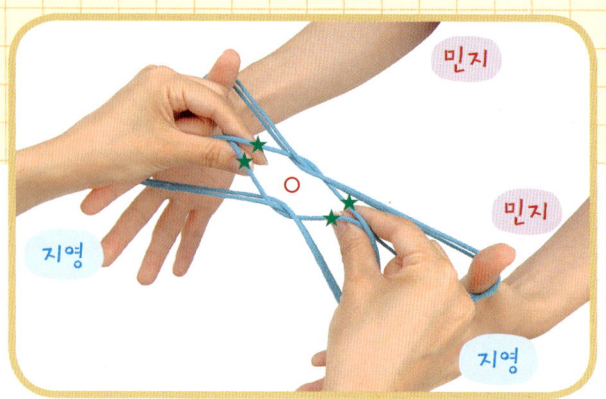

24 아래에서 ○부분으로 손가락을 넣어 ★부분을 뜹니다. 동시에 민지의 손에서 실을 빼냅니다.

27 민지가 실을 양쪽으로 벌립니다.

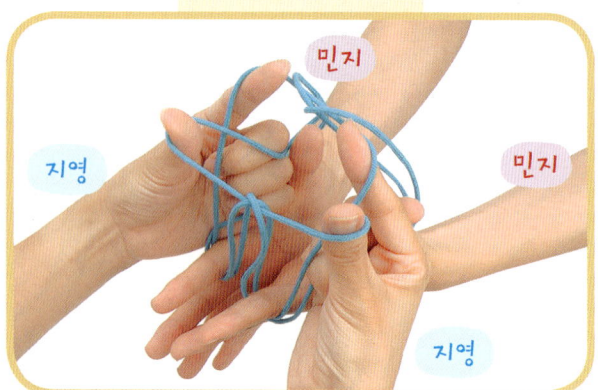

25 지영이 실을 뜨고 있는 모습이에요.

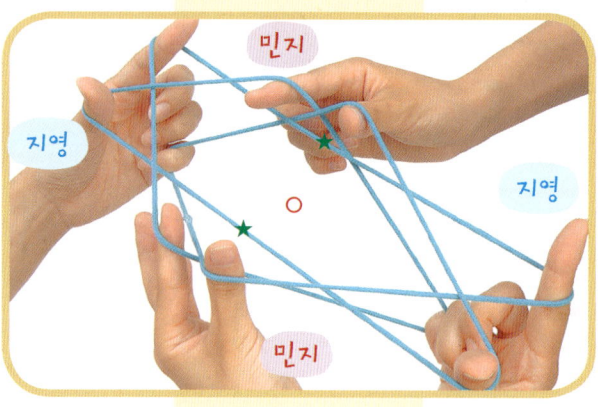

28 민지는 손가락을 들어 ★부분을 감고 위쪽에서 ○부분으로 넣습니다.

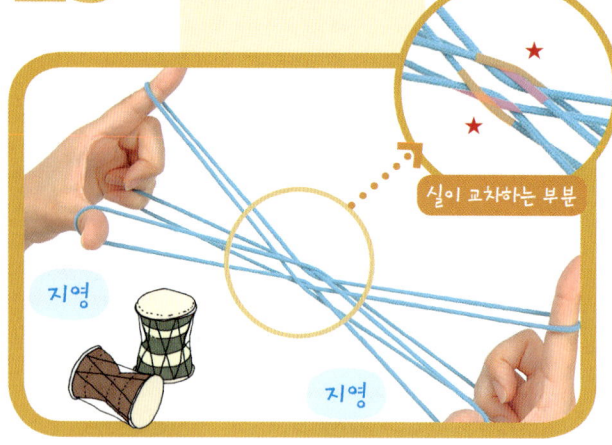

실이 교차하는 부분

26 '장구'가 완성되었어요. 민지는 지영의 양쪽 새끼손가락에 걸린 실이 교차하는 곳을 엄지손가락과 집게손가락으로 잡습니다.

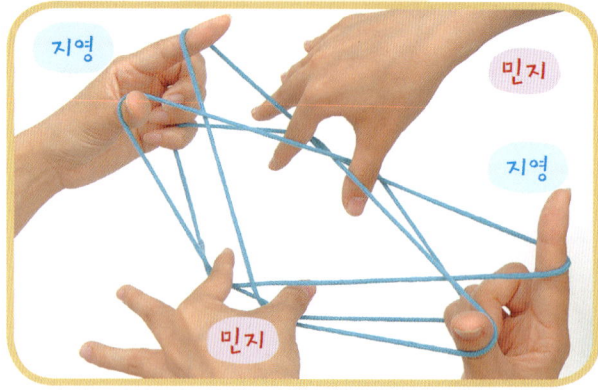

29 민지가 손가락을 ○부분에 넣은 모습이에요. 민지는 그 상태에서 손을 양 옆으로 벌려 지영의 손에서 실을 빼냅니다.

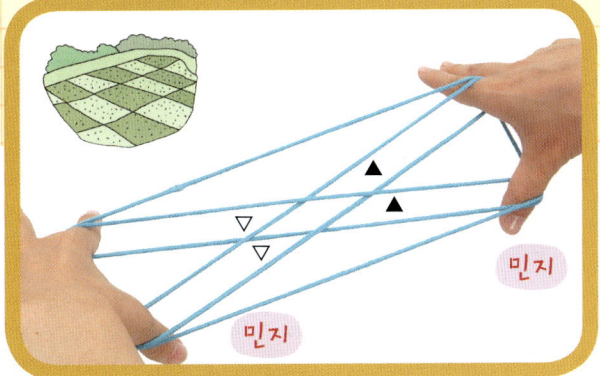

30 '논'이 완성되었어요. 지영은 아래쪽에서 △부분에 양쪽 엄지손가락을, ▲부분에는 양쪽 집게손가락을 넣습니다.

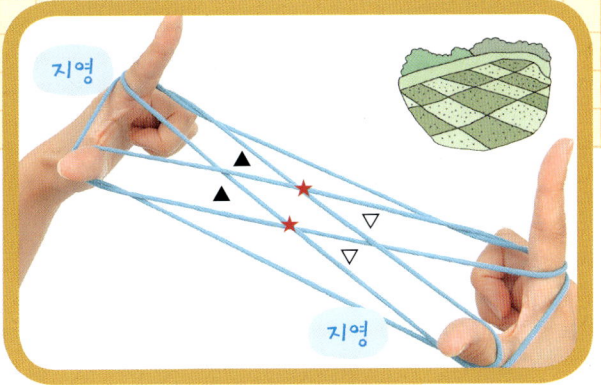

33 다시 '논'이 완성되었어요. 민지는 위쪽에서 △부분에 엄지손가락을, ▲부분에는 집게손가락을 각각 넣고 ★부분을 잡습니다.

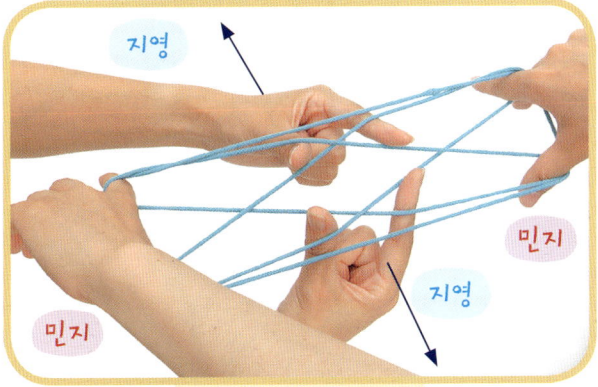

31 지영이 엄지손가락과 집게손가락을 넣은 모습이에요. 지영은 그대로 실을 양 옆으로 벌립니다.

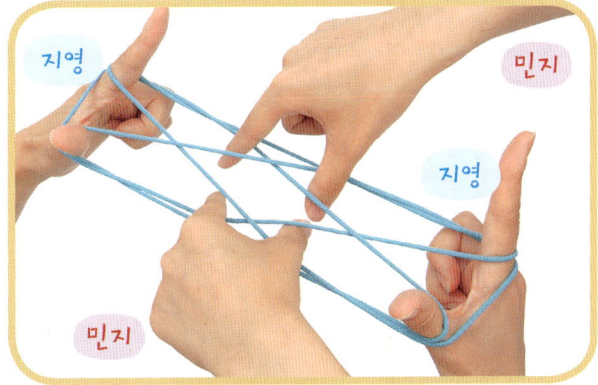

34 민지가 손가락을 넣은 모습이에요. 그대로 실을 위로 들어 올립니다.

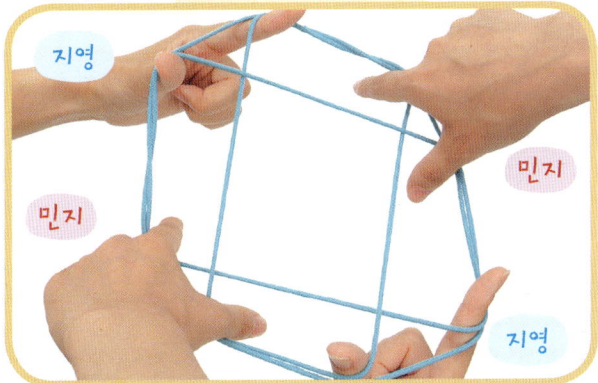

32 실을 벌리고 있는 모습이에요. 민지는 손에서 실을 뺍니다.

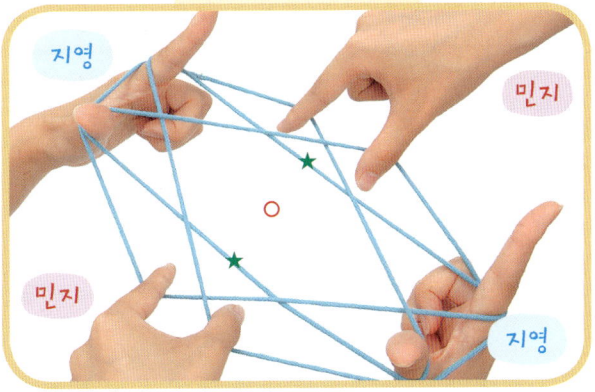

35 민지는 손을 바깥쪽으로 빙글 돌리면서 아래쪽에서 O부분에 손가락을 넣습니다. ★부분을 감싸듯이 걸어서 들어 올립니다.

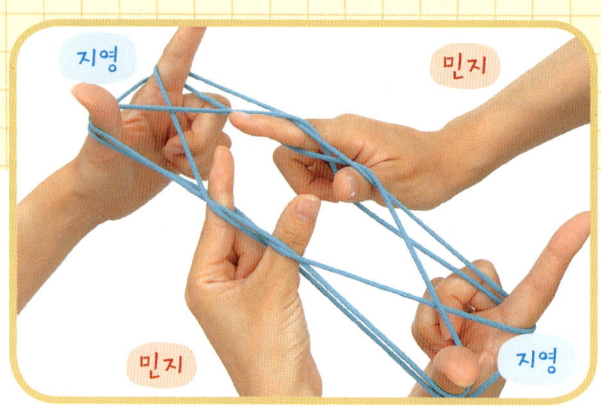
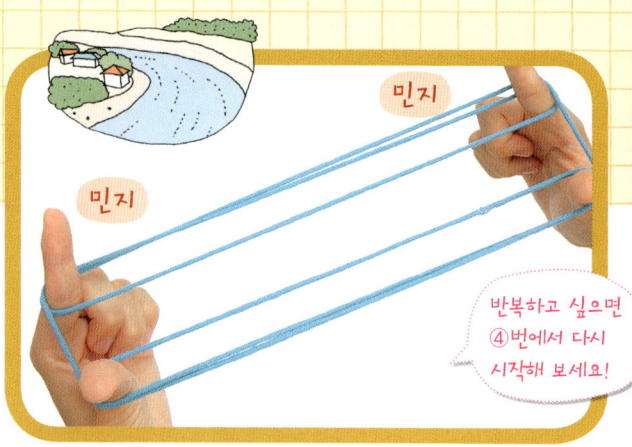

36 민지는 실을 들어 올리면서 지영의 손에서 실을 빼냅니다.

37 '강'이 완성되었어요.

반복하고 싶으면 ④번에서 다시 시작해 보세요!

'강으로 변신' 게임

'사이좋게 주고받는 실뜨기 2'에 나오는 '배', '논', '다이아몬드', '개구리', '장구'를 아래의 설명에 따라 실을 떠 봅시다. 모두 '강'으로 변신해요!

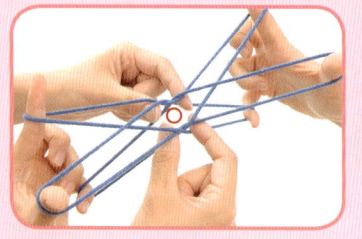
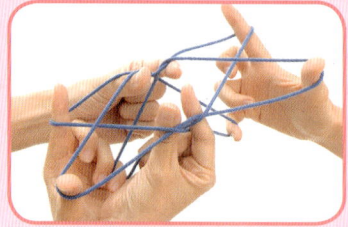
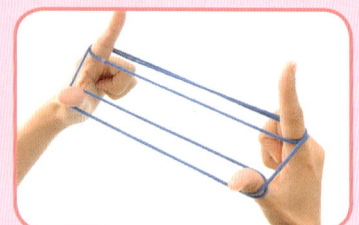

'장구'예요. 서로 교차하고 있는 실을 잡고 아래쪽에서 ○부분에 넣어 실을 뜹니다.

실을 뜨고 있는 모습이에요.

'강'이 완성되었어요.

양쪽 엄지손가락을 △부분에, 양쪽 집게 손가락은 ▼부분에 각각 위에서부터 넣고 ★부분을 떠내듯이 ○부분으로 손가락을 꺼냅니다.

실 거는 방법

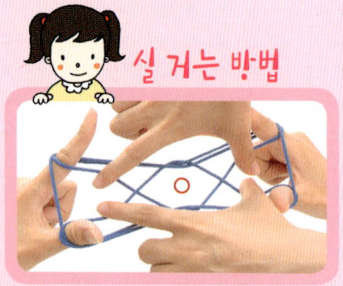
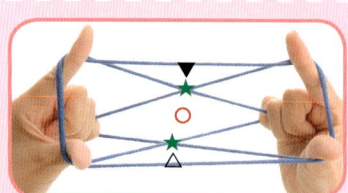
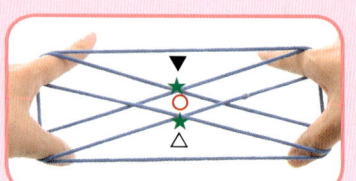

'배'에서

'논'에서

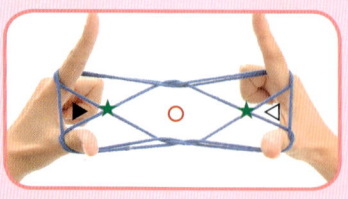
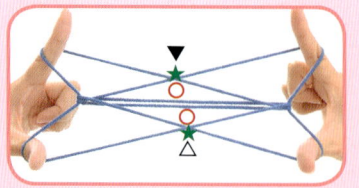

○부분으로 손가락을 꺼냅니다.

'다이아몬드'에서

'개구리'에서
(가운데 있는 실 두 줄은 가만히 두세요.)

앗, 관중이 깜짝 놀라는 신기한 실뜨기 마술!

실뜨기짱이 될 수 있는 절호의 기회

스르륵 실이 풀리는 마술 1

난이도 ★☆☆☆☆   긴 실

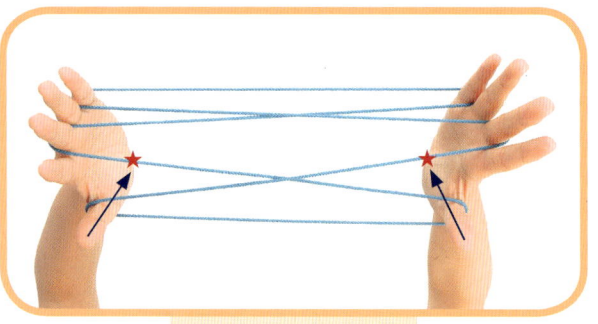

1 '가운뎃손가락 준비 모양'에서 시작합니다. 양쪽 엄지손가락으로 ★부분을 겁니다.

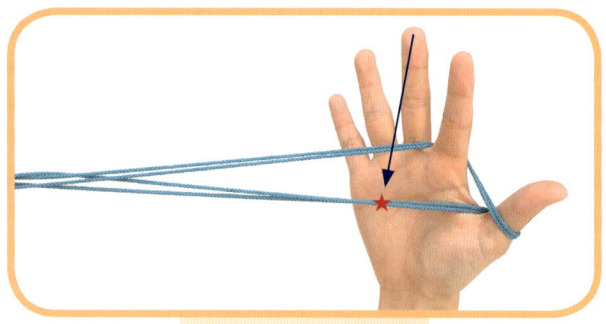

4 오른손 가운뎃손가락으로 ★부분의 실 두 줄을 한꺼번에 겁니다.

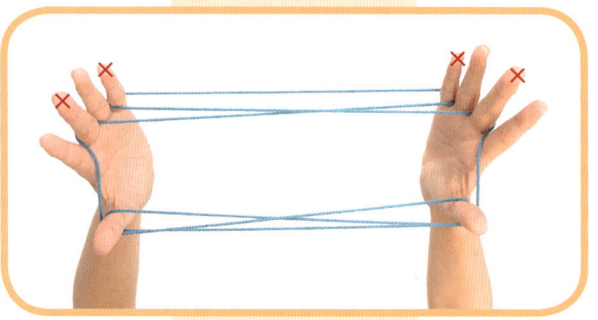

2 가운뎃손가락과 새끼손가락에 걸려 있는 실을 풉니다.

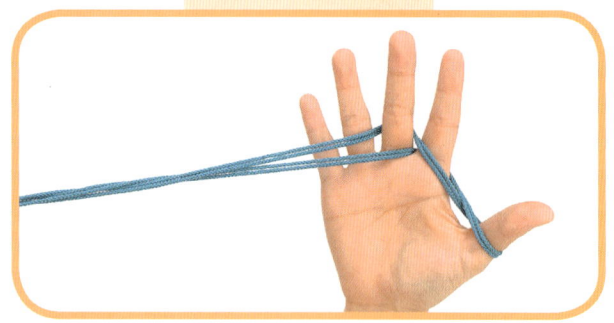

5 오른손 약손가락과 새끼손가락도 같은 방법으로 실을 걸어 줍니다.

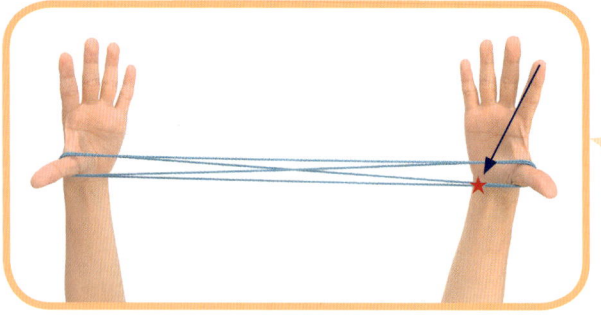

3 오른손 집게손가락으로 ★부분의 실 두 줄을 겁니다.

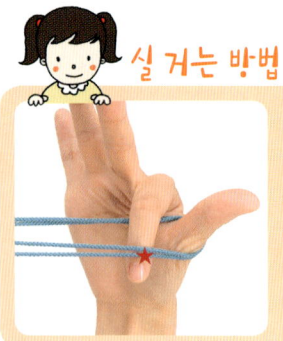

실 거는 방법

손가락으로 실을 걸고 있는 모습이에요.

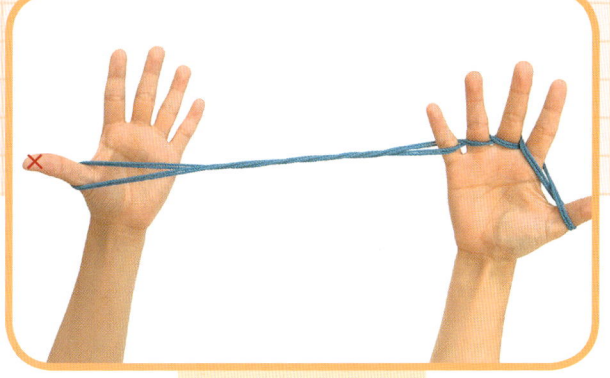

6 실 걸기가 모두 끝난 모습이에요.
왼손 엄지손가락에 걸려 있는 실을 풉니다.

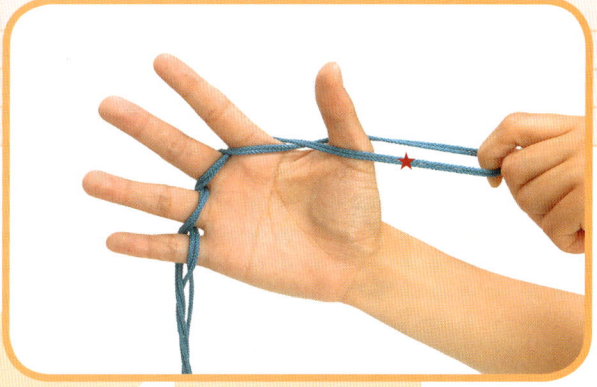

8 왼손으로 ★ 부분을 잡아당깁니다.

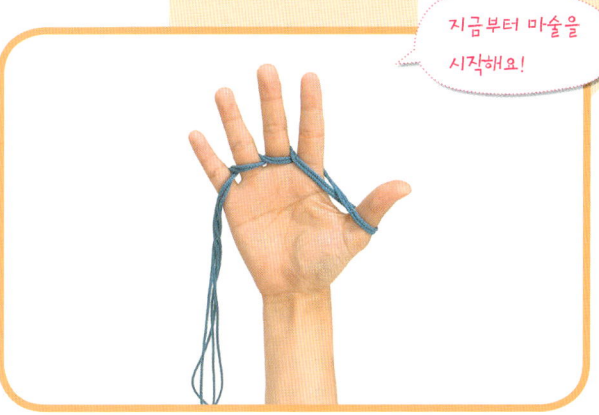

7 왼손에서 실을 풀고 난 뒤의 모습이에요.

지금부터 마술을 시작해요!

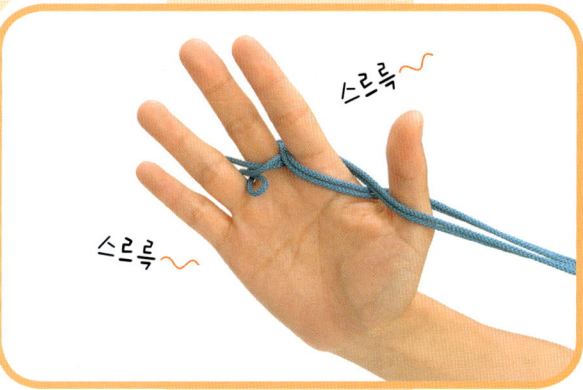

스르륵
스르륵

9 어머나, 신기하죠! 실이 술술 풀리고 있어요.

'가운뎃손가락 준비 모양'을 만들 때는 먼저 오른손 가운뎃손가락으로 왼손 손바닥의 실을 걸어야 해요!
11쪽을 참고하세요!

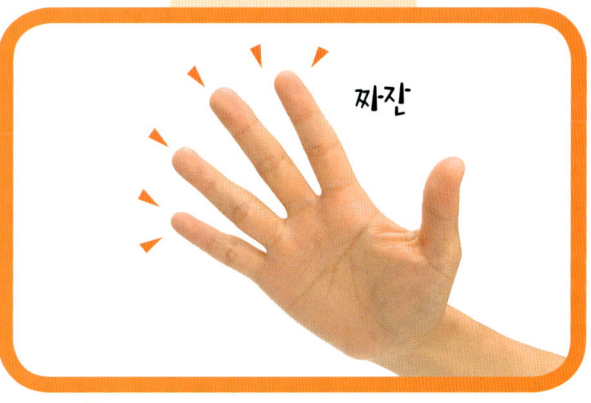

짜잔

10 짜잔! 손가락에 걸린 실이 다 풀렸네요!

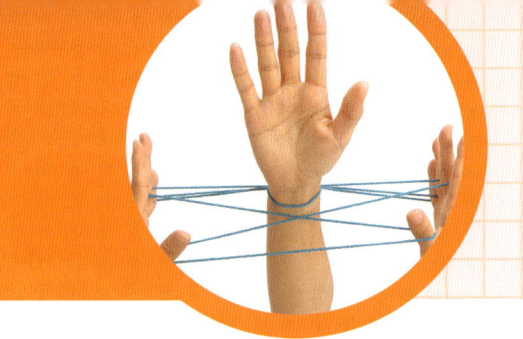

팔에 감긴 실을 푸는 마술 1

난이도 ★☆☆☆☆ 긴 실

실뜨기짱의 한마디

이번에는 친구의 손목에서 실을 푸는 마술이에요. 친구들과 함께 해 보세요.

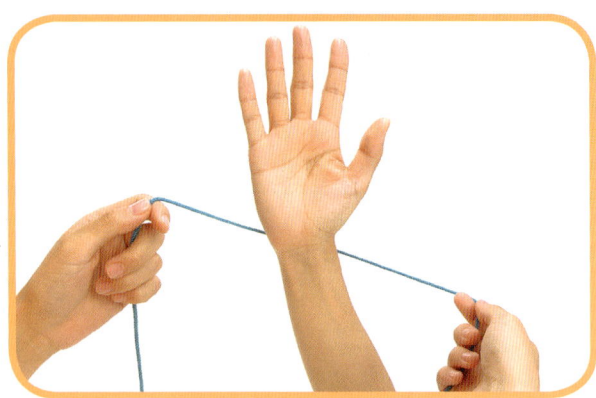

1 친구의 손목에 실을 겁니다.

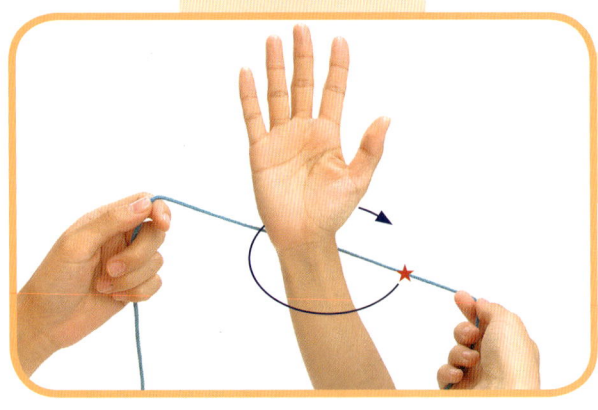

2 ★부분을 화살표 방향으로 돌려서 친구의 손목에 한 바퀴 감습니다.

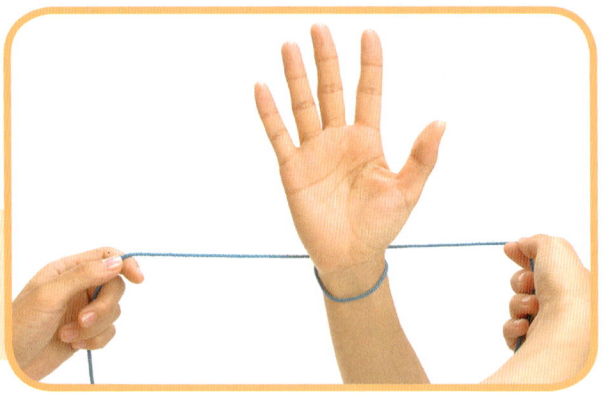

3 양쪽 손 엄지손가락과 새끼손가락에 실을 겁니다.

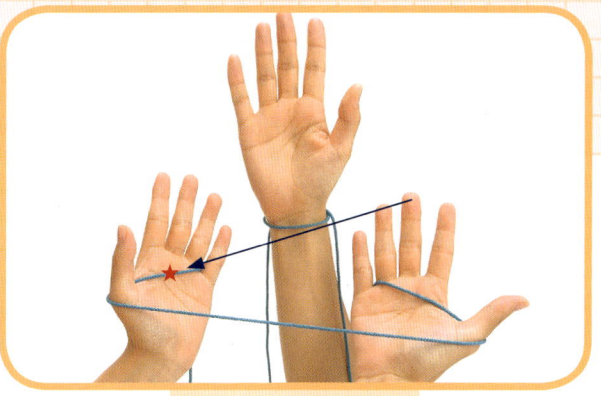

4 '가운뎃손가락 준비 모양'을 만듭니다. 우선 오른손 가운뎃손가락으로 왼손의 ★부분을 걸어요.

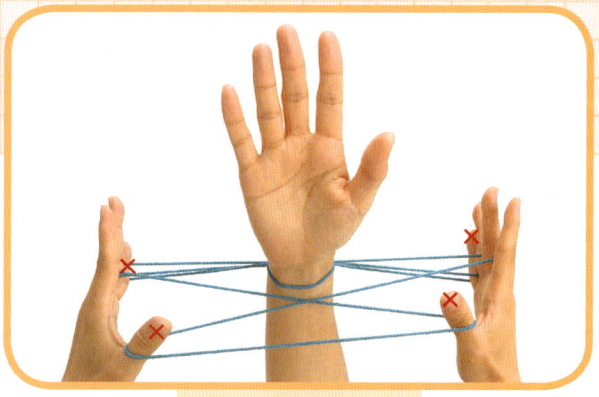

7 친구가 손을 넣은 모습이에요. 나의 양쪽 엄지 손가락과 새끼손가락에 걸려 있는 실을 풉니다.

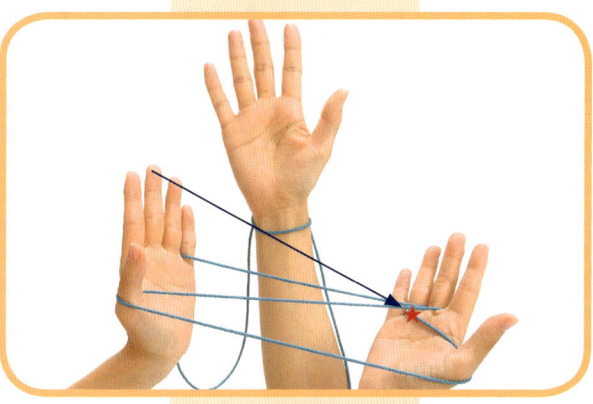

5 왼손 가운뎃손가락으로 오른손의 ★부분을 겁니다.

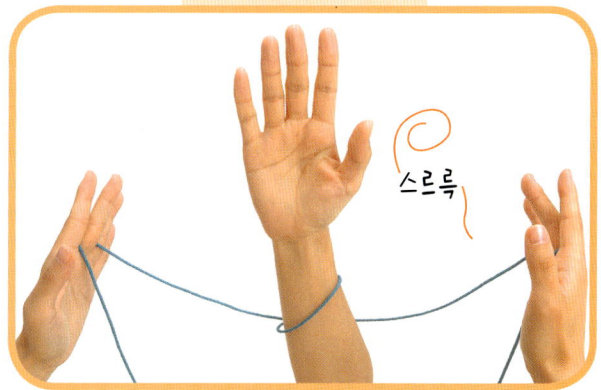

8 양손에 잡고 있는 실을 내 몸 쪽으로 천천히 잡아당기면……

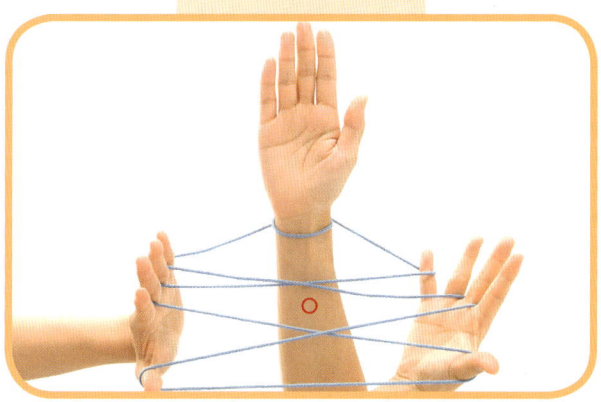

6 '가운뎃손가락 준비 모양'이 완성되었어요. 친구는 ○부분에 아래에서 위로 손을 넣습니다.

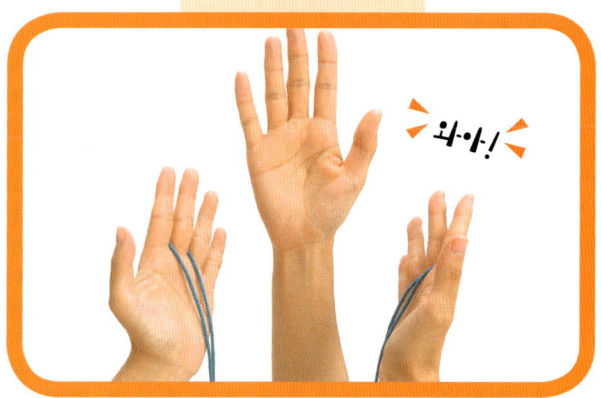

9 **짜잔!** 친구 손목에 감겨 있던 실이 풀린답니다!

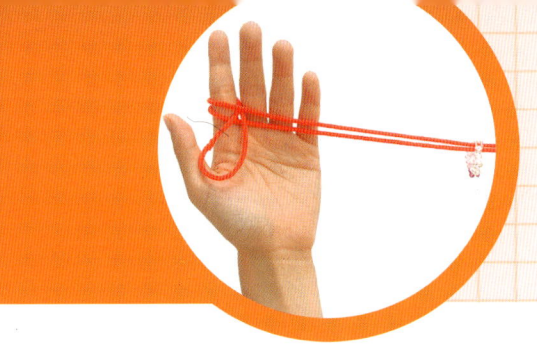

반지가 사라지는 마술 1

난이도 ★★☆☆☆ 긴 실

1 반지에 실을 끼웁니다.

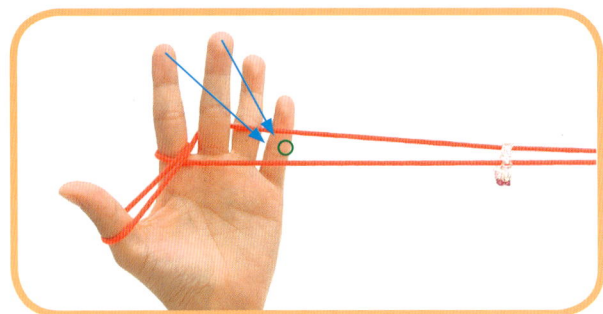

4 왼손 집게손가락과 가운뎃손가락을 모아서 ○부분에 넣습니다.

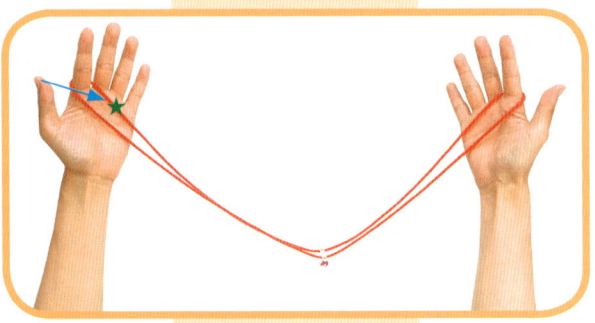

2 실을 양쪽 집게손가락에 걸고 왼손 엄지손가락으로 ★부분을 겁니다.

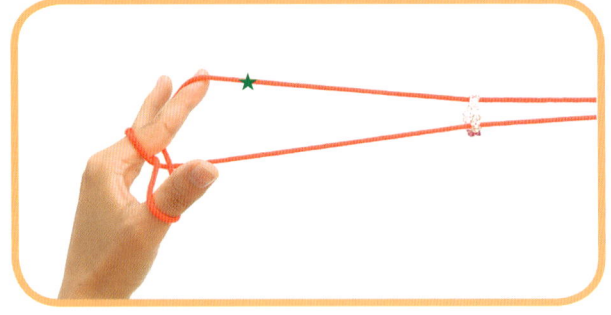

5 그 상태에서 집게손가락으로 ★부분을 겁니다. 가운뎃손가락에 걸린 실은 저절로 풀려요.

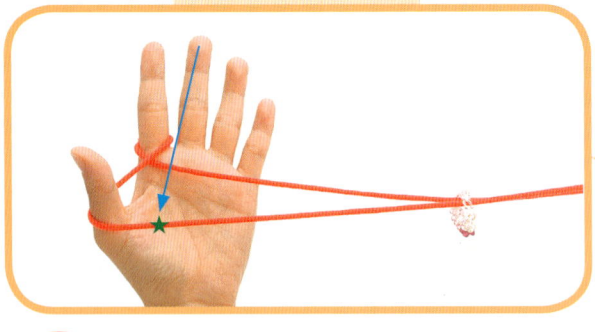

3 왼손 가운뎃손가락으로 ★부분을 걸어요.

실 거는 방법

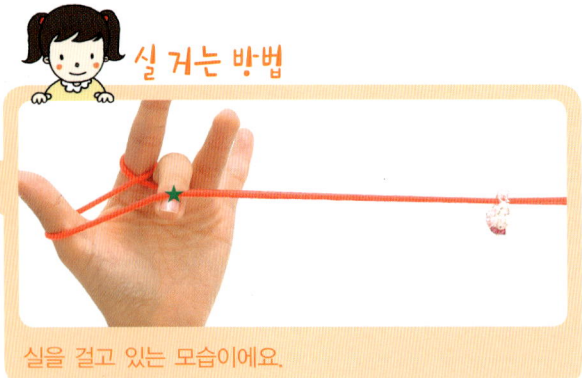

실을 걸고 있는 모습이에요.

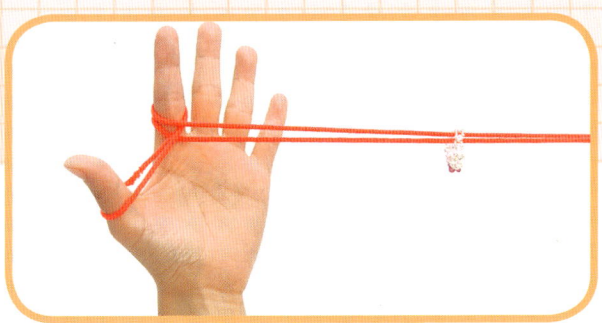

6 ⑤번까지 완성된 모습이에요.

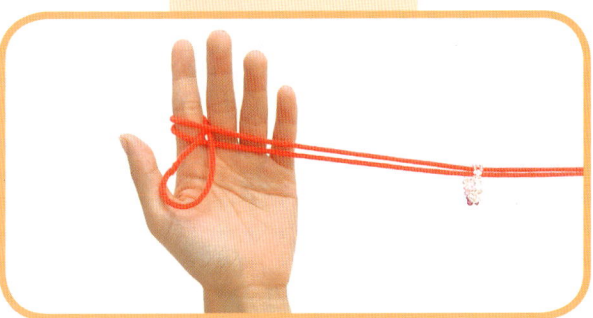

7 엄지손가락에 걸었던 실을 살짝 뺍니다.
가운뎃손가락, 약손가락, 새끼손가락으로 실을 쥡니다.

8 세 손가락으로 실을 쥐고 있는 모습이에요.

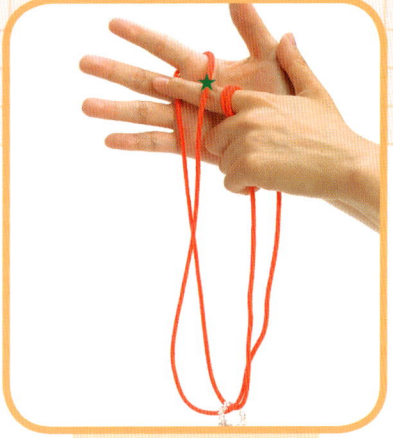

9 왼손 집게손가락으로 오른손의
★ 부분을 걸면서 왼손에 쥐고 있던
실을 놓습니다.

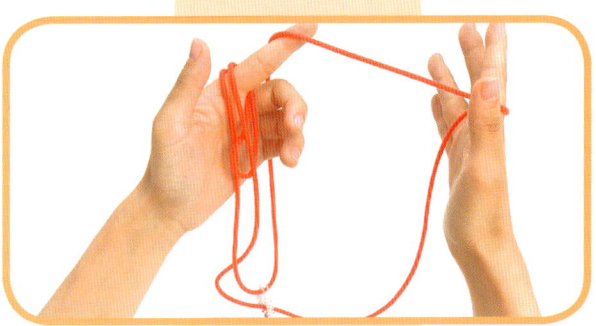

10 옆으로 살짝 잡아당기면……

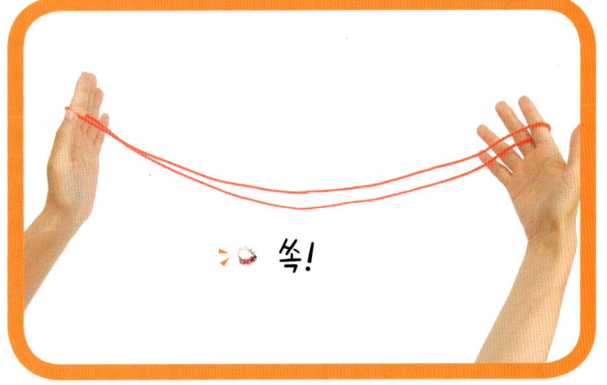

쏙!

11 짜잔! 반지가 쏙 빠진답니다!

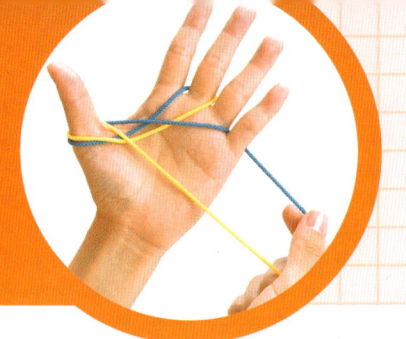

스르륵 실이 풀리는 마술 2

난이도 ★★☆☆☆ 긴 실

가운뎃손가락에 걸린 실이 풀리는 신기한 마술이에요.

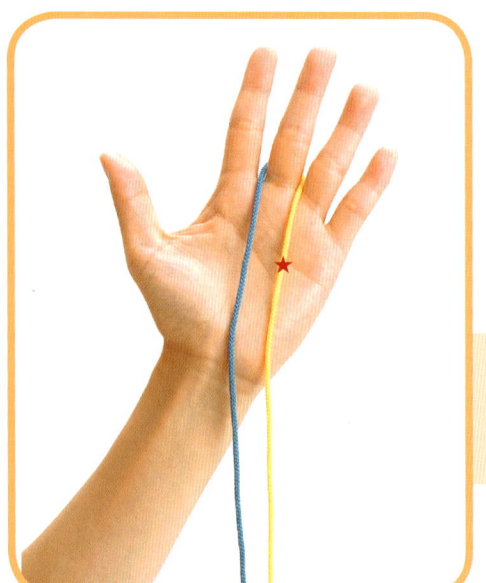

1 왼손 가운뎃손가락에 실을 겁니다.

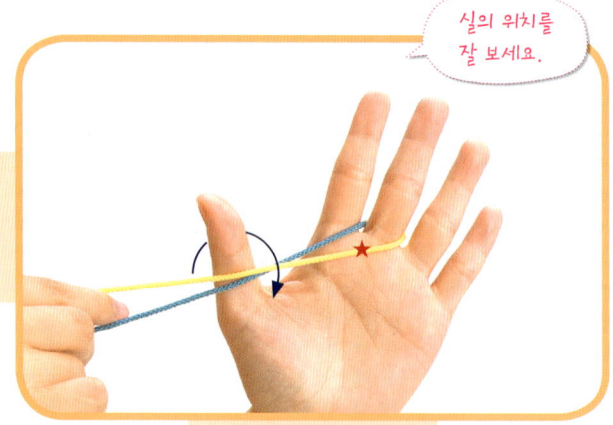

실의 위치를 잘 보세요.

2 ★ 부분이 위쪽으로 오도록 왼손 엄지손가락에 화살표 방향으로 실을 감습니다.

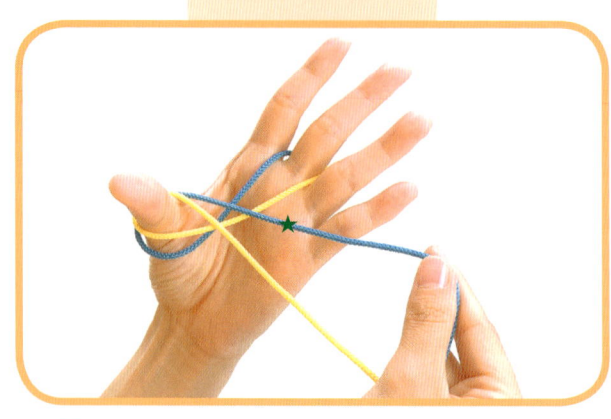

3 엄지손가락에 걸린 두 실 중 ★부분을 새끼손가락에 겁니다.

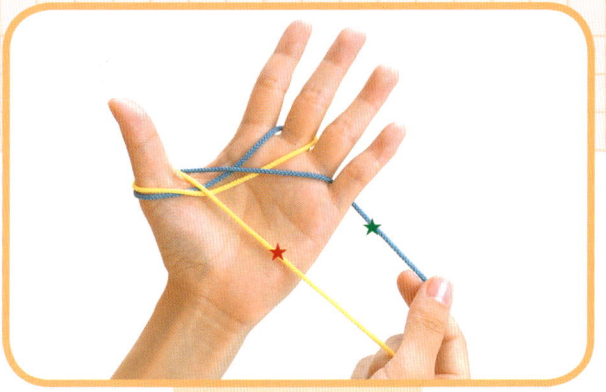

4 ★부분의 실이 ★부분의 실 위로 오도록 실을 겹칩니다.

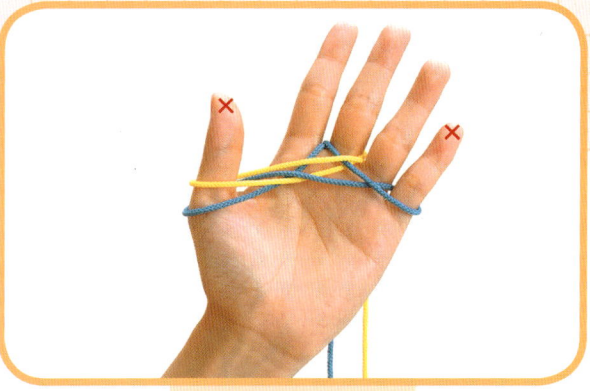

7 ⑥번까지 완성된 모습이에요. 엄지손가락과 새끼손가락에 걸려 있는 실을 풉니다.

실의 위치와 손가락의 위치를 잘 보세요.

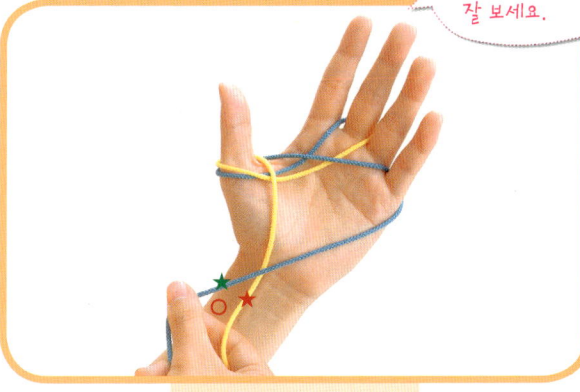

5 실을 겹친 모습이에요. 그런 다음 오른손을 사진과 같이 바꿔 잡습니다. 왼손 가운뎃손가락에 ○ 부분이 들어가도록 실을 들어 올립니다.

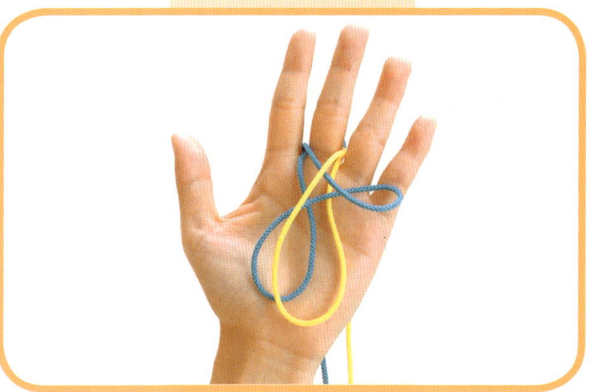

8 손등 쪽에 있는 실을 천천히 잡아당기면……

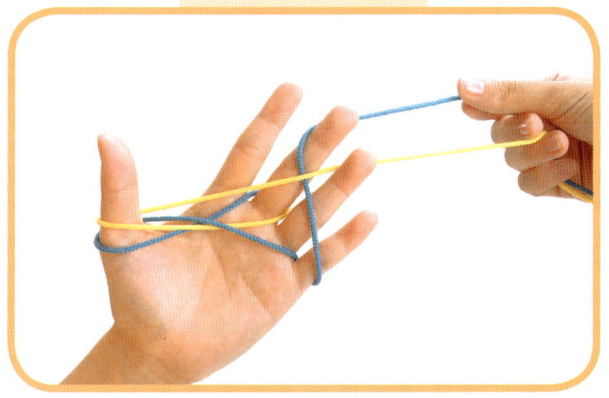

6 실을 올린 후 손등 쪽으로 내려 줍니다.

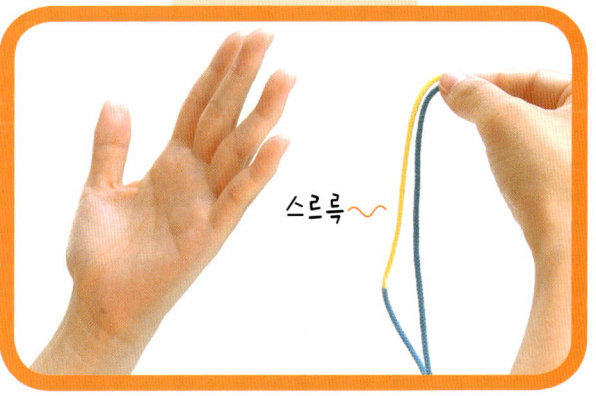

스르륵

9 짜-잔! 손가락에서 실이 빠진답니다!

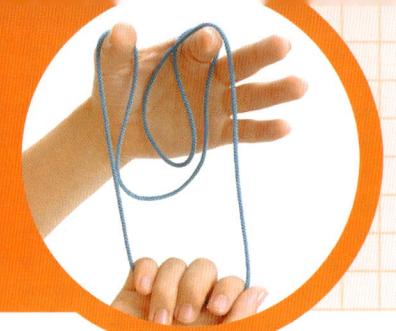

실이 저절로 이동하는 마술1

난이도 ★★☆☆☆ 긴 실

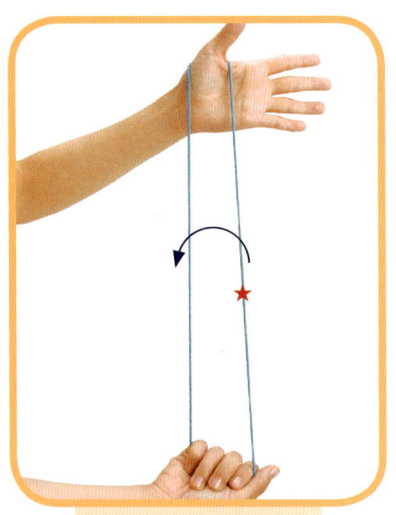

1 왼손 엄지손가락에 실을 걸고 오른손으로 반대쪽을 잡은 뒤 ★부분이 위쪽으로 오도록 화살표 방향으로 한 번 꼬아 줍니다.

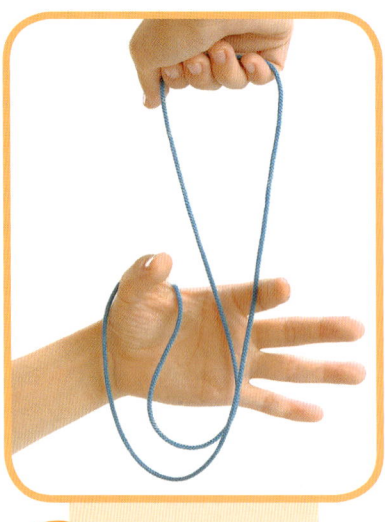

3 오른손에 쥔 실이 왼손 엄지손가락과 집게손가락 사이에 오도록 합니다.

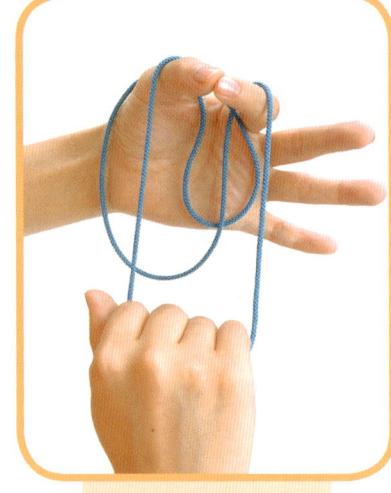

5 그 상태에서 오른손에 쥔 실을 아래로 끌어내려요.

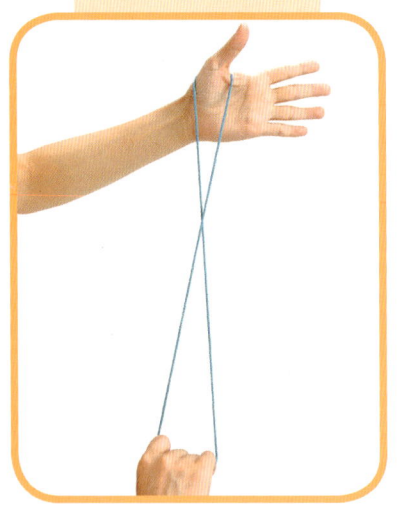

2 실을 한 번 꼬아서 쥔 모습이에요. 오른손으로 실을 쥔 채 위로 들어 올립니다.

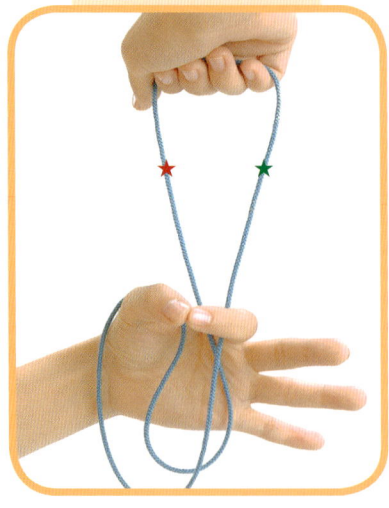

4 ★부분을 엄지손가락 위에, ★부분을 집게손가락 위에 살짝 내립니다.

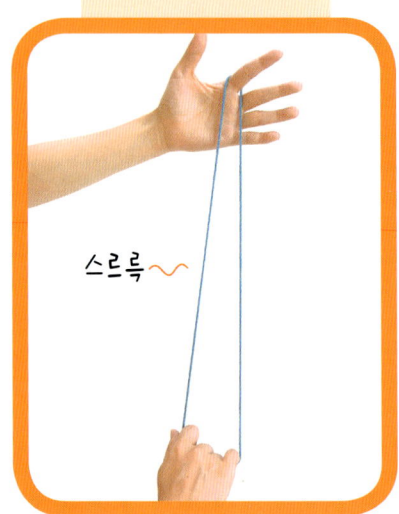

6 짜잔! 실이 집게손가락으로 이동했어요!

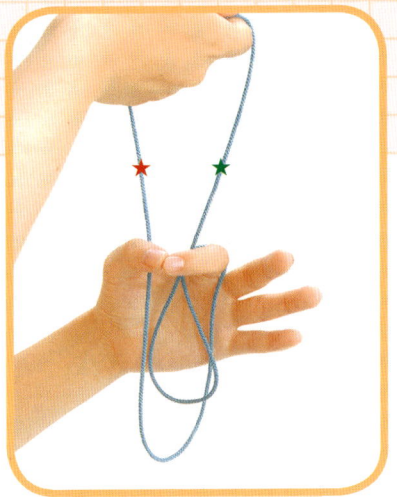

9 ★ 부분을 엄지손가락 위에, ★ 부분을 집게손가락 위에 살짝 내립니다.

9번에서 11번은 3번에서 6번과 똑같답니다.

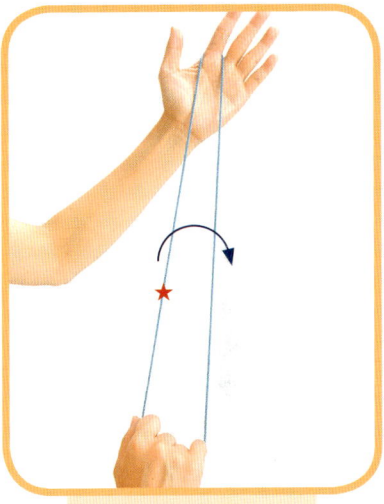

7 이번에는 ★ 부분이 위쪽으로 오도록 화살표 방향으로 꼬아 줍니다.

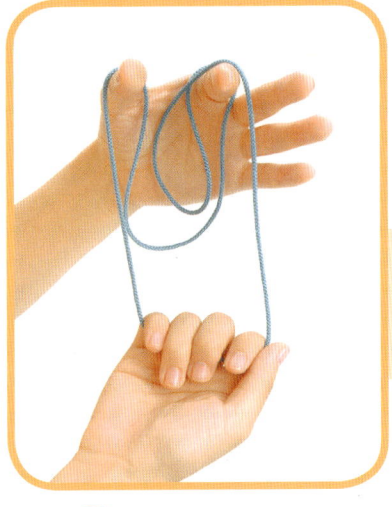

10 오른손으로 실을 아래로 끌어내리면······.

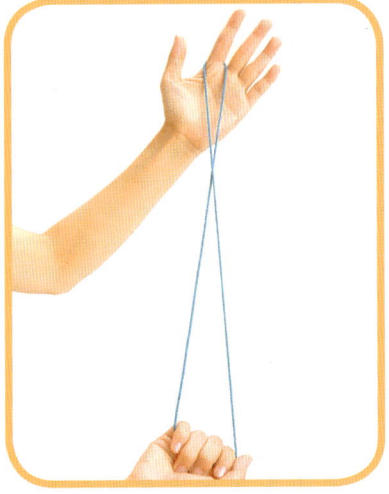

8 오른손을 올려 왼손 엄지손가락과 집게손가락 사이로 실을 통과시킵니다.

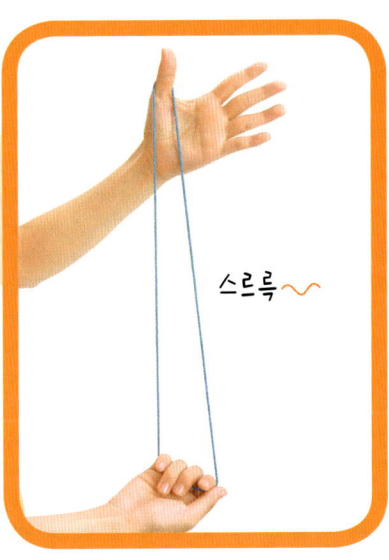

스르륵～

11 짜잔! 실이 엄지손가락으로 되돌아가요!

실이 저절로 이동하는 마술 2

난이도 ★★☆☆☆   긴 실

집게손가락에 건 실이 가운뎃손가락으로 옮겨가요.

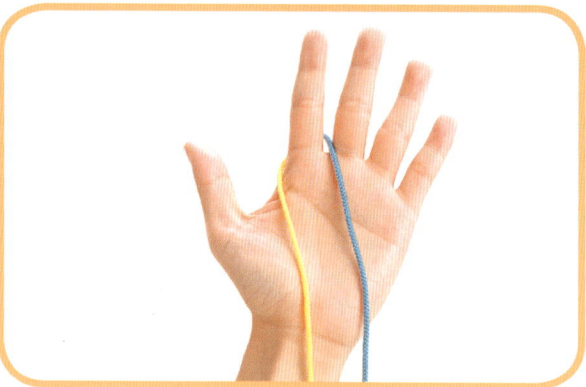

1 왼손 집게손가락에 실을 걸고 손바닥을 몸 바깥쪽으로 돌립니다.

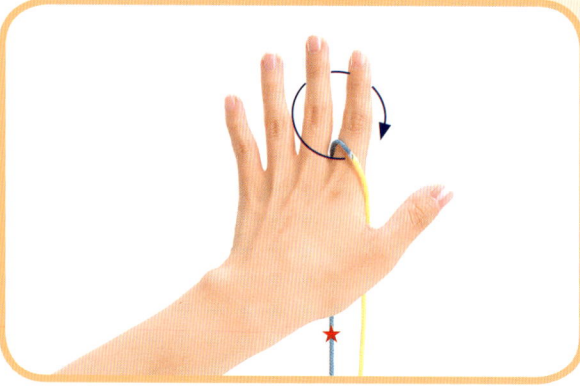

2 아래쪽 실 두 줄을 오른손으로 잡고 왼손 집게손가락과 가운뎃손가락에 한 번 감습니다. 이때 ★부분이 위로 올라와야 합니다.

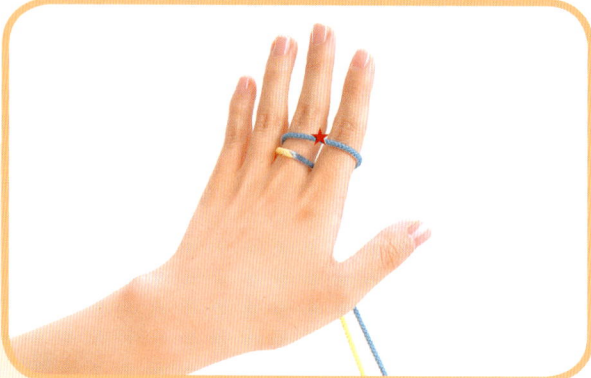

3 ★부분이 위로 올라 온 모습이에요. 같은 방법으로 두세 번 더 감습니다.

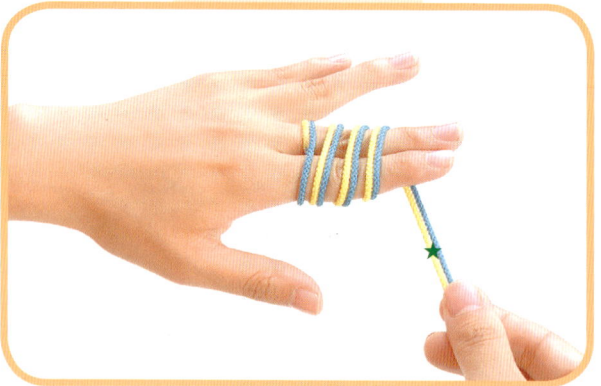

4 ★(노란색 실)부분만 사람들이 눈치채지 못하게 한 번 더 감습니다.

5 ★부분만 한 번 더 감고 있는 모습이에요.

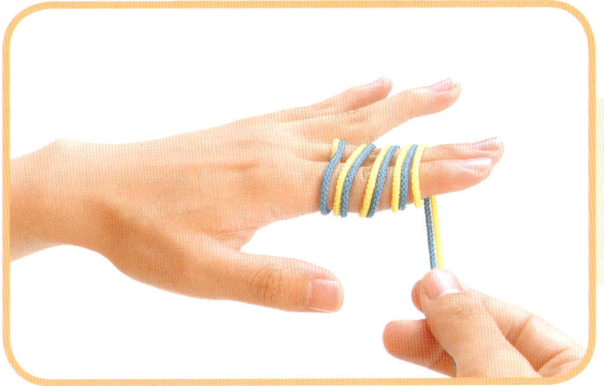

6 실 두 줄을 감을 수 있을 때까지 계속 손가락에 감습니다.

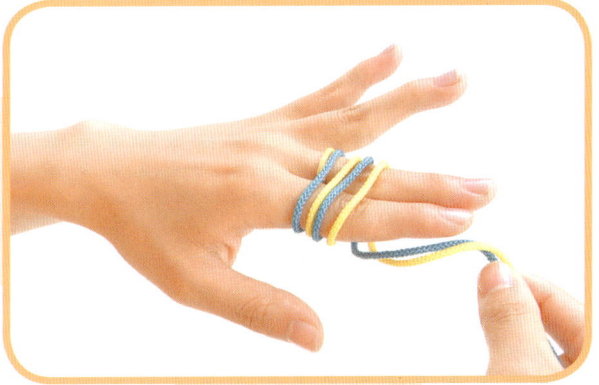

7 끝까지 감은 뒤 손가락에서 다시 풀면······.

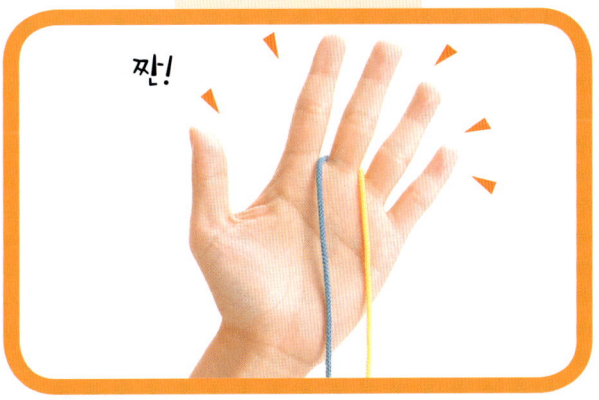

8 짜잔! 실이 가운뎃손가락으로 옮겨가요!

95

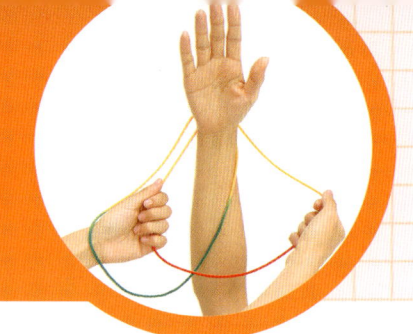

팔에 감긴 실을 푸는 마술 2

난이도 ★★★☆☆ 긴 실

복잡하게 감긴 실이 손목에서 스르륵 풀리는 마술이에요.

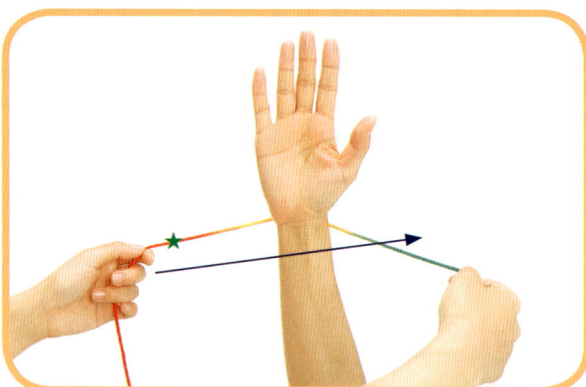

1 상대의 손목에 실을 걸고 ★부분이 위쪽으로 오도록 실을 엇갈리게 잡습니다.

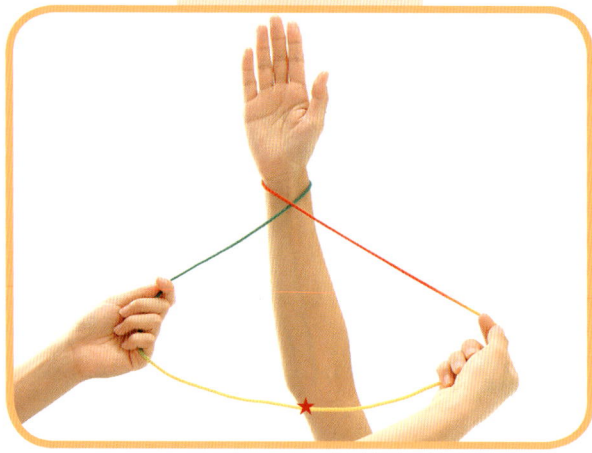

2 몸 앞쪽에 늘어져 있는 실의 ★부분을 상대의 손에 겁니다.

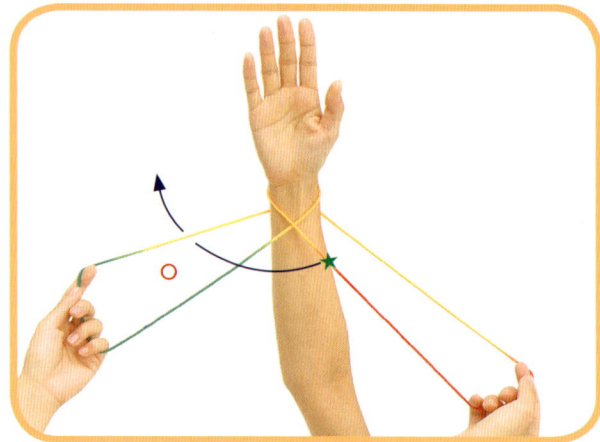

3 실을 걸고 난 뒤의 모습이에요. 왼손을 아래쪽에서 ○부분에 넣어 오른손으로 잡고 있는 실의 ★부분을 잡아당깁니다.

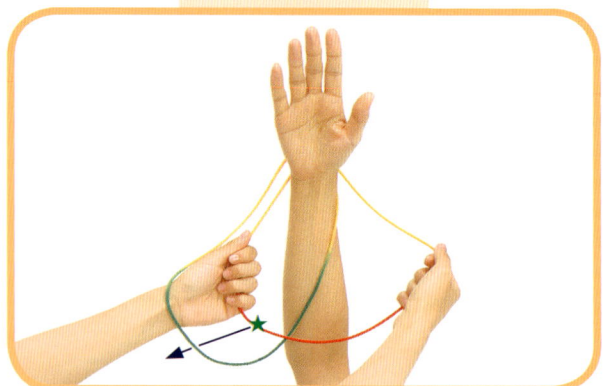

4 ★부분을 잡아당기고 있는 모습이에요.

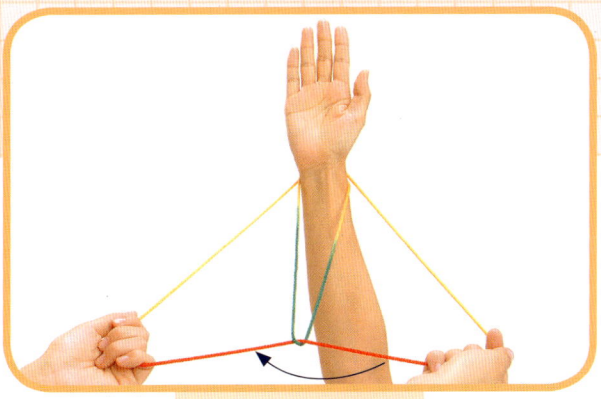

5 오른손을 왼손 위에 올린 후 두 줄의 실을 함께 잡습니다.

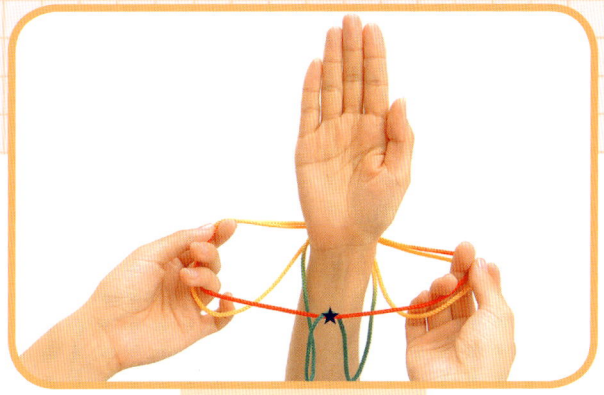

8 손을 넣은 뒤의 모습이에요. 오른손으로 ★부분의 실 두 줄을 잡아당깁니다.

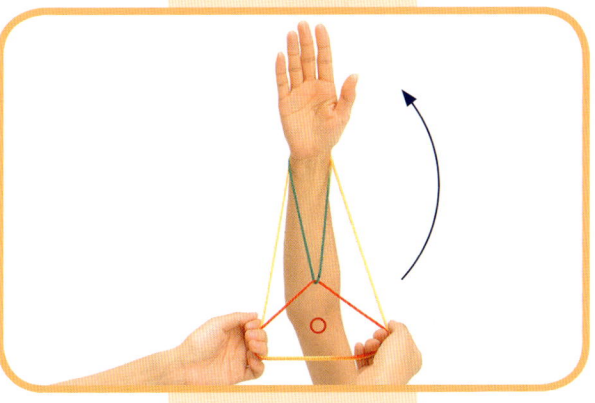

6 실을 함께 잡은 모습이에요. 실을 들어 올려 ○부분에 친구 손목을 넣습니다.

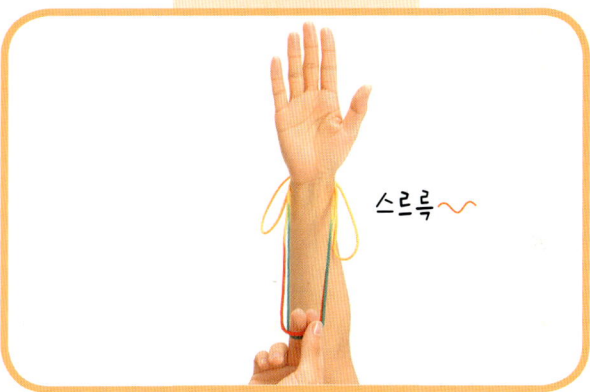

9 참 신기하기도 하지요!

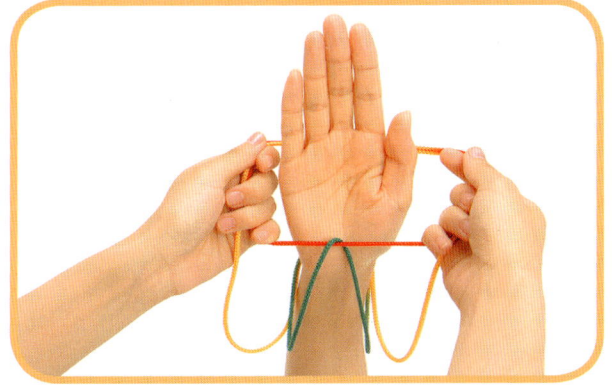

7 친구 손에 ○부분을 넣고 있는 모습이에요.

10 짜잔! 손목에서 실이 빠졌어요!

스르륵 실이 풀리는 마술 3

난이도 ★★☆☆☆   긴 실

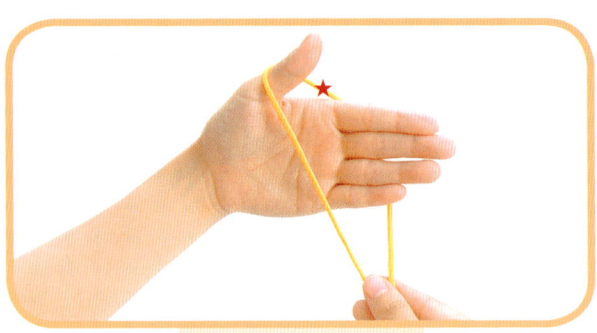

1 사진과 같이 왼손에 실을 겁니다.

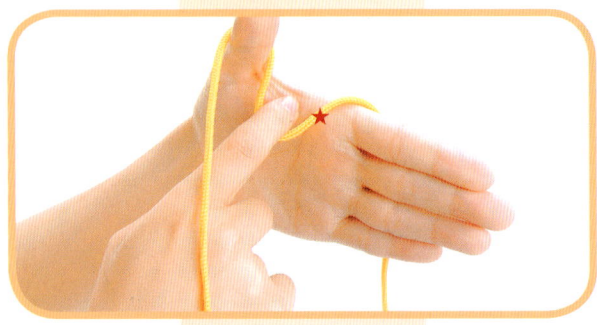

2 손바닥 쪽에 있는 실 밑으로 오른손 집게손가락을 넣어 왼손 손등 쪽에 있는 ★부분을 걸어서 잡아당깁니다.

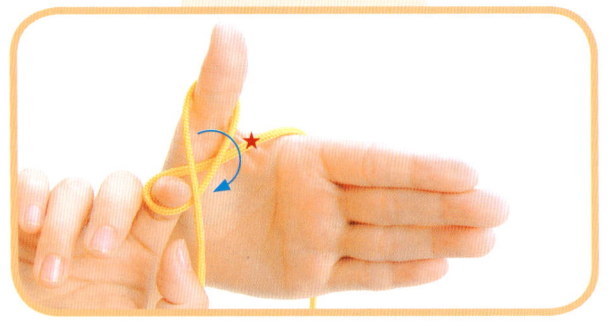

3 잡아당긴 실을 화살표 방향을 따라 오른쪽으로 한 바퀴 돌려 꼬아 줍니다.

4 실을 꼰 상태에서 왼손 집게손가락에 살짝 겁니다.

5 실을 왼손 집게손가락에 건 모습이에요.

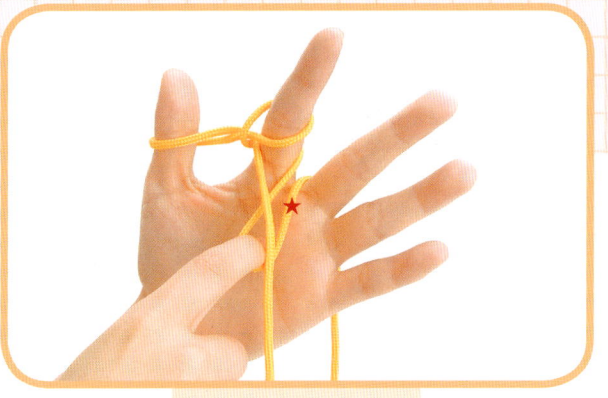

6 마찬가지로 손바닥 쪽에 있는 실 밑으로 다시 오른손 집게손가락을 넣습니다. 그런 다음 손등 쪽에 있는 실의 ★부분을 걸어서 잡아당깁니다.

9 실을 다 걸고 난 뒤의 모습이에요. 그런 다음 엄지손가락에 걸려 있는 실을 빼냅니다.

③번처럼 실을 꼬아주세요.

7 잡아당긴 실의 ★부분을 오른쪽으로 한 바퀴 돌려 왼손 가운뎃손가락에 걸어 줍니다.

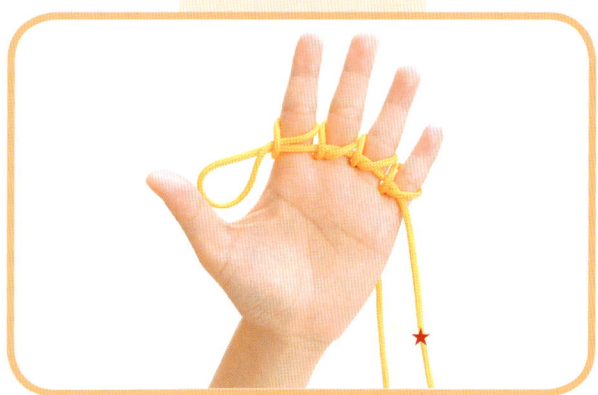

10 오른손으로 ★부분을 잡아당기면…….

8 실을 걸고 난 뒤의 모습이에요. 약손가락과 새끼손가락에도 같은 방법으로 실을 걸어 줍니다.

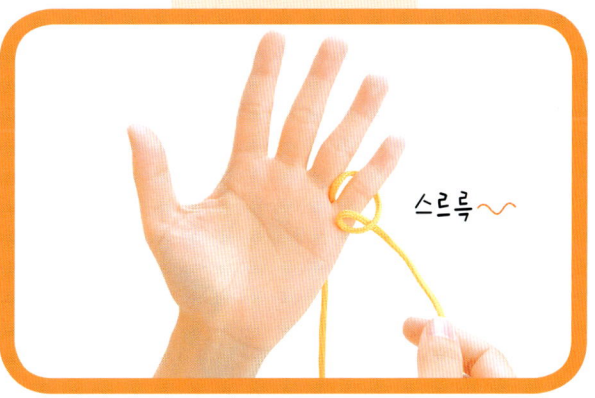

스르륵~

11 짜-잔! 손가락에 걸려 있던 실이 모두 풀린답니다!

스르륵 실이 풀리는 마술 4

난이도 ★★☆☆☆ 짧은 실

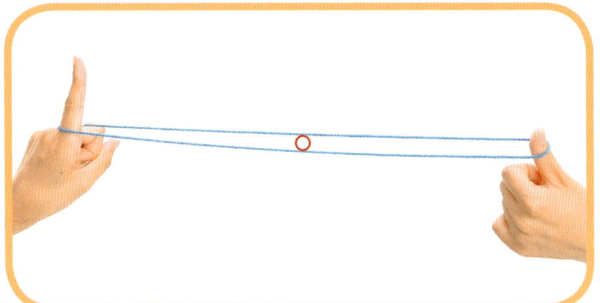

1 나의 왼손 엄지손가락과 친구의 왼손 집게손가락에 실을 걸고 내 오른손 엄지손가락을 ○ 부분에 넣어요.

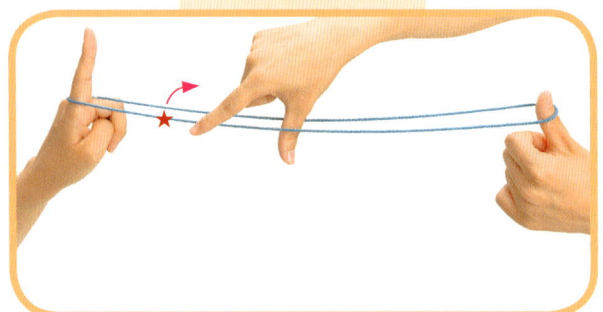

2 집게손가락으로 ★ 부분을 화살표 방향으로 당겨서 실이 서로 엇갈리게 합니다.

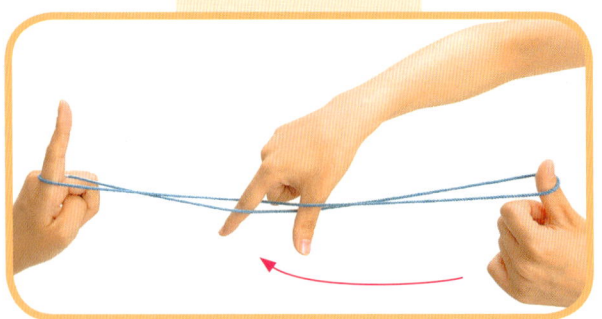

3 왼손을 화살표 방향으로 이동합니다.

친구와 실뜨기 마술에 도전해 보세요. 정말 쉽고 재미있어요.

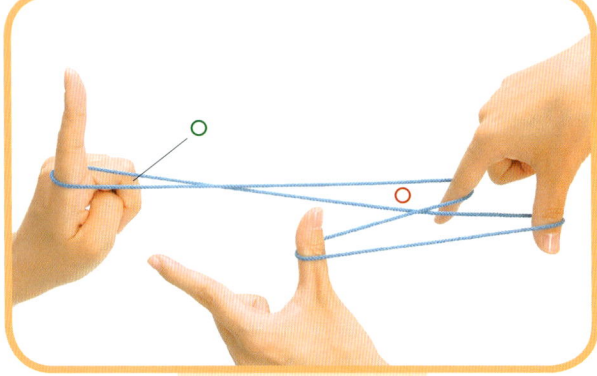

4 왼손 엄지손가락을 ○ 부분에, 집게손가락을 ○ 부분에 넣습니다. 손가락을 아래쪽에서 넣어야 해요.

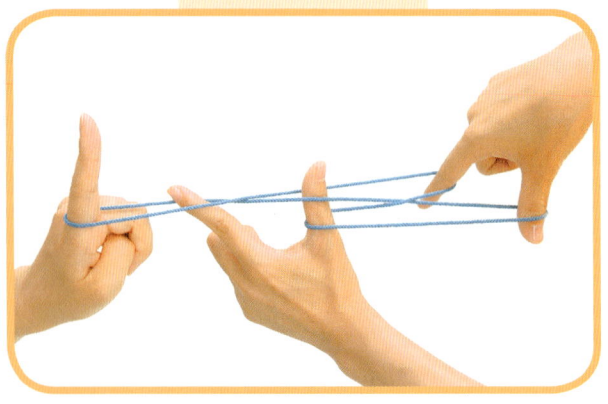

5 오른손을 위로 올립니다.

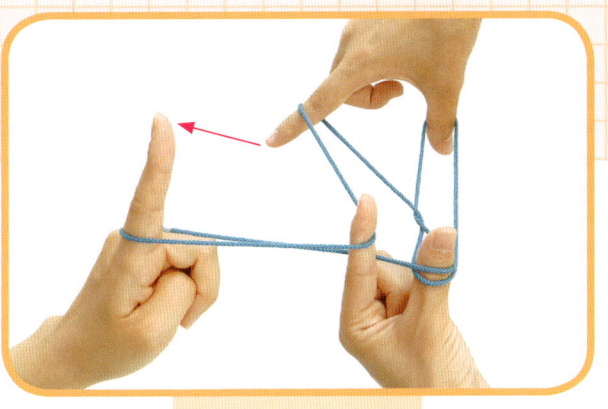

6 오른손 집게손가락을 친구의 집게손가락과 마주 댑니다.

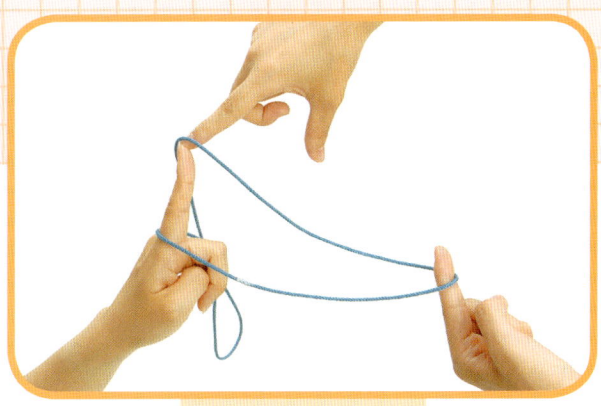

9 정말 신기한 일이 일어나요!

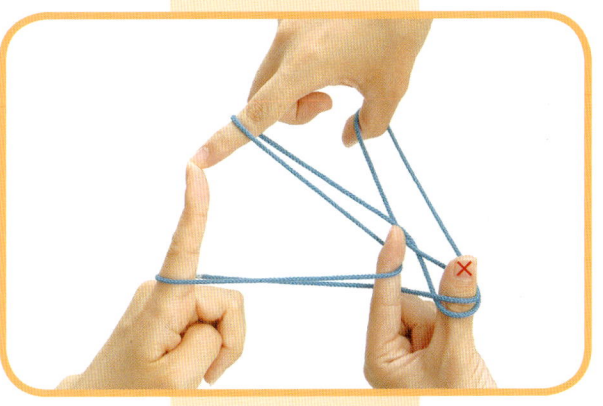

7 나와 친구가 집게손가락 끝을 마주 댄 모습이에요. 나의 왼손 엄지손가락에 걸려 있는 실을 풉니다.

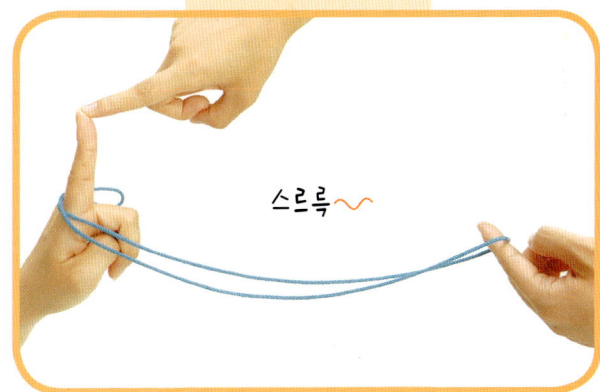

10 실이 술술 풀려서…….

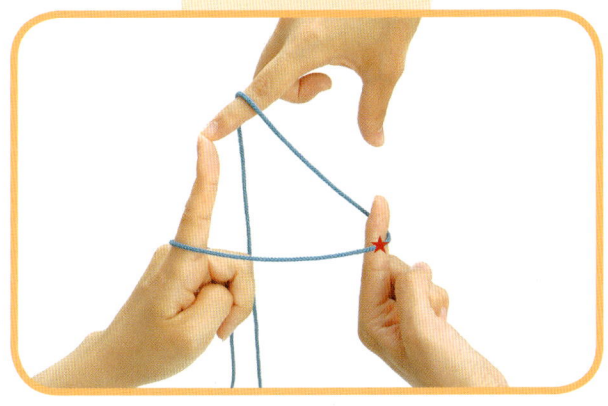

8 나의 왼손 집게손가락에 걸려 있는 실의 ★부분을 잡아당깁니다.

11 짜잔! 손가락에서 완전히 빠졌어요!

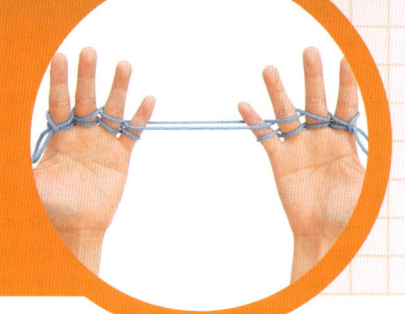

스르륵 실이 풀리는 마술 5

난이도 ★★☆☆☆   긴 실

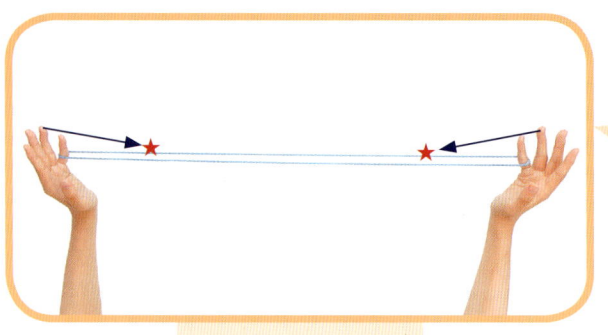

1 실을 양쪽 새끼손가락에 걸고 약손가락으로 ★부분을 겁니다.

실 거는 방법

실을 걸고 있는 모습이에요. 내 몸에서 가장 바깥쪽에 있는 실을 걸어요.

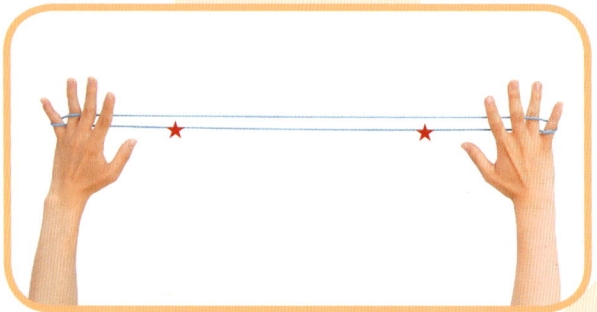

2 양쪽 가운뎃손가락으로 ★부분을 겁니다.

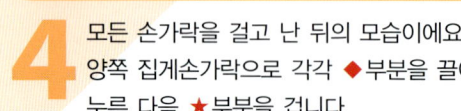

4 모든 손가락을 걸고 난 뒤의 모습이에요. 양쪽 집게손가락으로 각각 ◆부분을 끌어당겨 누른 다음 ★부분을 겁니다.

실 거는 방법

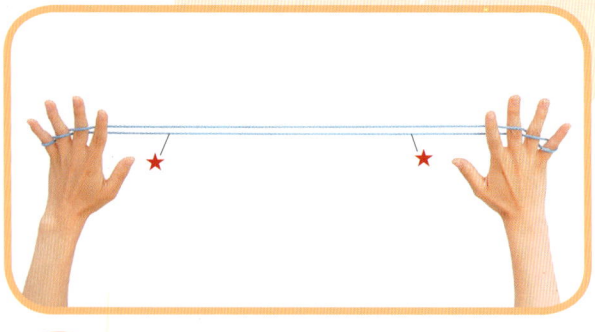

3 같은 방법으로 양쪽 집게손가락과 엄지손가락도 ★부분을 걸어요.

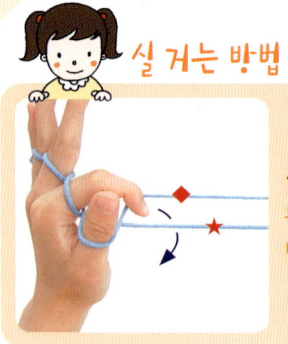

◆부분을 당겨 손가락으로 누른 상태에서 화살표 방향으로 ★부분을 겁니다.

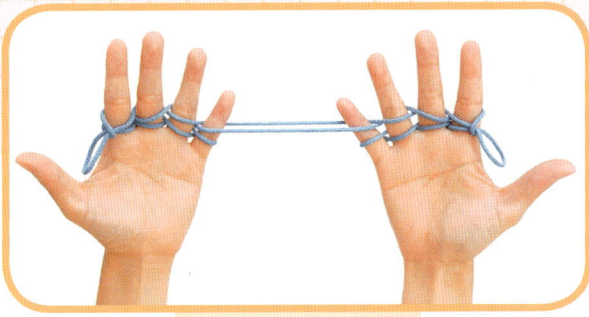

8 손을 양 옆으로 천천히 벌려요.

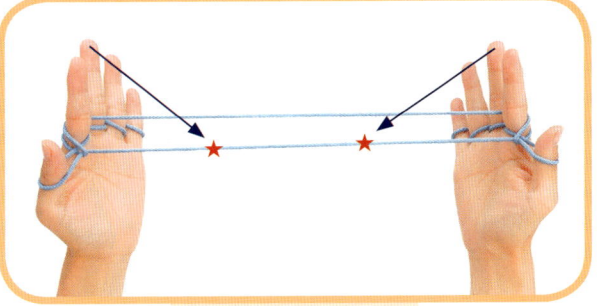

5 ④번까지 완성된 모습이에요.
양쪽 가운뎃손가락으로 ★ 부분을 겁니다.

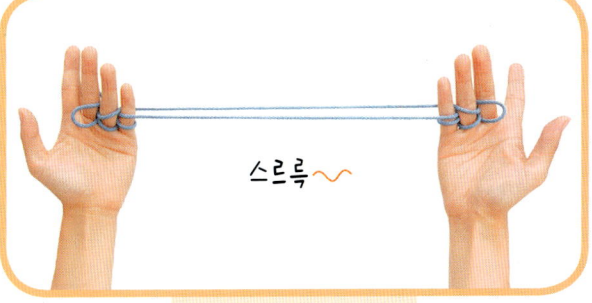

스르륵~

9 손가락에서 실이 하나하나씩 풀려나가다가…….

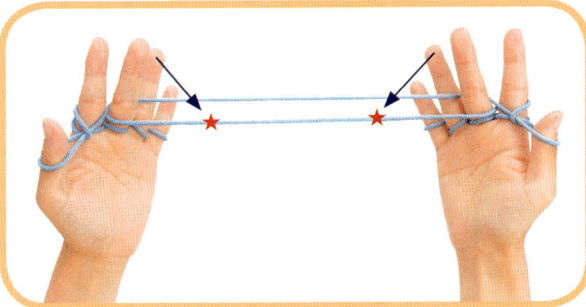

6 약손가락과 새끼손가락도 ⑤번과 마찬가지로
★ 부분을 걸어 줍니다.

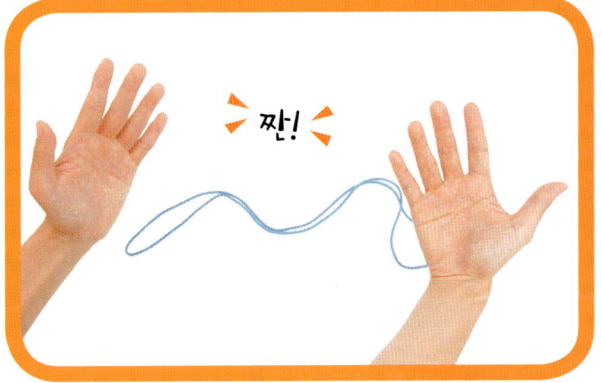

짠!

10 **짜-잔!** 모든 손가락에 걸려있던 실이 풀린답니다!

7 모든 손가락에 실 걸기가 끝난 모습이에요.
양쪽 엄지손가락에 걸려 있는 실을 풉니다.

103

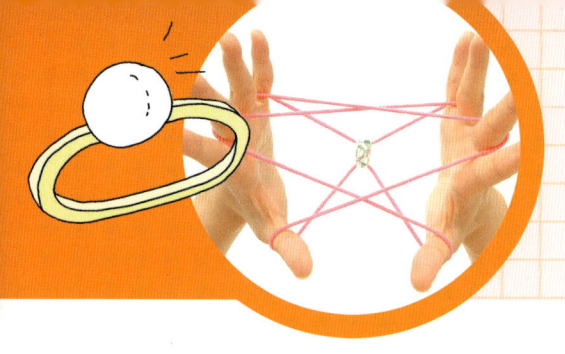

반지가 사라지는 마술 2

난이도 ★ ☆ ☆ ☆ ☆　긴 실

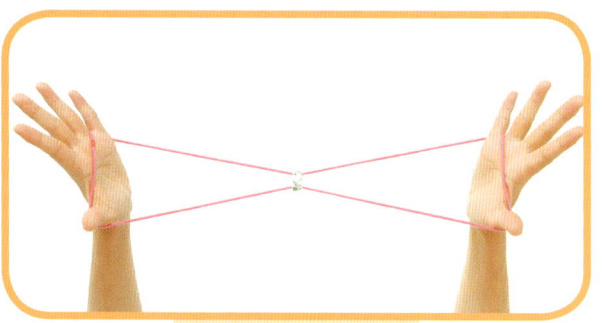

1 반지 속으로 실을 통과시킨 다음 양쪽 엄지손가락과 새끼손가락에 실을 겁니다.

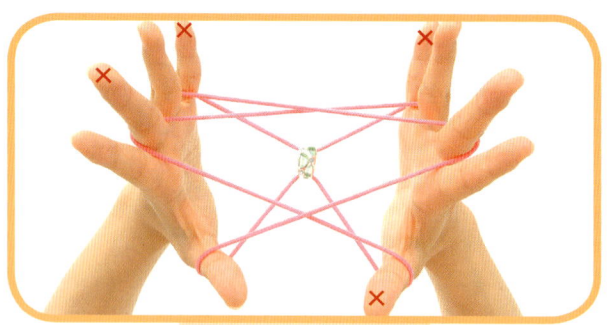

4 왼손 가운뎃손가락과 새끼손가락, 오른손 엄지손가락과 새끼손가락에 걸려 있는 실을 풉니다.

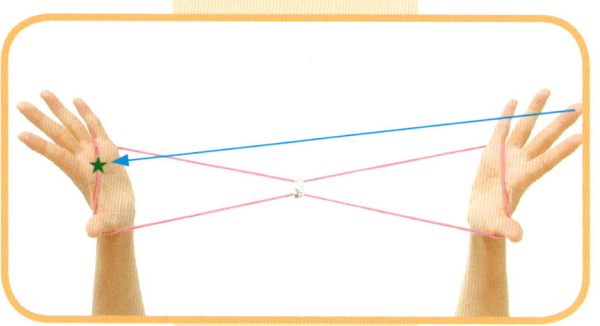

2 오른손 가운뎃손가락으로 왼손의 ★ 부분을 걸어서 당깁니다.

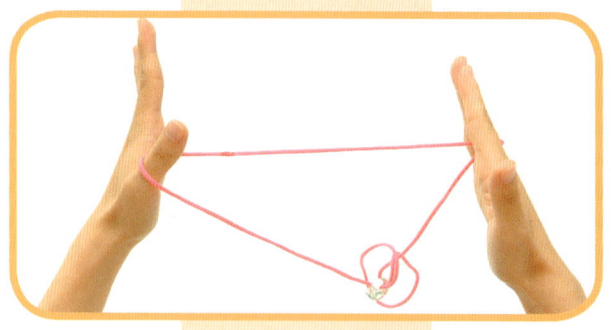

5 양손을 옆으로 벌리면……

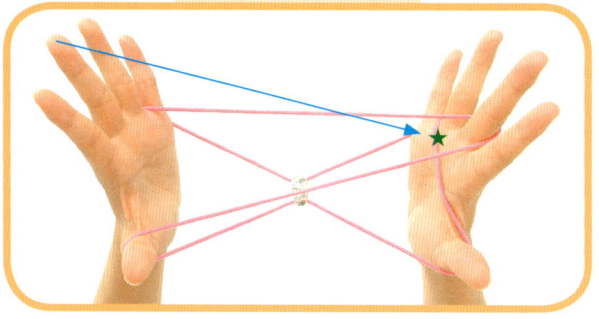

3 왼손 가운뎃손가락으로 오른손의 ★ 부분을 걸어서 당깁니다.

6 짜잔! 손가락에 걸려있던 실이 풀리며 반지가 빠진답니다!

이 단계를 마치면 당신은 실뜨기짱!

변해라, 얍! 빗자루가 숲 속의 집으로,
숲 속의 집이 가위로 바뀌었어요.

빗자루 ▶ 숲 속의 집 ▶ 가위

난이도 ★★★☆☆ 긴 실

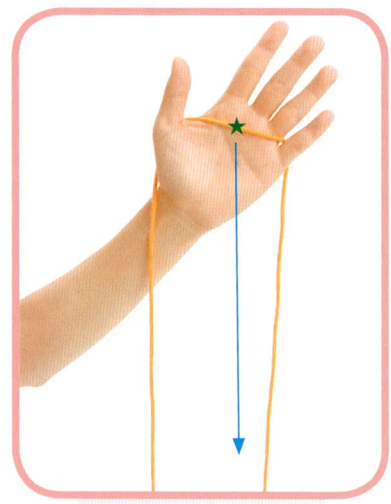

1 왼손 엄지손가락과 새끼손가락에 실을 걸고 오른손으로 ★부분을 걸어 아래로 끌어내려요.

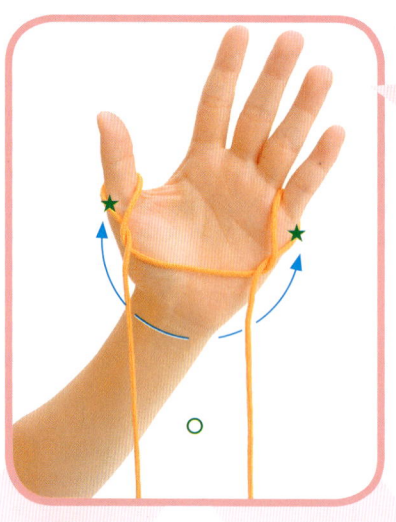

3 오른손을 앞쪽에서 ○부분에 넣고 엄지손가락과 집게손가락으로 ★부분을 걸어 끌어내립니다.

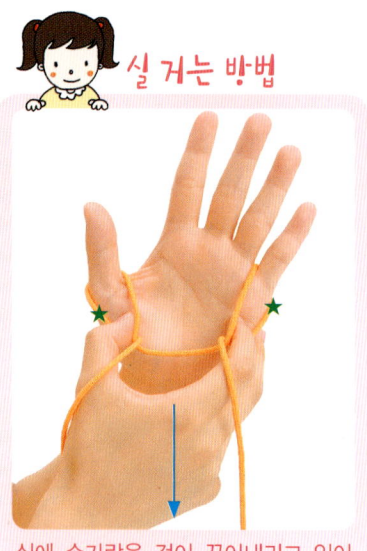

실 거는 방법

실에 손가락을 걸어 끌어내리고 있어요. 아래쪽까지 실을 쭉 잡아당겨요.

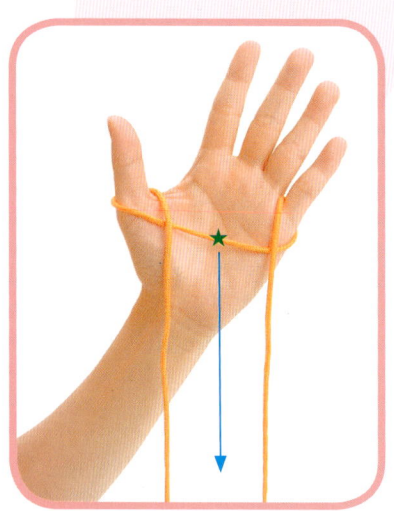

2 다시 ★부분을 오른손으로 걸어 아래로 끌어내려요.

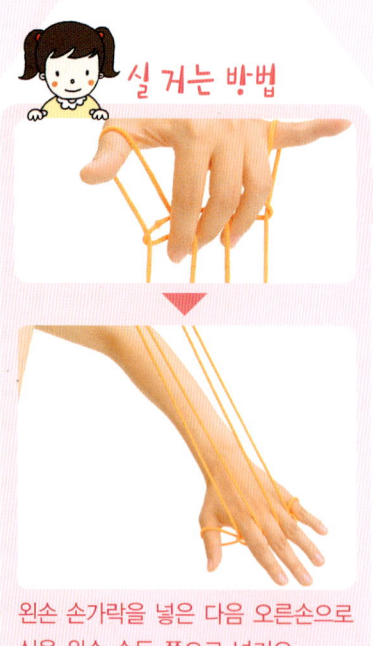

실 거는 방법

왼손 손가락을 넣은 다음 오른손으로 실을 왼손 손등 쪽으로 넘겨요.

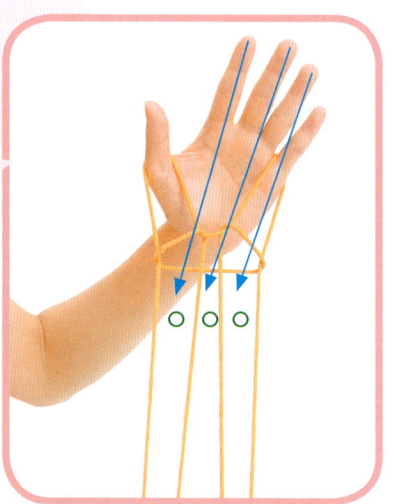

4 왼손 집게손가락, 가운뎃손가락, 약손가락을 ○부분에 넣고 오른손으로 잡고 있는 실을 왼손 손등 쪽으로 넘겨요.

빗자루

숲 속의 집

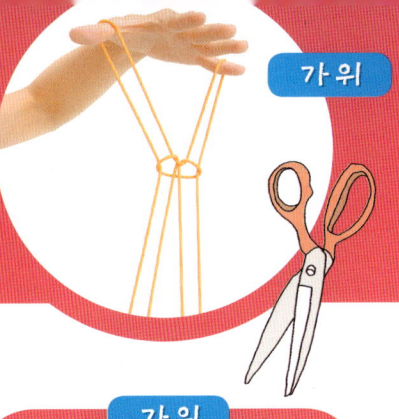
가위

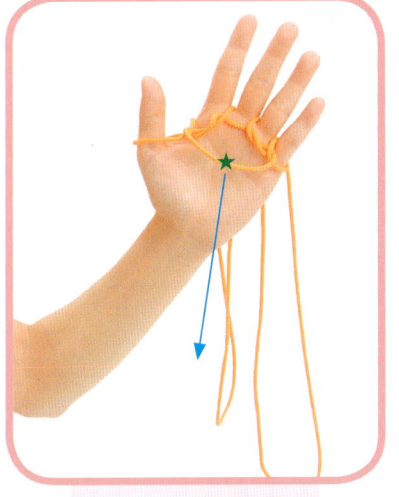

5 실을 넘긴 뒤의 모습이에요. 오른손으로 ★부분을 걸어서 아래로 끌어내립니다.

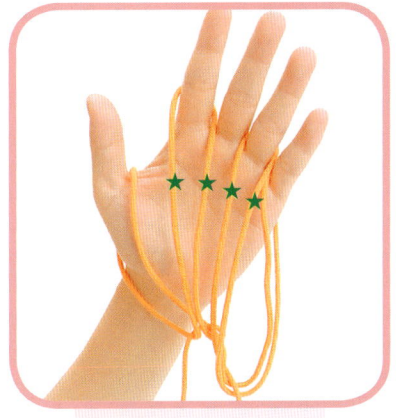

7 ★표시가 되어 있는 실 네 줄을 오른손 집게손가락으로 걸어 아래로 끌어내려요. 새끼손가락 쪽부터 한꺼번에 걸어요.

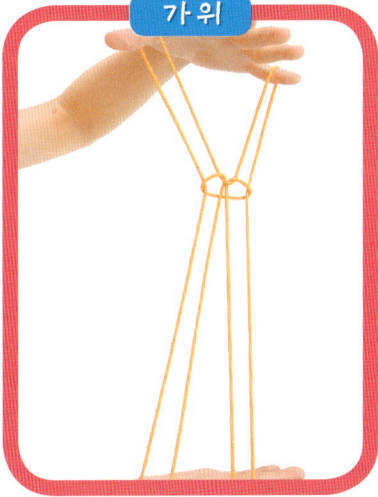
가위

9 '가위'가 완성되었어요.

빗자루

6 '빗자루'가 완성되었어요. 오른손으로 잡고 있던 실을 놓습니다.

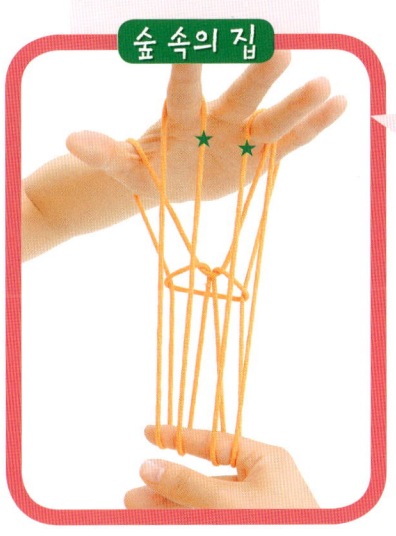
숲 속의 집

8 '숲 속의 집'이 완성되었어요. ★부분을 오른손 엄지손가락과 집게손가락에 옮겨 걸어 주세요.

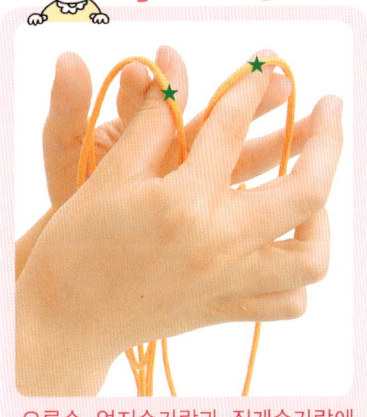

실 거는 방법

오른손 엄지손가락과 집게손가락에 실을 옮겨서 걸고 있는 모습이에요.

그물 ▶ 거문고 ▶ 이발기

난이도 ★★★☆ 긴 실

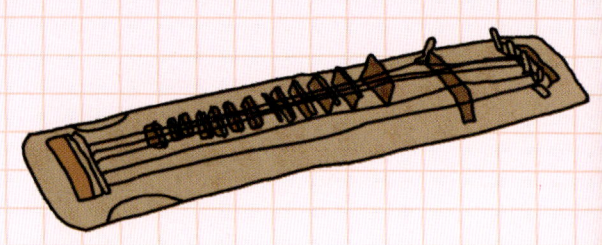

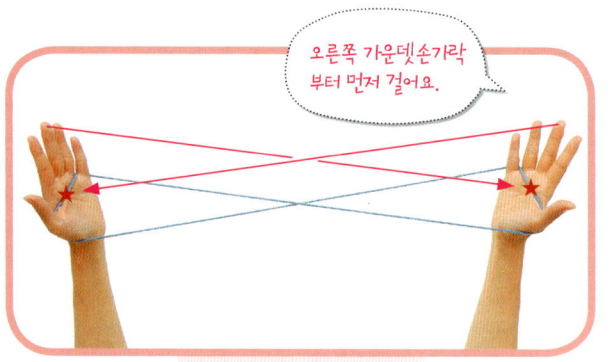

오른쪽 가운뎃손가락부터 먼저 걸어요.

1 '나비 준비 모양'에서 시작합니다. 오른손 가운뎃손가락으로 왼손의 ★부분을, 왼손 가운뎃손가락으로 오른손의 ★부분을 겁니다

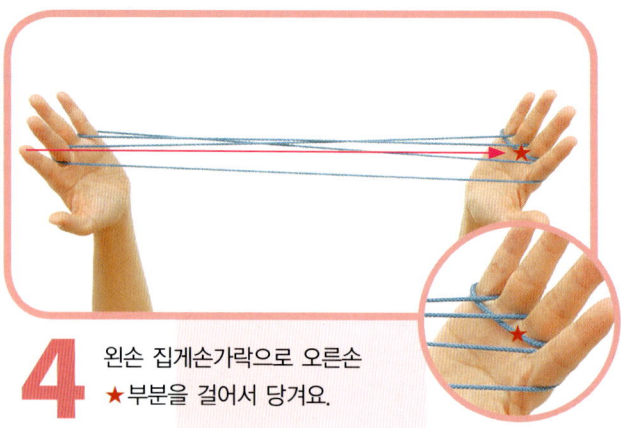

4 왼손 집게손가락으로 오른손 ★부분을 걸어서 당겨요.

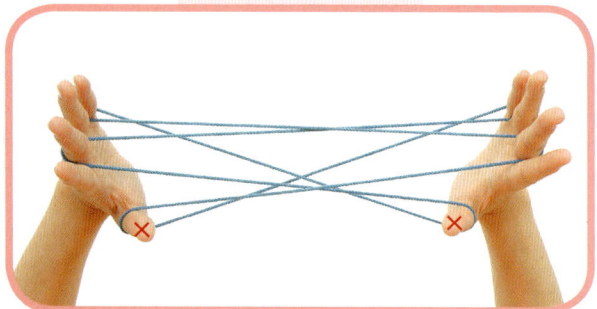

2 양쪽 엄지손가락에 걸려 있는 실을 풉니다.

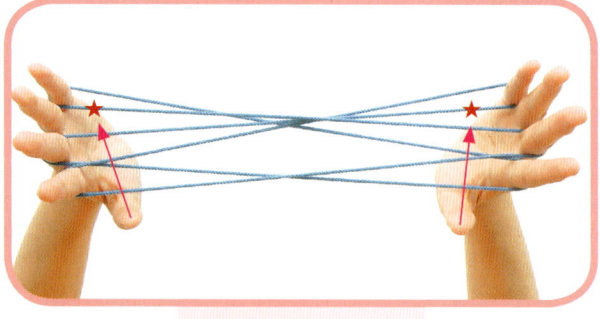

5 양쪽 엄지손가락으로 새끼손가락과 약손가락 사이에 걸려 있는 실의 ★부분을 각각 겁니다.

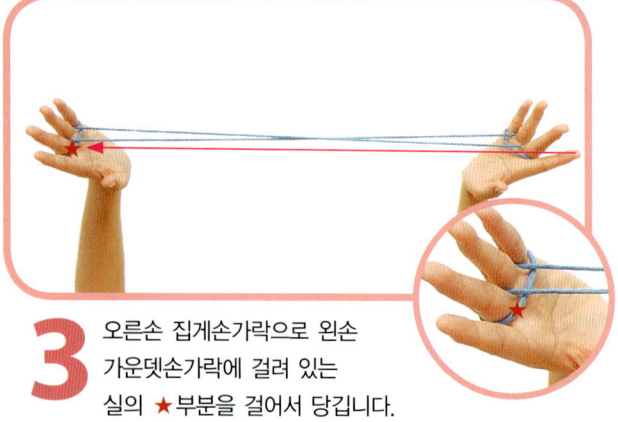

3 오른손 집게손가락으로 왼손 가운뎃손가락에 걸려 있는 실의 ★부분을 걸어서 당깁니다.

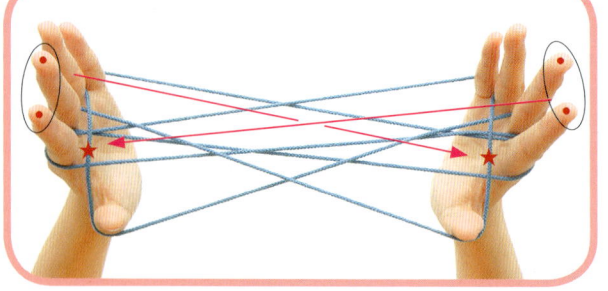

6 오른손 집게손가락과 가운뎃손가락을 모아 왼손의 ★부분을 걸어서 당깁니다. 왼손도 마찬가지로 오른손의 ★부분을 걸어서 당깁니다.

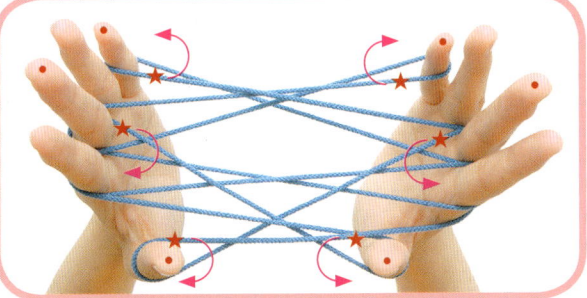

7 반대쪽 손을 사용해서 엄지손가락, 가운뎃손가락, 새끼손가락에 걸려 있는 꼬인 실을 풀고 다시 각각의 손가락에 걸어 줍니다.

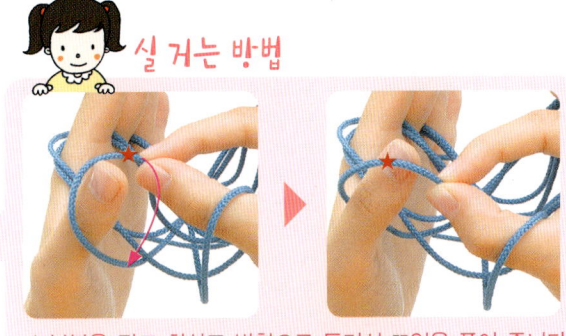

실 거는 방법

★부분을 잡고 화살표 방향으로 돌려서 꼬임을 풀어 줍니다. 일단 손가락에서 실을 뺀 다음 다시 걸어요.

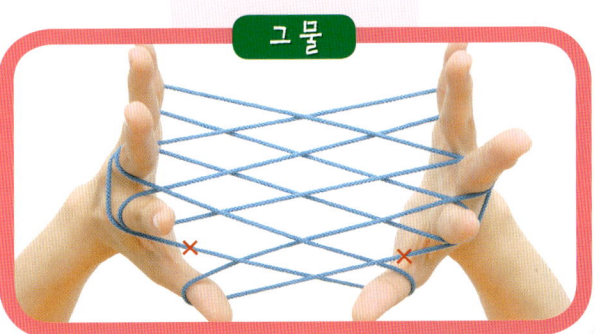

8 '그물'이 완성되었어요. ×부분의 실을 집게손가락과 가운뎃손가락에서 풉니다.

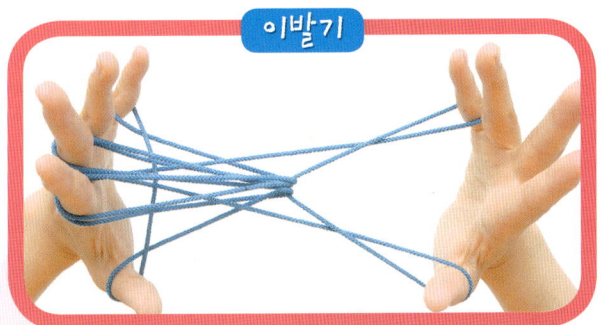

10 '이발기'가 완성되었어요.

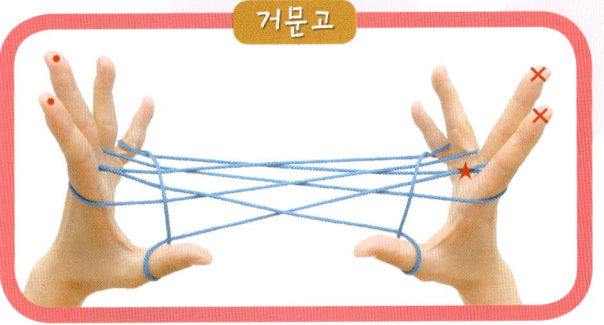

9 '거문고'가 완성되었어요. 왼손 집게손가락과 가운뎃손가락으로 ★부분의 실 두 줄을 손가락에서 빼서 왼손 집게손가락과 가운뎃손가락에 각각 걸어 주세요.

실 거는 방법

손가락 두 개로 ★부분을 잡은 다음 오른손 손가락에서 실을 빼서 왼손에 자연스럽게 걸어요.

산봉우리 하나 ▶ 산봉우리 둘 ▶ 산봉우리 셋 ▶ 산봉우리 넷

난이도 ★★★☆ 긴 실

산봉우리 하나

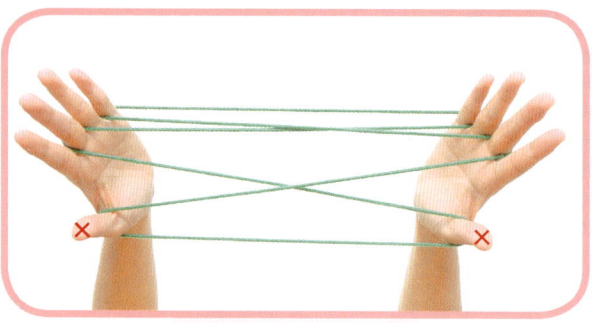

1 '가운뎃손가락 준비 모양'에서 시작합니다. 엄지손가락에 걸려 있는 실을 풀어 주세요.

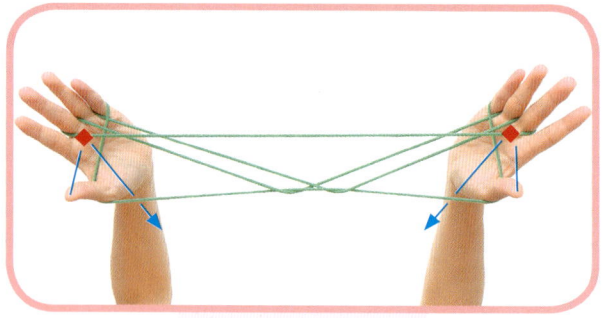

4 양쪽 엄지손가락으로 ◆ 부분을 누르면서 손바닥을 몸 바깥쪽으로 돌려서 폅니다. 손바닥을 돌릴 때 엄지손가락을 화살표 방향으로 내리세요.

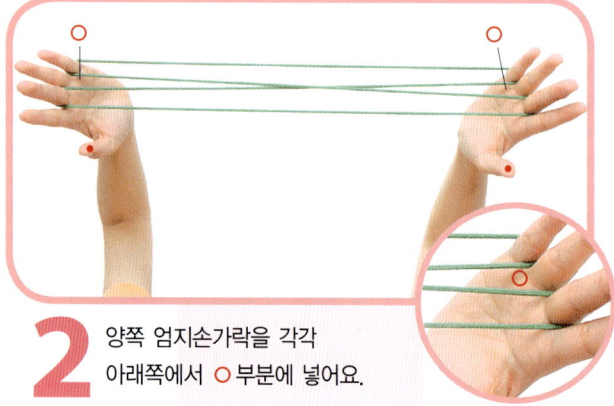

2 양쪽 엄지손가락을 각각 아래쪽에서 ○ 부분에 넣어요.

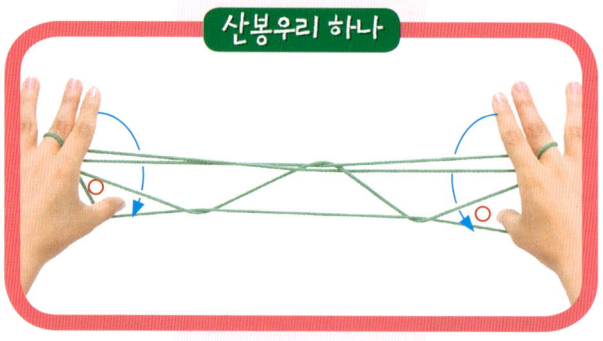
산봉우리 하나

5 '산봉우리 하나'가 완성되었어요. 양쪽 집게손가락을 화살표 방향으로 ○ 부분에 넣습니다.

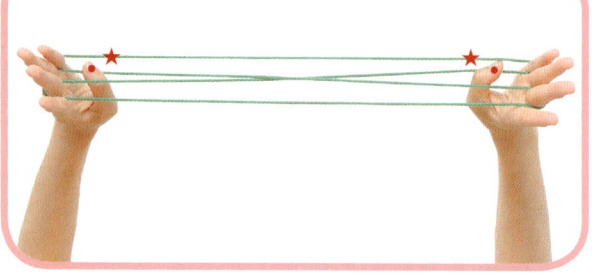

3 양쪽 엄지손가락을 넣은 모습이에요. 그 상태에서 ★ 부분을 걸어서 당깁니다. 몸 안쪽에 있는 두 줄의 실 밑으로 잡아당기세요.

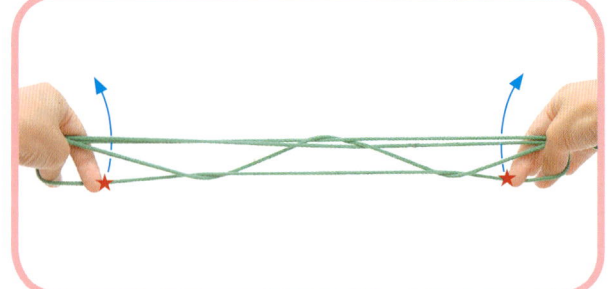

6 집게손가락을 넣은 모습이에요. 그 상태에서 양쪽 집게손가락으로 ★ 부분을 걸어 화살표 방향으로 들어 올려요. 동시에 엄지손가락에서 실을 풀어 줍니다.

산봉우리 둘

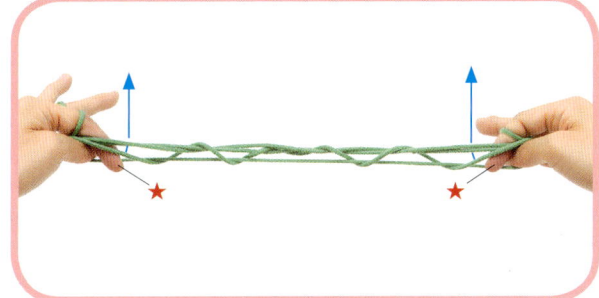

7 '산봉우리 둘'이 완성되었어요. 이번에는 양쪽 엄지손가락으로 ★ 부분을 화살표 방향에 따라 걸어요.

10 집게손가락을 넣은 모습이에요. 양쪽 집게손가락으로 ★ 부분을 걸어 올립니다. 동시에 엄지손가락에서 실을 뺍니다.

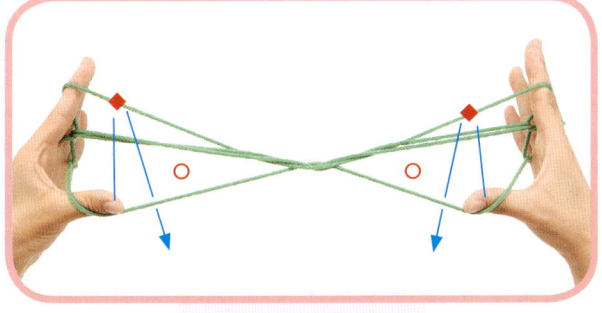

8 양쪽 엄지손가락으로 ◆ 부분을 눌러 화살표 방향으로 ○ 부분에 넣어요. 손바닥을 몸 바깥쪽으로 돌립니다.

11 양쪽 엄지손가락으로 ◆ 부분의 실 세 줄을 함께 눌러 아래로 내립니다.

산봉우리 셋 / 산봉우리 넷

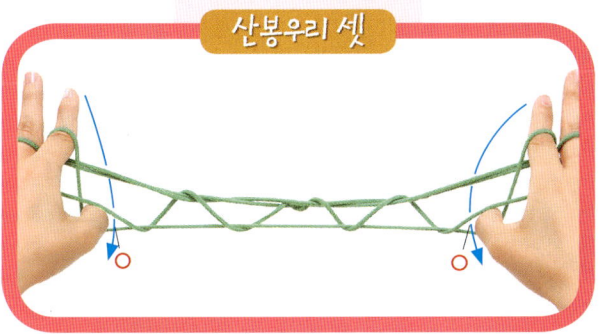
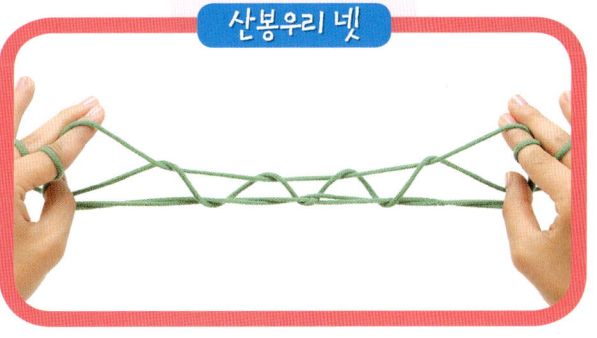

9 '산봉우리 셋'이 완성되었어요. 이번에는 양쪽 집게손가락을 화살표 방향으로 ○ 부분에 넣습니다.

12 '산봉우리 넷'이 완성되었어요.

철교 ▶ 거북이 ▶ 고무줄 ▶ 비행기 ▶ 투구 ▶ 넥타이

난이도 ★★★☆ **긴 실**

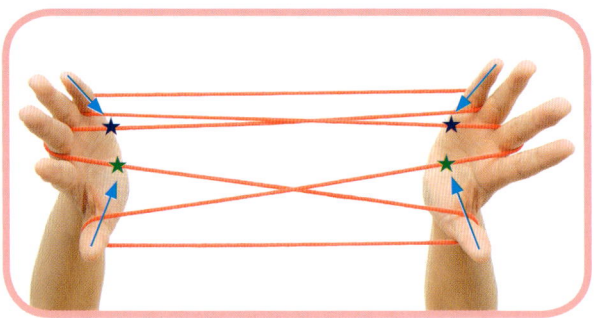

1 '가운뎃손가락 준비 모양'에서 시작합니다.
양쪽 엄지손가락으로 ★부분을,
양쪽 새끼손가락으로 ★부분을 겁니다.

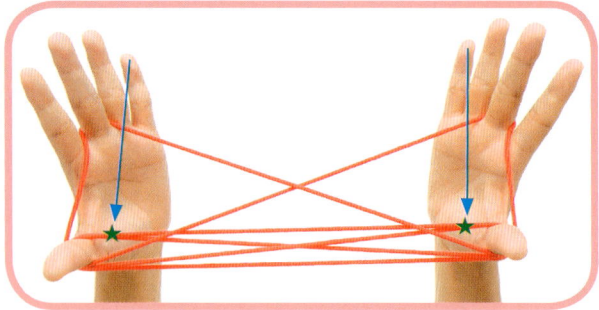

4 양쪽 새끼손가락으로 엄지손가락에 걸려 있는
★부분의 실 두 줄을 겁니다.

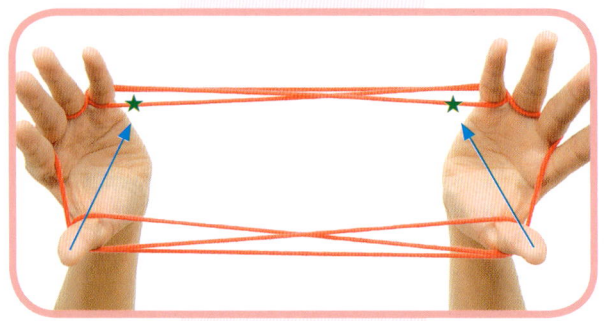

2 양쪽 엄지손가락으로 약손가락과 새끼손가락
사이에 있는 실의 ★부분을 겁니다.

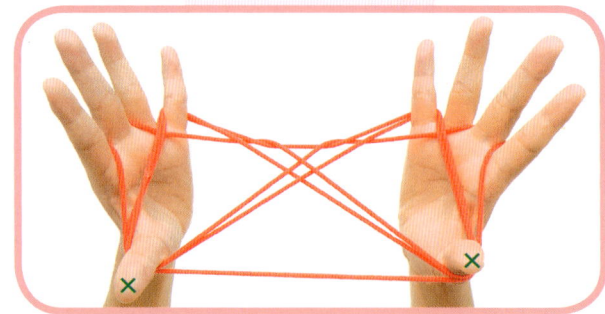

5 양쪽 엄지손가락에 걸려 있는 실을 풉니다.

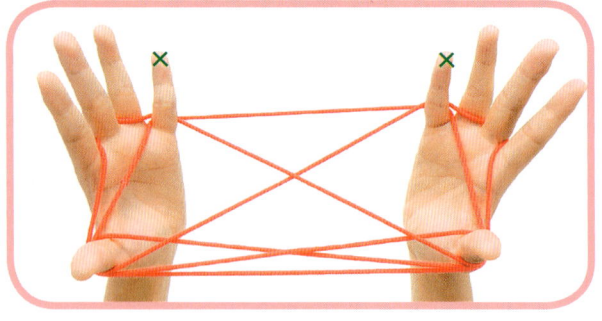

3 양쪽 새끼손가락의 실을 풉니다.

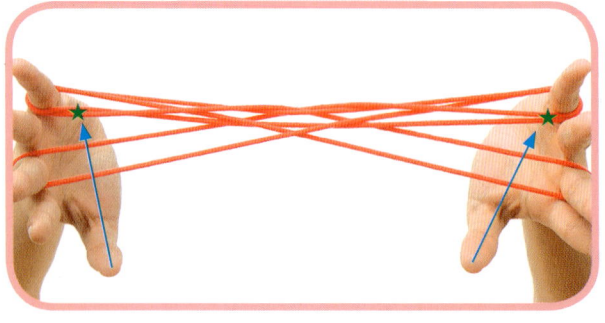

6 양쪽 엄지손가락으로 ★부분의 실 두 줄을 겁니다.

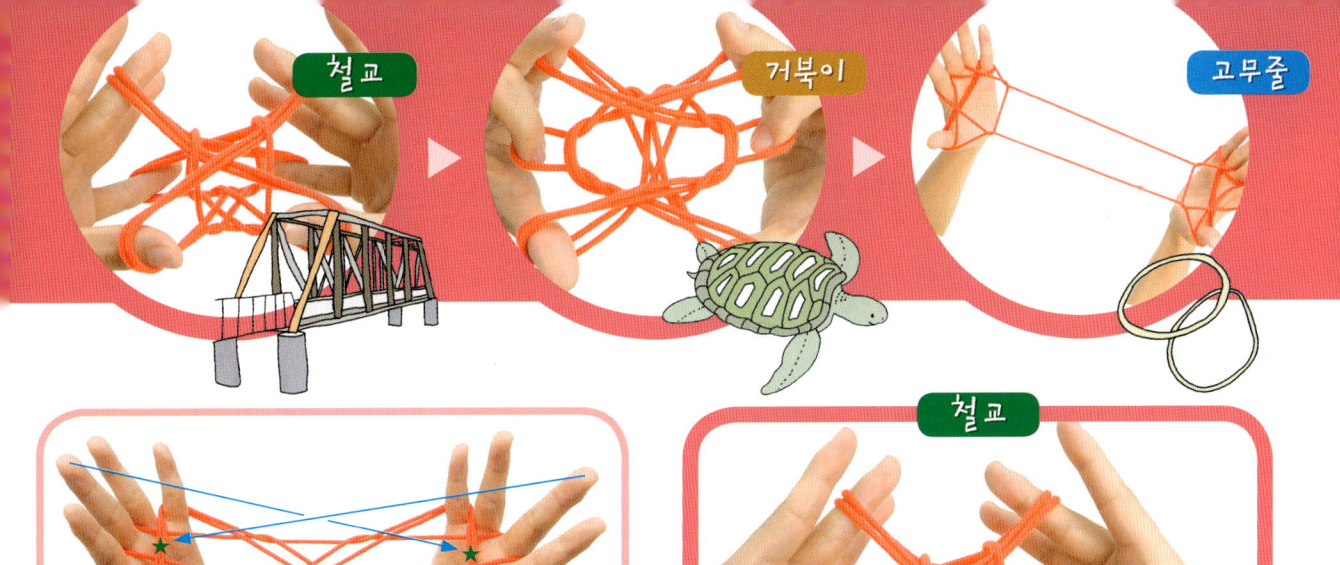

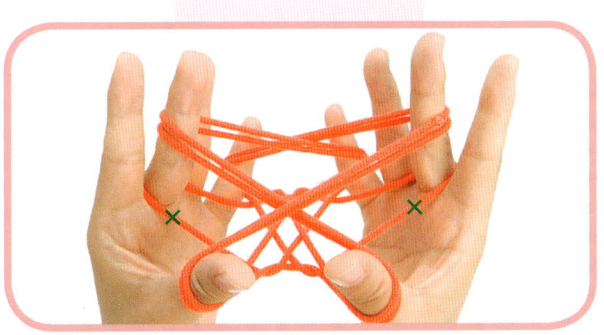

7 오른손 가운뎃손가락으로 왼손의 ★ 부분을, 왼손 가운뎃손가락으로 오른손의 ★ 부분을 걸어서 당깁니다.

9 '**철교**'가 완성되었어요.

8 양쪽 가운뎃손가락에 걸려 있는 실 중 가장 밑에 있는 실을 손가락에서 풉니다.

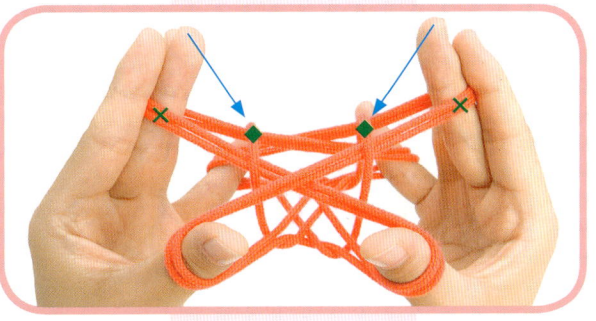

10 양쪽 가운뎃손가락으로 ◆ 부분을 누르면서 ✕ 부분의 실을 손가락에서 빼냅니다.

실 푸는 방법

반대쪽 손을 사용하여 손가락에서 실을 빼내세요.

11 '**거북이**'가 완성되었어요. 양쪽 가운뎃손가락의 실을 풉니다.

다음 쪽에 계속 이어져요.

113

철교 ▶ 거북이 ▶ 고무줄 ▶ 비행기 ▶ 투구 ▶ 넥타이

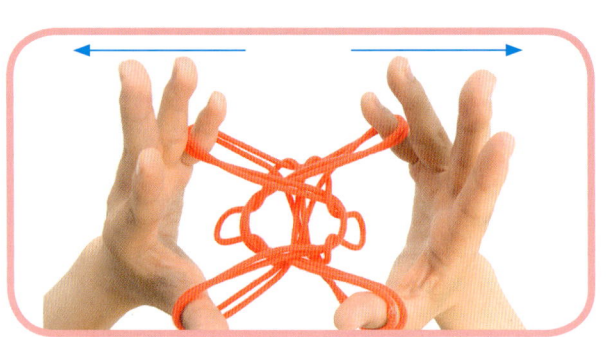

12 양손을 옆으로 천천히 벌립니다.

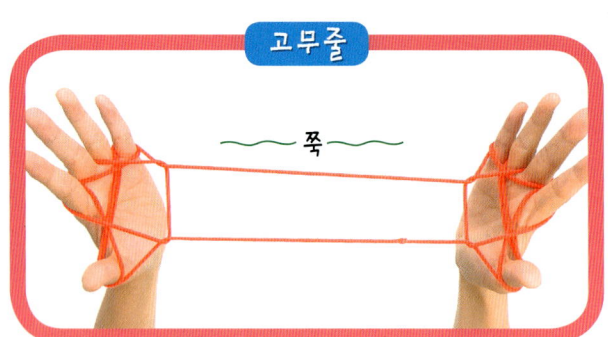

고무줄

15 '고무줄'이 완성되었어요.
고무줄을 늘였다 줄였다 해 보세요.

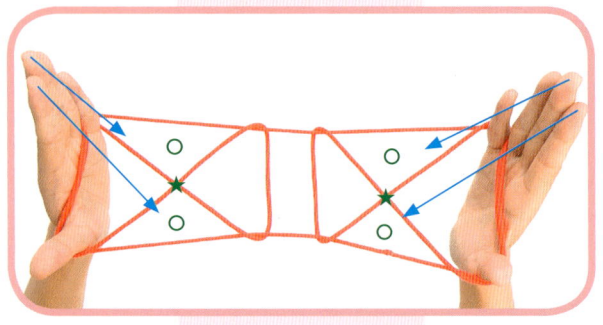

13 양쪽 집게손가락과 가운뎃손가락을 각각 ○부분에 넣은 다음 두 손가락으로 ★부분을 꽉 잡습니다.

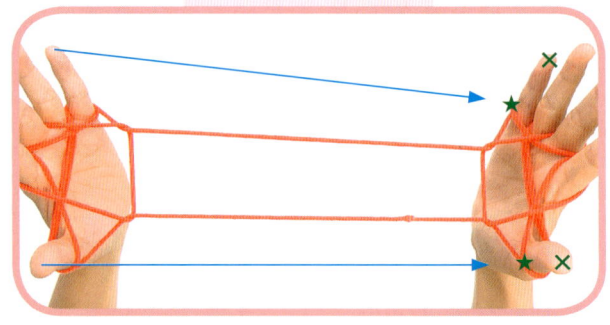

16 왼손 엄지손가락과 새끼손가락으로 오른손의 ★부분의 실 두 줄을 걸어 손가락에서 빼냅니다.

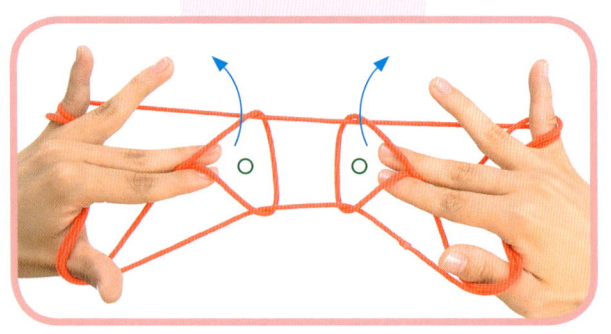

14 ○부분으로 양쪽 집게손가락과 가운뎃손가락을 아래에서 위로 빼낸 뒤 손가락을 똑바로 세웁니다.

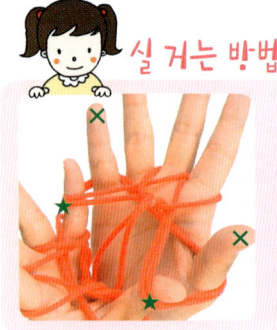

실 거는 방법

실을 건 모습이에요.
실을 오른손에서 왼손으로
옮겨 걸어요.

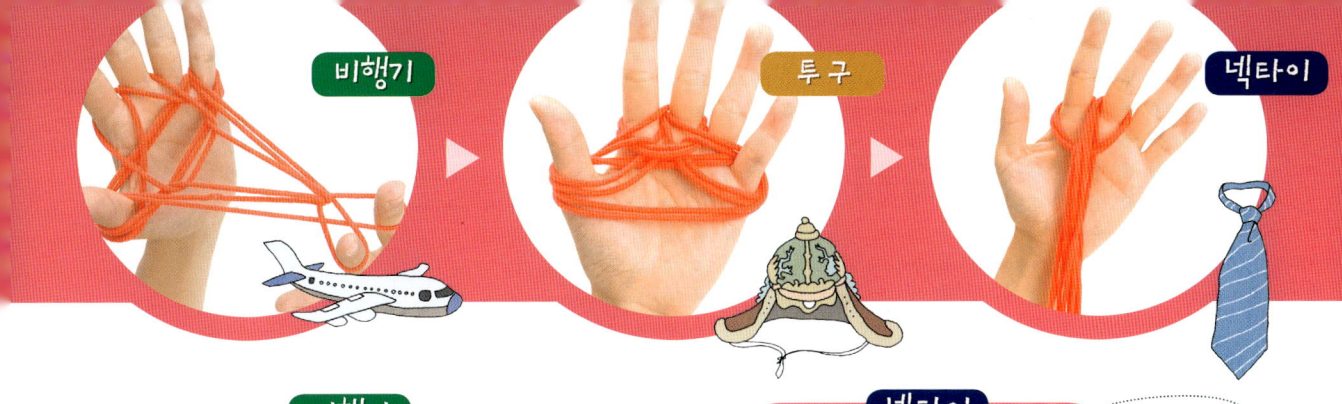

비행기

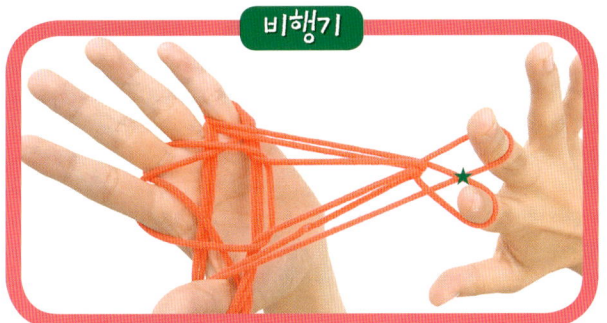

17 '비행기'가 완성되었어요. 이번에는 왼손 집게손가락과 가운뎃손가락으로 ★ 부분을 꽉 잡습니다.

18 그 상태에서 왼손 집게손가락과 가운뎃손가락에 실을 그대로 옮겨서 걸어 줍니다.

투구

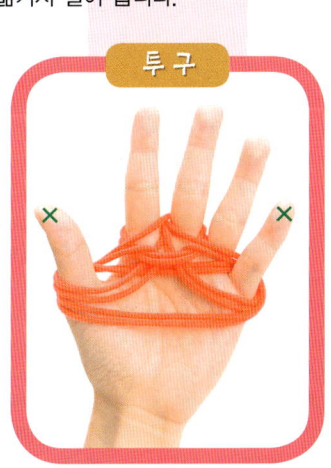

19 '투구'가 완성되었어요. 엄지손가락과 새끼손가락의 실을 풉니다.

넥타이

여기부터는 마술이 시작됩니다!

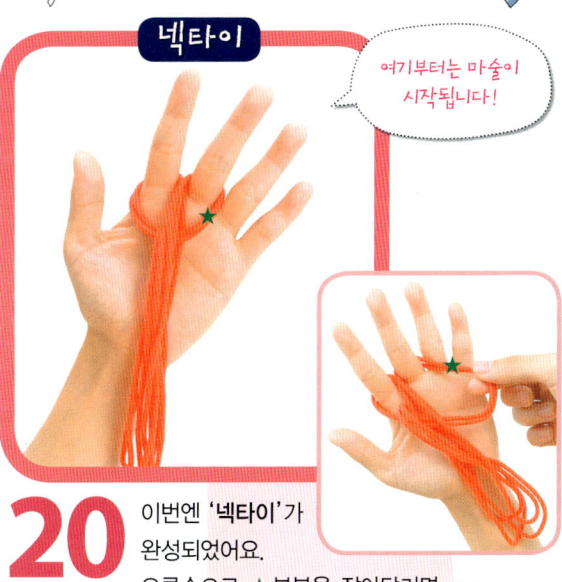

20 이번엔 '넥타이'가 완성되었어요. 오른손으로 ★ 부분을 잡아당기면…….

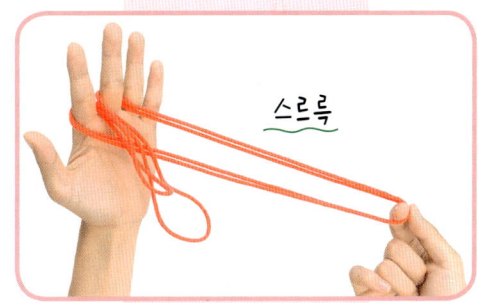

스르륵

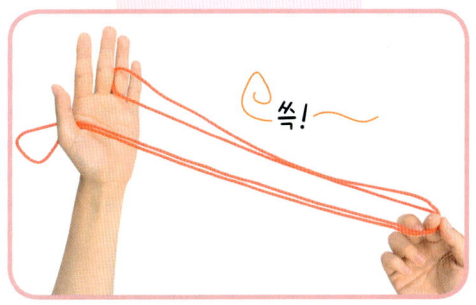

쏙!

우아, 실이 술술 풀려요!

115

밤 ▶ 미끄럼틀 ▶ 거북이 ▶ 연

난이도 ★★★★☆ 긴 실

밤

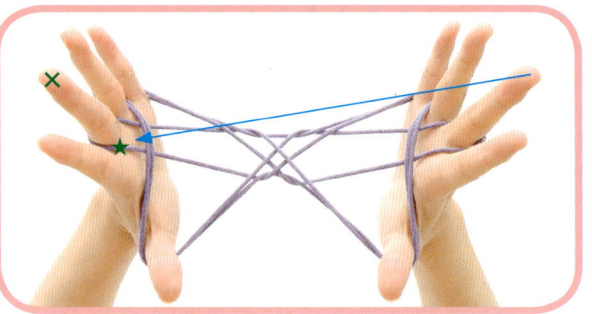

1 113쪽의 ⑦번부터 시작합니다. 오른손 가운뎃손가락으로 왼손의 ★부분을 건 다음 손가락에서 실을 빼내요.

실 거는 방법

★부분에 손가락을 걸고 있는 모습이에요. 오른손 가운뎃손가락에 건 실은 너무 아래로 내리지 마세요.

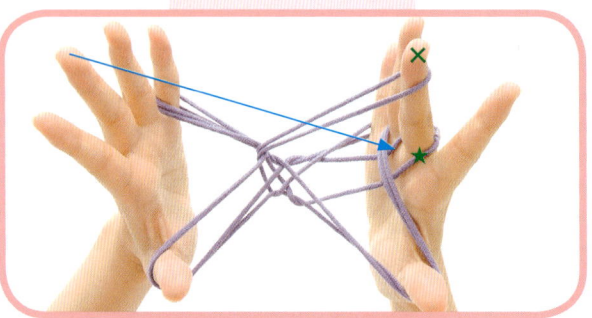

2 왼손 가운뎃손가락으로 오른손 ★부분을 건 다음 오른손 손가락에서 실을 빼냅니다.

미끄럼틀

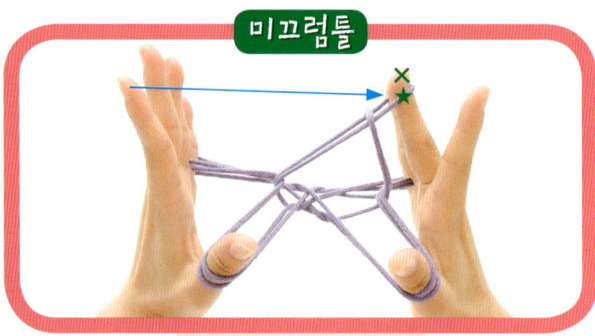

4 '미끄럼틀'이 완성되었어요. 왼손 집게손가락으로 오른손 ★부분을 걸고 오른손 손가락에서 실을 빼냅니다.

밤

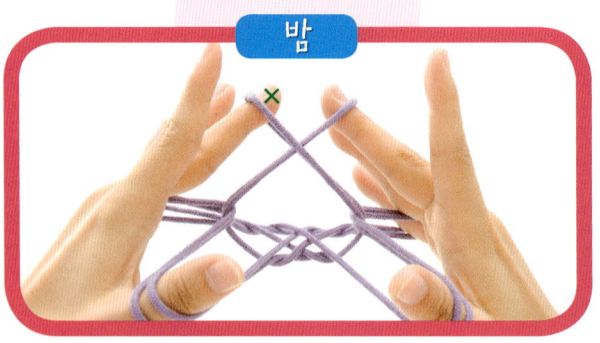

3 '밤'이 완성되었어요.
왼손 가운뎃손가락에 걸려 있는 실을 풉니다.

거북이

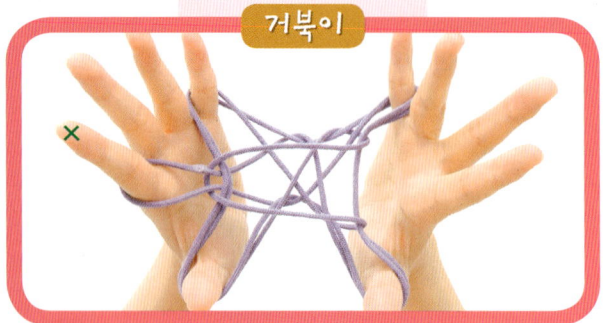

5 '거북이'가 완성되었어요.
이번에는 왼손 집게손가락에 걸린 실을 풀어요.

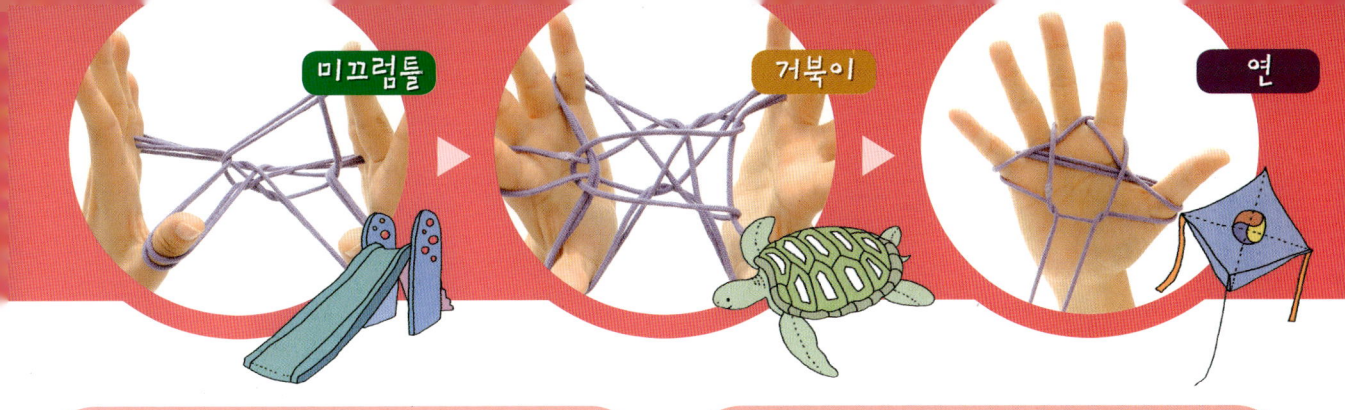

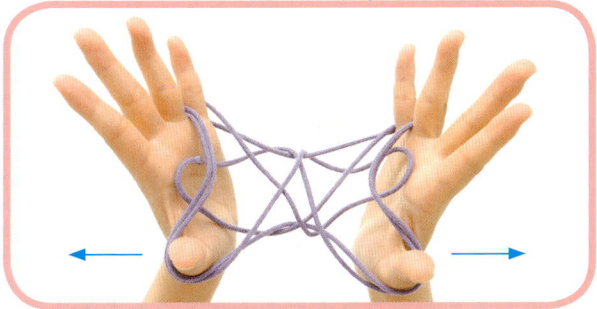

6 양손을 옆으로 벌립니다.

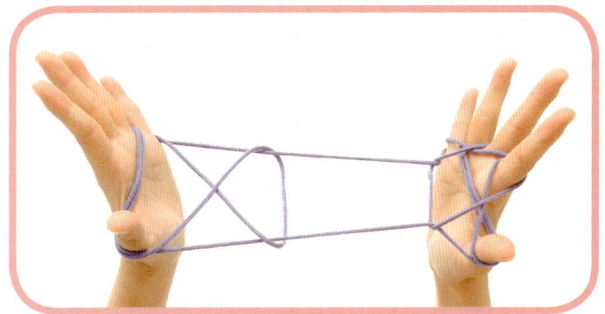

9 왼손에 걸린 실을 풀어요.

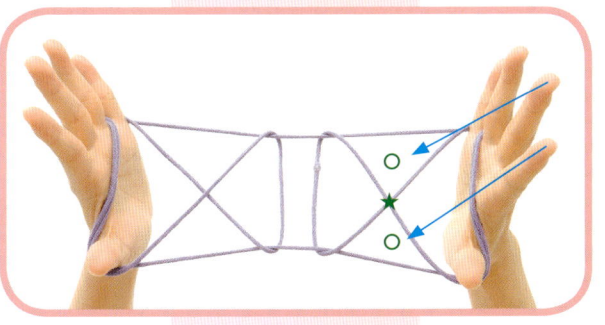

7 오른손 집게손가락과 가운뎃손가락을 ○ 부분에 각각 넣고 ★ 부분을 잡습니다.

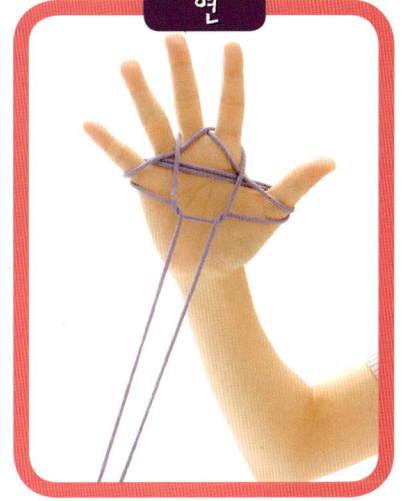

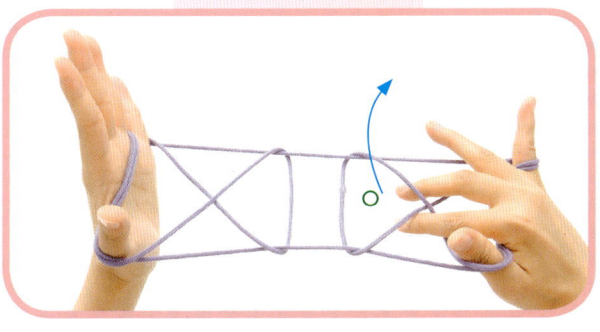

8 그 상태에서 집게손가락과 가운뎃손가락을 아래에서 ○ 부분에 넣어 위로 빼고 손가락을 똑바로 세웁니다.

10 '연'이 완성되었어요.

요람 ▶ 논 ▶ 강 ▶ 논 ▶ 다이아몬드 ▶ 장구 ▶ 배 ▶ 출렁다리

난이도 ★★★★★ 긴 실

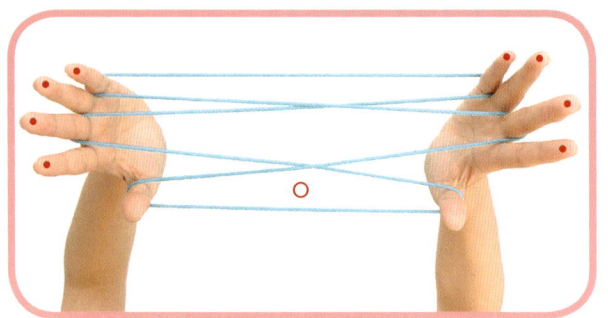

1 '가운뎃손가락 준비 모양'에서 시작합니다. 양쪽 엄지손가락 외의 네 손가락을 모두 ○부분에 넣습니다.

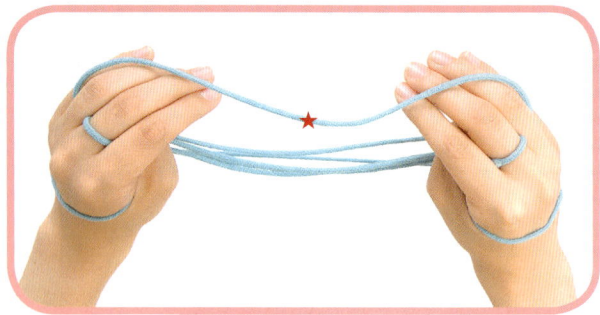

4 모든 손가락을 넣고 있는 모습이에요. 이 상태에서 ★부분을 손등 쪽으로 넘깁니다.

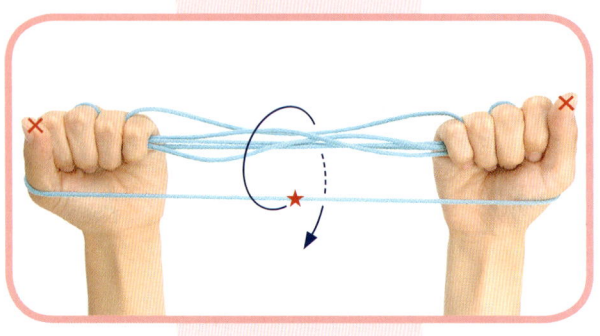

2 네 손가락으로 ★부분을 엄지손가락에서 풀면서 손등 쪽으로 돌려서 넘깁니다.

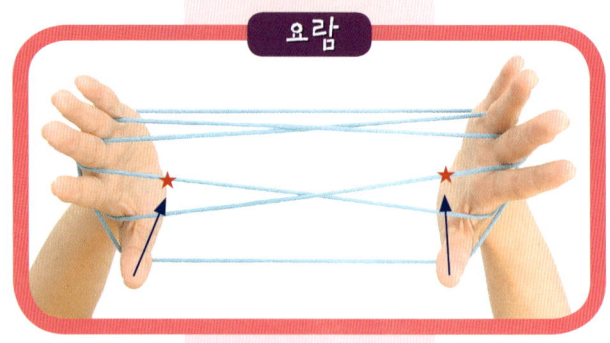

요람

5 '요람'이 완성되었어요. 양쪽 엄지손가락으로 ★부분을 겁니다.

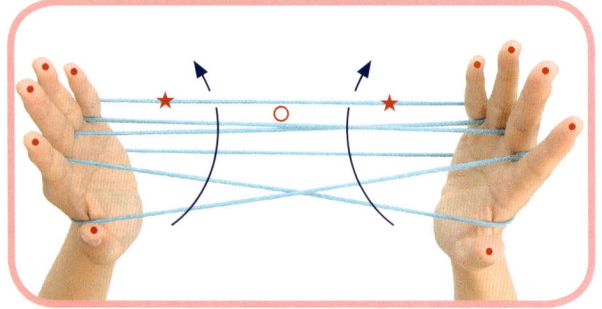

3 모든 손가락을 ○부분에 넣고 새끼손가락에 걸린 ★부분의 실을 손등 쪽으로 넘깁니다.

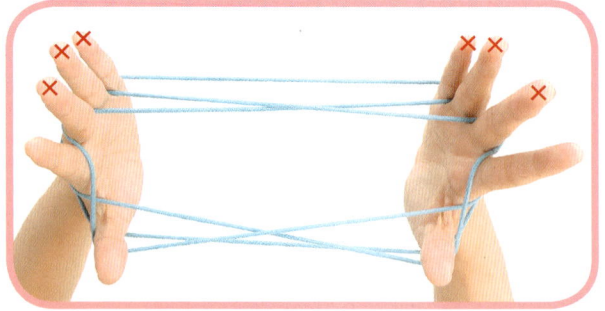

6 양쪽 가운뎃손가락, 약손가락, 새끼손가락에 걸린 실을 풉니다.

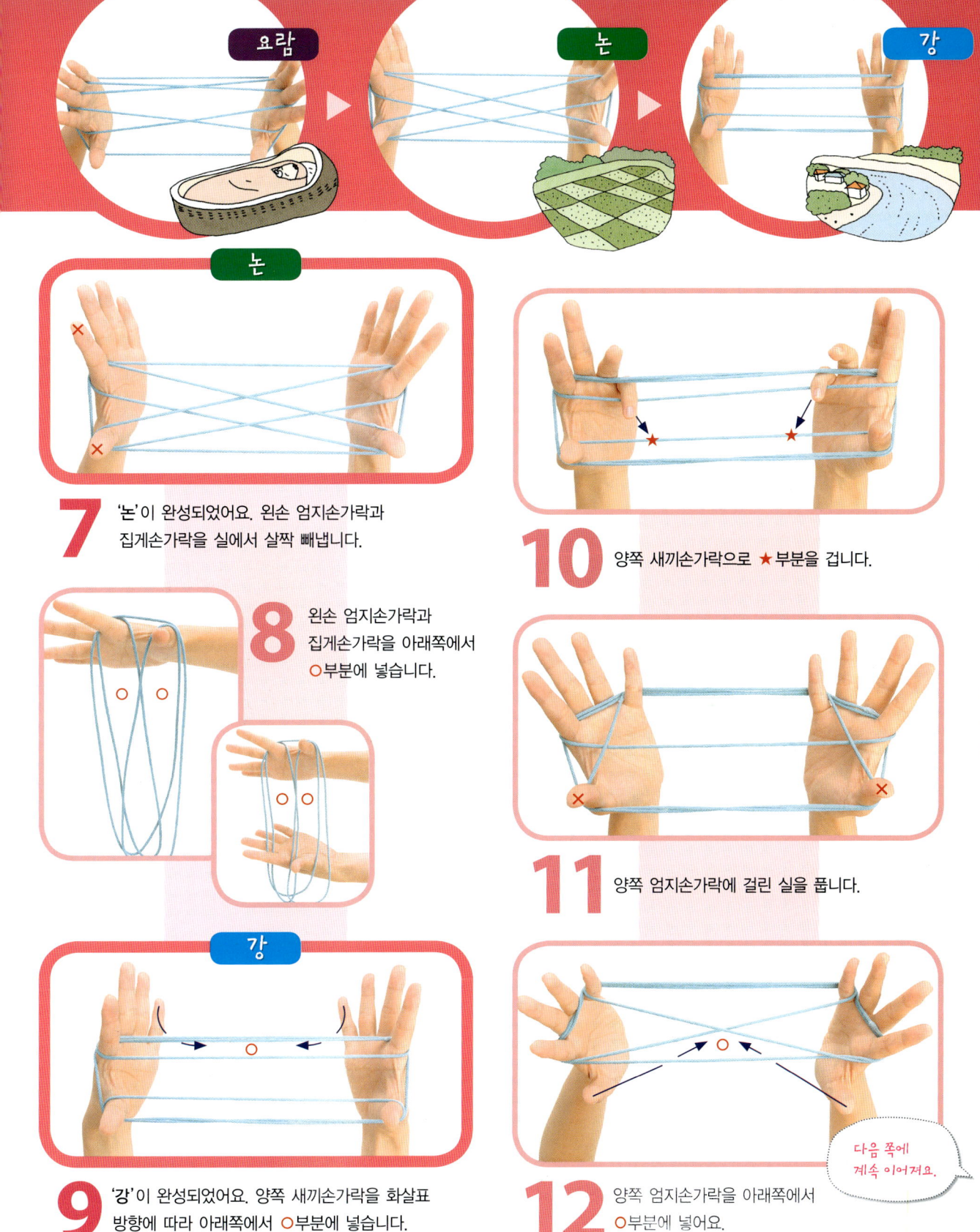

요람 ▶ 논 ▶ 강 ▶ 논 ▶
다이아몬드 ▶ 장구 ▶ 배 ▶ 출렁다리

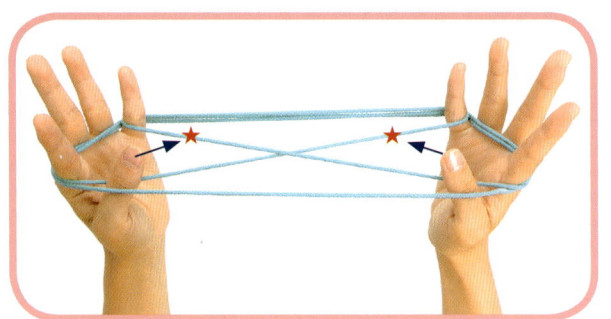

13 양쪽 엄지손가락으로 ★ 부분을 겁니다.

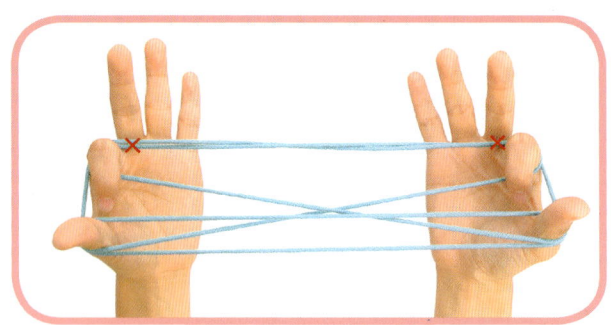

16 양쪽 집게손가락을 구부려서 ✕ 부분의 실을 풉니다.

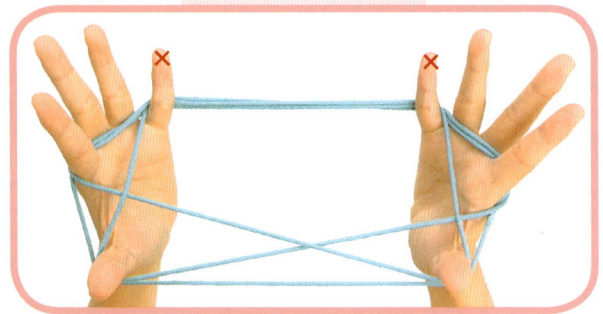

14 양쪽 새끼손가락에 걸려 있는 실을 풀어요.

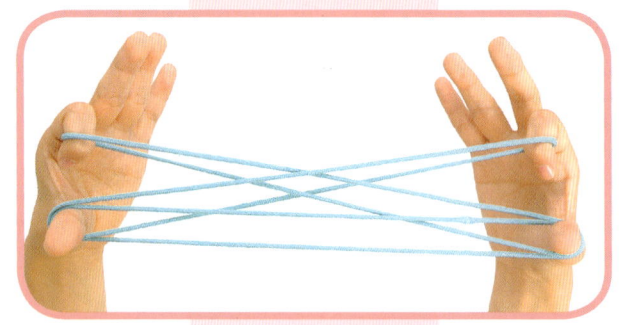

17 실을 풀고 난 뒤의 모습이에요. 구부렸던 양쪽 집게손가락을 다시 세워요.

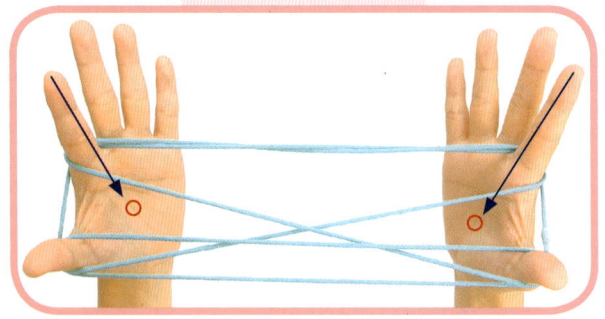

15 양쪽 집게손가락을 ○ 부분에 넣습니다.

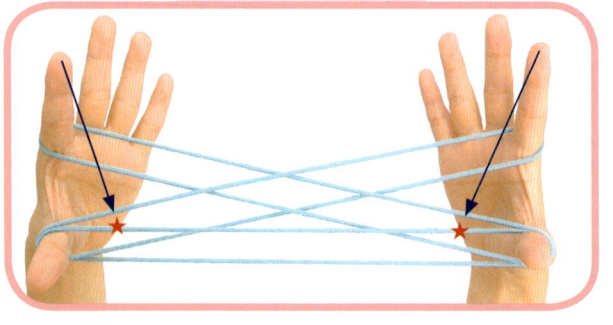

18 양쪽 집게손가락으로 ★ 부분을 겁니다.

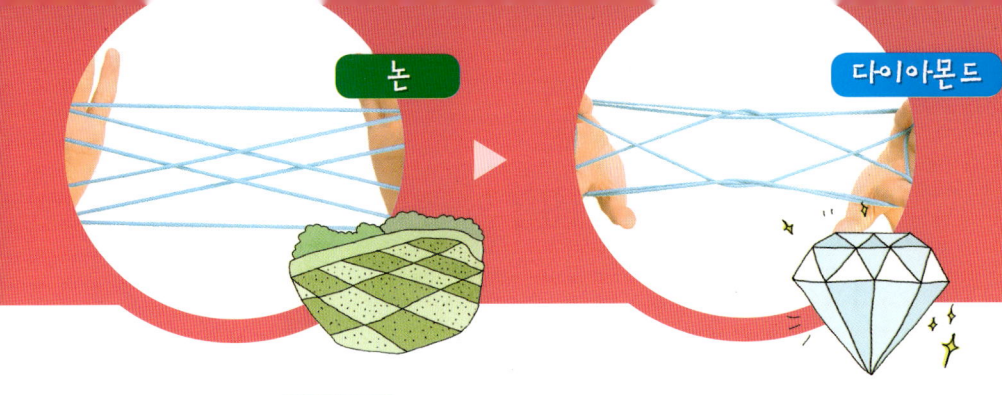

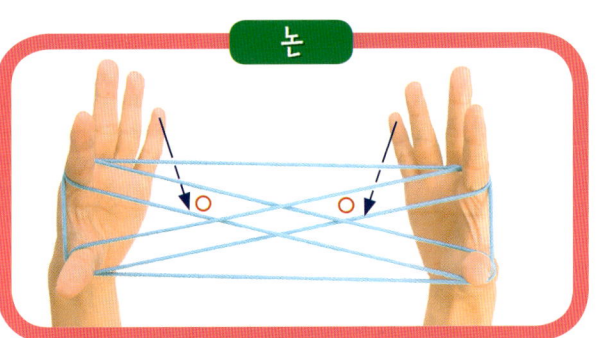

19 다시 '논'이 완성되었어요. 양쪽 새끼손가락을 아래쪽에서 ○ 부분에 넣습니다.

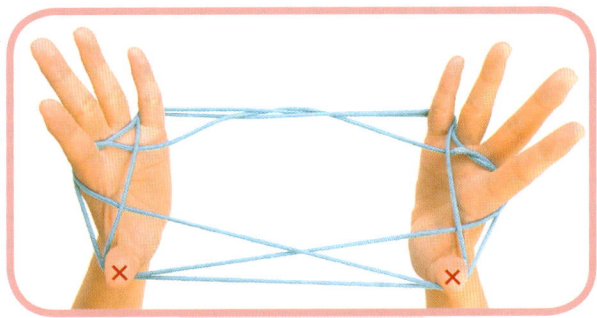

22 양쪽 엄지손가락에 걸려 있는 실을 풉니다.

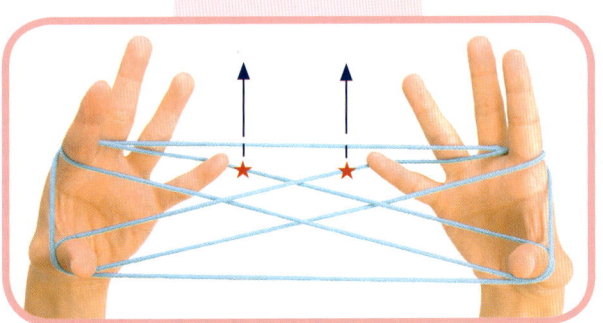

20 양쪽 새끼손가락으로 ★ 부분을 걸고 가장 바깥쪽에 있는 실 밑으로 끌어냅니다.

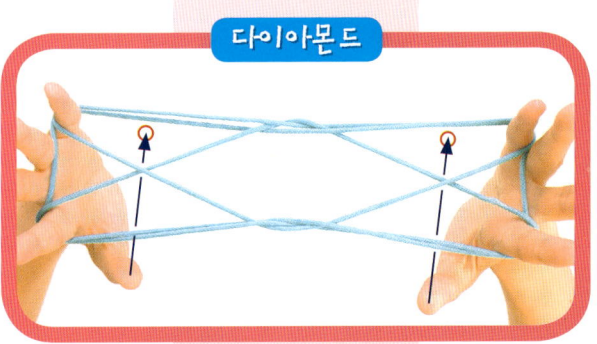

23 '다이아몬드'가 완성되었어요. 양쪽 엄지손가락을 아래쪽에서 ○ 부분에 넣어요.

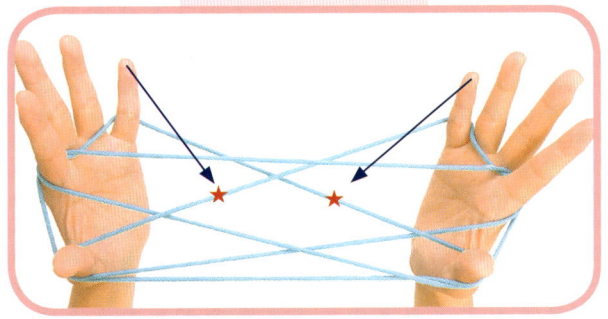

21 양쪽 새끼손가락으로 실 위쪽에서 ★ 부분을 겁니다.

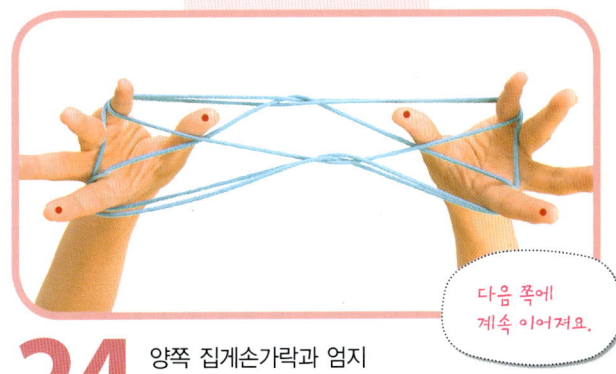

24 양쪽 집게손가락과 엄지 손가락을 모아 서로 마주대요.

다음 쪽에 계속 이어져요.

121

요람 ▶ 논 ▶ 강 ▶ 논 ▶ 다이아몬드 ▶ 장구 ▶ 배 ▶ 출렁다리

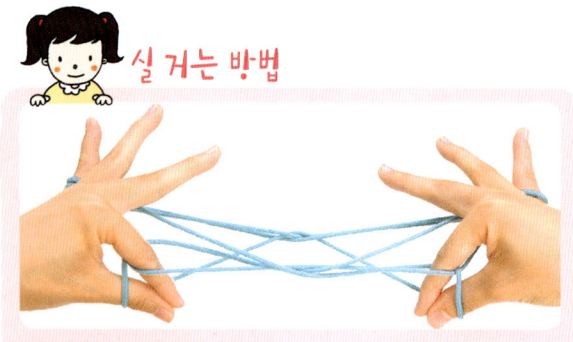

실 거는 방법

손가락을 ○ 부분에 넣은 모습이에요. 그 상태에서 손바닥이 몸 안쪽을 향하도록 손가락을 들어 올려요. 다른 실이 풀리지 않도록 조심하세요.

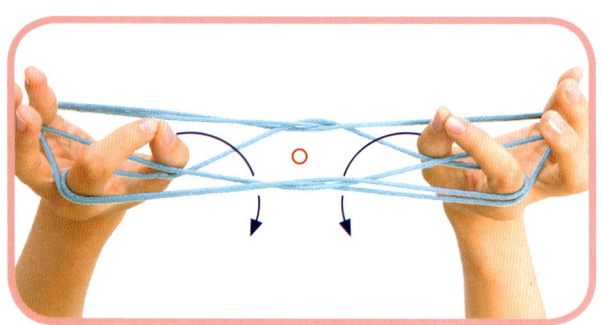

25 양쪽 엄지손가락과 집게손가락을 ○ 부분에 넣고 손바닥이 몸 안쪽을 향하도록 돌립니다.

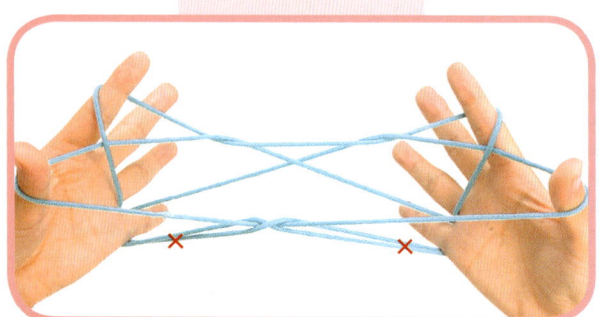

26 ㉕번까지 완성된 모습이에요. 양쪽 새끼손가락에 걸려 있는 실을 조심스럽게 풀어 줍니다.

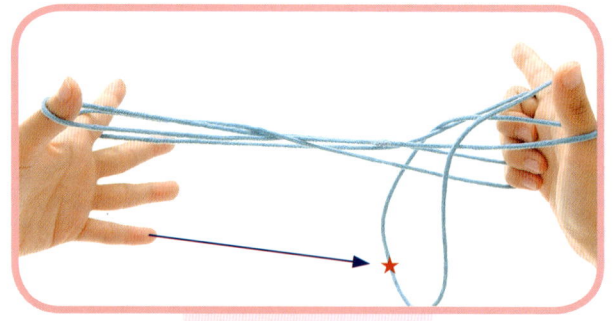

28 마찬가지로 오른손에 늘어져 있는 실의 ★ 부분을 왼손 새끼손가락으로 걸어 끌어옵니다.

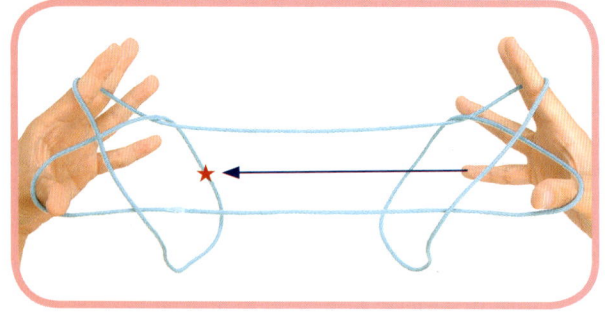

27 왼손에 늘어져 있는 실의 ★ 부분을 오른손 새끼손가락으로 걸어서 끌어옵니다.

장구

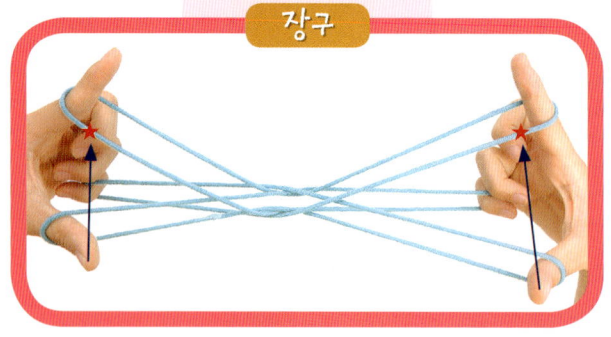

29 '장구'가 완성되었어요. 양쪽 엄지손가락으로 ★ 부분을 겁니다.

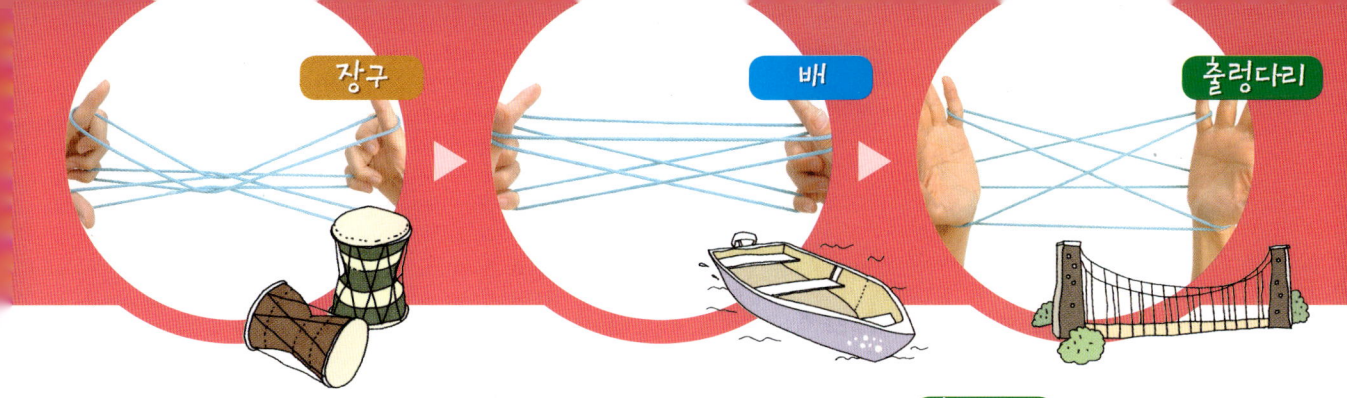

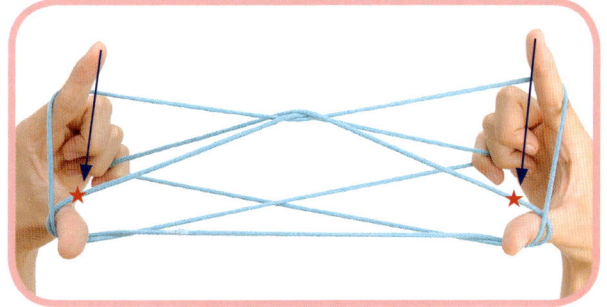

30 양쪽 집게손가락으로 ★ 부분을 겁니다.

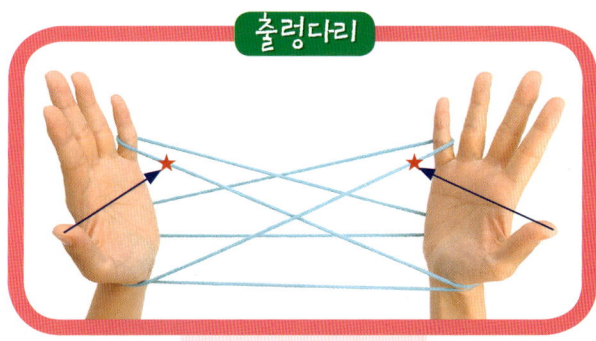

출렁다리

32 '출렁다리'가 완성되었어요.
양쪽 엄지손가락으로 ★ 부분을 겁니다.

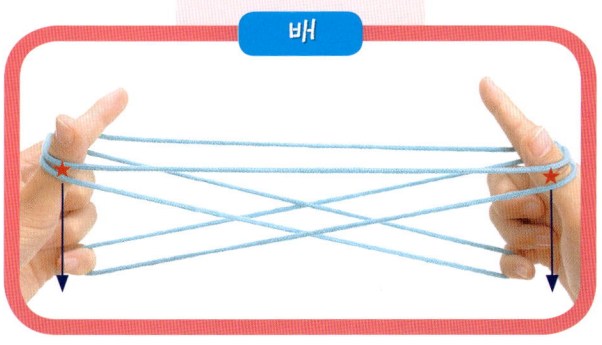

배

31 '배'가 완성되었어요.
양쪽 엄지손가락과 집게손가락에 걸려 있는 ★ 부분의 실 두 줄을 손목 부분까지 내립니다.

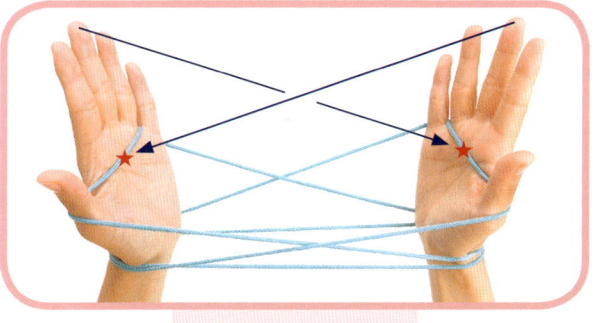

33 오른손 가운뎃손가락으로 왼손 ★ 부분을 걸고, 왼손 가운뎃손가락으로 오른손 ★ 부분을 걸어 당깁니다.

실 거는 방법

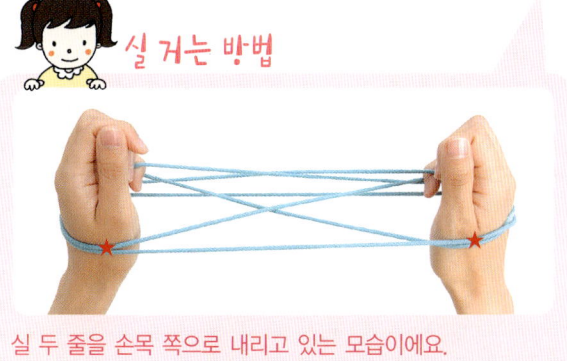

실 두 줄을 손목 쪽으로 내리고 있는 모습이에요.

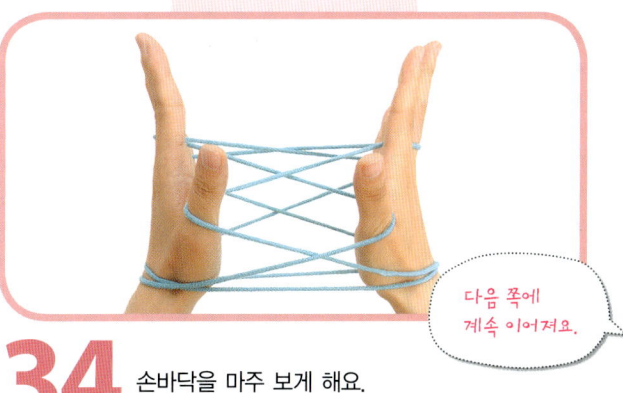

34 손바닥을 마주 보게 해요.

다음 쪽에 계속 이어져요.

123

요람 ▶ 논 ▶ 강 ▶ 논 ▶ 다이아몬드 ▶ 장구 ▶ 배 ▶ 출렁다리

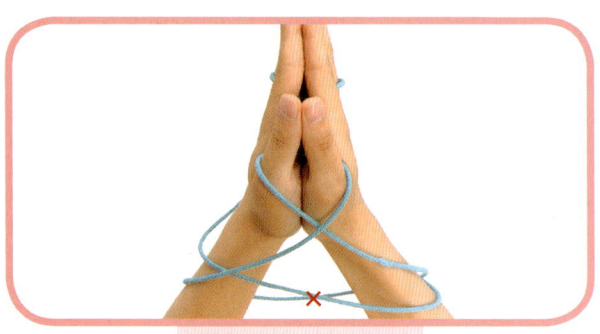

35 두 손을 마주 대고 손끝이 바닥을 향하도록 내려 ✕부분의 실을 손목에서 빠져나가도록 합니다.

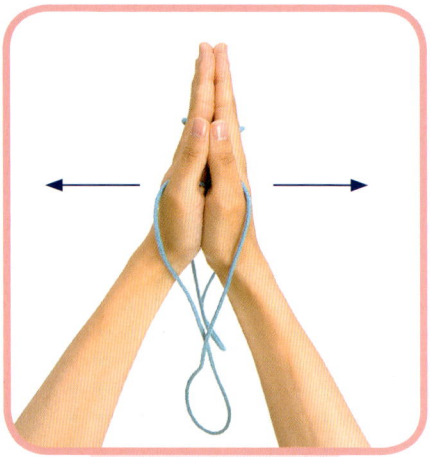

37 양손을 옆으로 벌리면······.

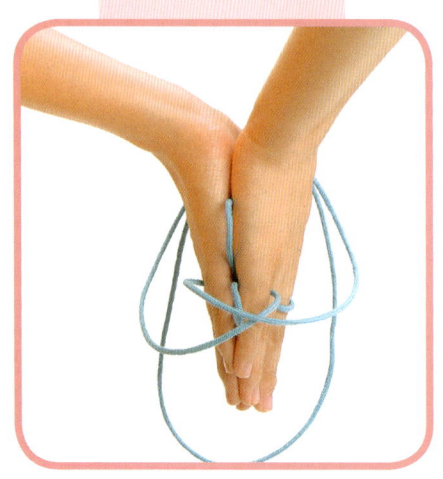

36 손끝이 바닥을 향한 모습이에요. 그 상태에서 손끝을 다시 올려 위쪽을 향하도록 합니다.

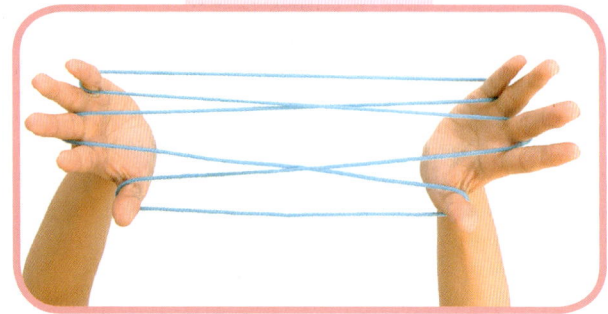

38 맨 처음 시작했던 '가운뎃손가락 준비 모양'으로 되돌아갑니다.

실뜨기짱의 한마디

처음으로 돌아가서 다시 한번 해 보세요.

산과 바다에서 만나는 생물들을 만들어 보세요

멋진 실뜨기 공원이 탄생됩니다.

바닷가 조개

난이도 ★★☆☆☆   긴 실

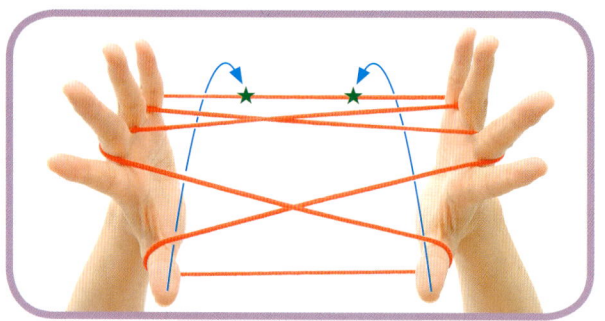

1 '가운뎃손가락 준비 모양'에서 시작합니다. 양쪽 엄지손가락으로 실의 아래쪽에서 ★ 부분을 걸어요.

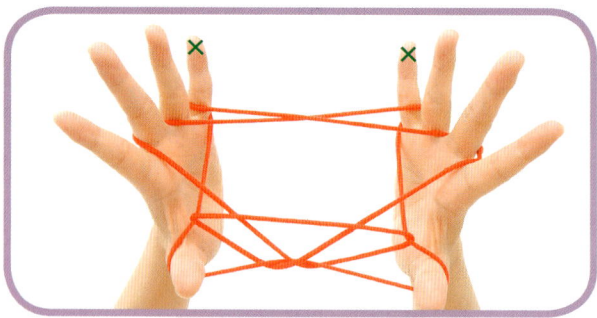

3 양쪽 새끼손가락에 걸려 있는 실을 풉니다. 풀고 나서 실을 너무 팽팽하게 잡아당기면 안 돼요.

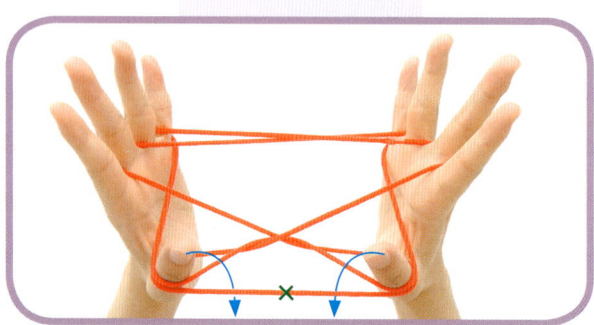

2 양쪽 엄지손가락을 화살표 방향으로 내려서 × 부분을 손가락에서 풀어요.

4 완성! '바닷가 조개'가 완성되었어요.

바다의 생물들로 바닷속을 꾸며 보세요!

여기서 잠깐! 손가락에서 실을 모두 뺀 다음 모양을 잘 잡아 주면 '문어'가 되지요!

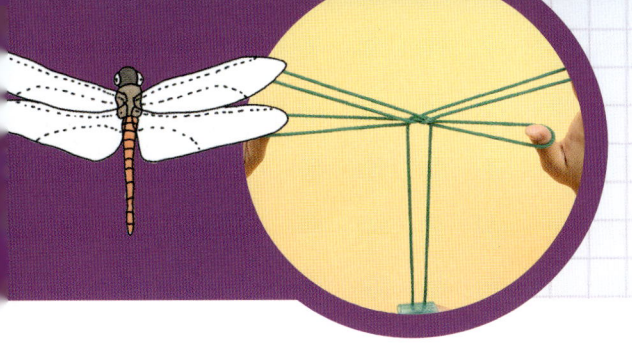

날아라, 잠자리

난이도 ★★☆☆☆ 긴 실

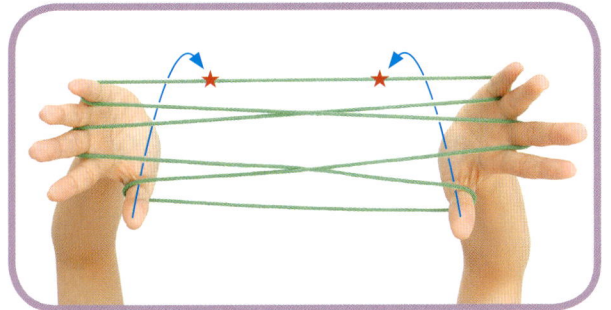

1 '가운뎃손가락 준비 모양'에서 시작합니다. 양쪽 엄지손가락으로 실의 아래쪽에서 ★부분을 걸어요.

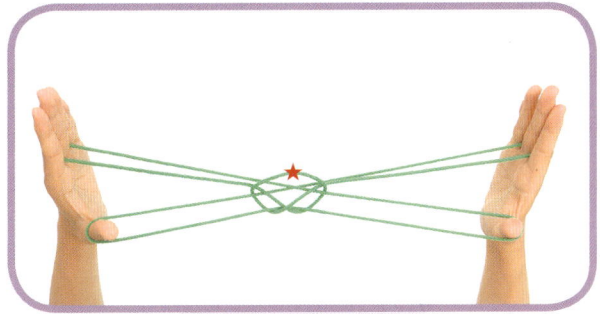

4 ★부분을 입에 물어요.

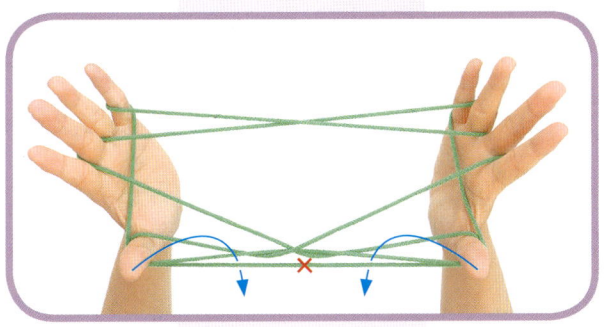

2 양쪽 엄지손가락을 화살표 방향으로 내려서 ✕부분을 손가락에서 풀어 줍니다.

5 완성! '날아라, 잠자리'가 완성되었어요.

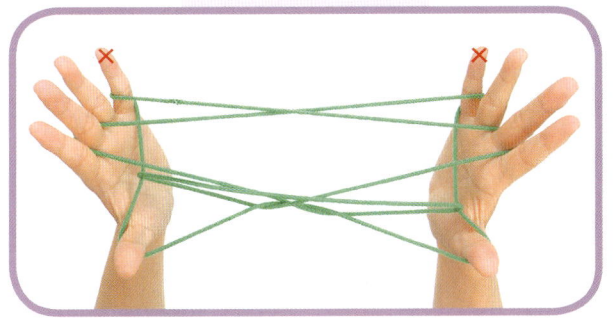

3 양쪽 새끼손가락에 걸려 있는 실을 풀어요.

여기서 잠깐! 잠자리에서 그대로 손가락을 아래로 내리면 '텐트'가 된답니다!

알쏭달쏭 불가사리

난이도 ★★☆☆☆ 긴 실

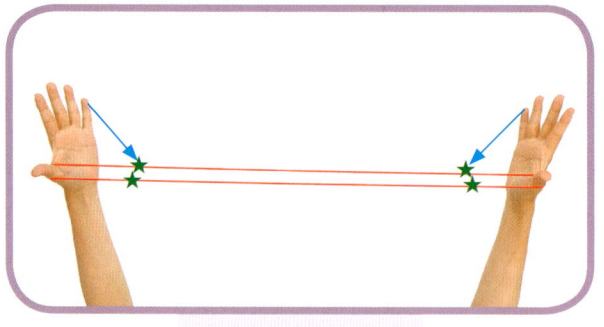

1 양쪽 엄지손가락에 실을 겁니다. 양쪽 새끼손가락으로 ★ 표시된 실 두 줄을 겁니다.

실 거는 방법

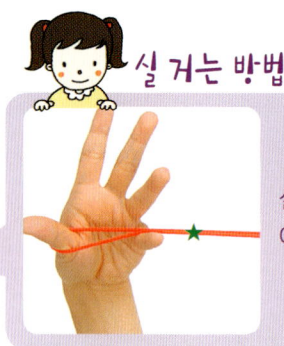

실 두 줄을 한꺼번에 아래쪽에서 걸어요.

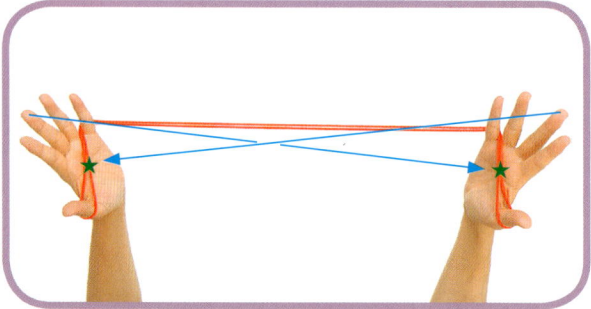

2 오른손 가운뎃손가락으로 왼손 ★ 부분의 실 두 줄을, 왼손 가운뎃손가락으로 오른손 ★ 부분의 실 두 줄을 걸어서 당깁니다.

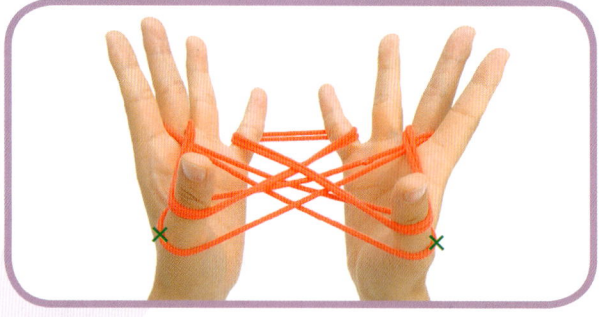

4 반대쪽 손을 사용해서 엄지손가락에 걸려 있는 실 중 가장 아래에 있는 ✕ 부분을 풀어요.

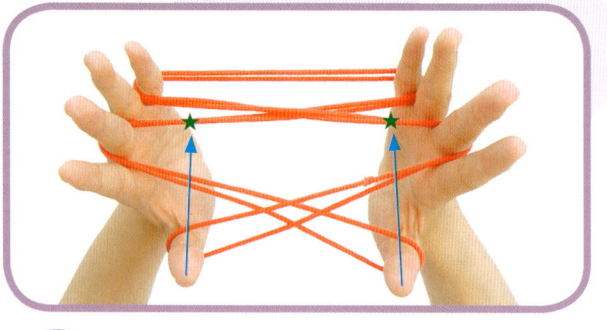

3 양쪽 엄지손가락으로 ★ 부분을 겁니다.

실 푸는 방법

실을 풀고 있는 모습이에요. 다른 실이 빠지지 않도록 바깥쪽으로 빼냅니다.

5 양쪽 새끼손가락에 걸려 있는 실을 풀어요.

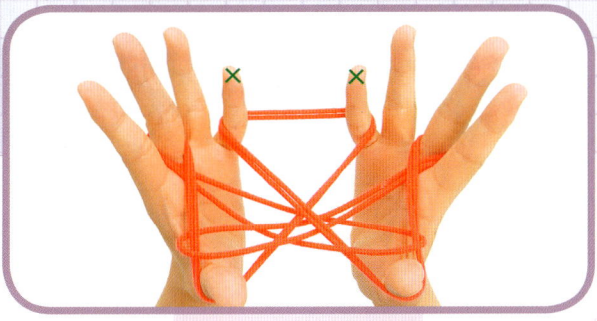

7 완성! '알쏭달쏭 불가사리'가 완성되었어요.

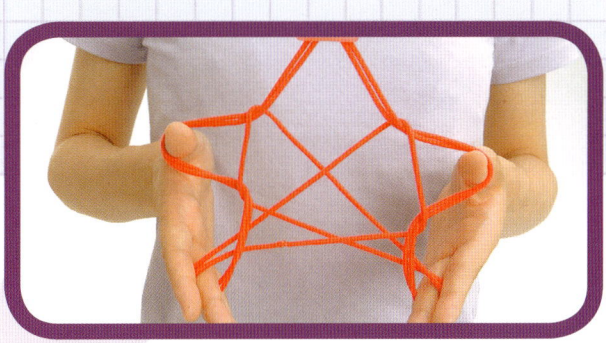

6 ⑤번까지 완성된 모습이에요.
★부분에 있는 실을 입에 물어요.

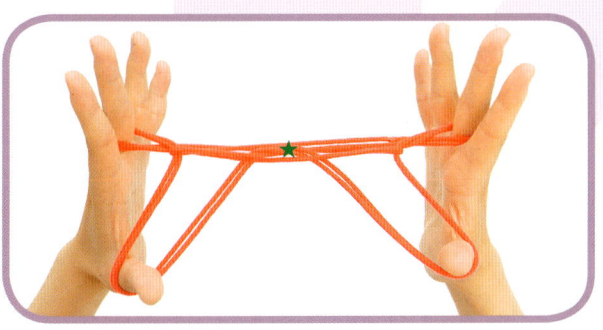

실 거는 방법

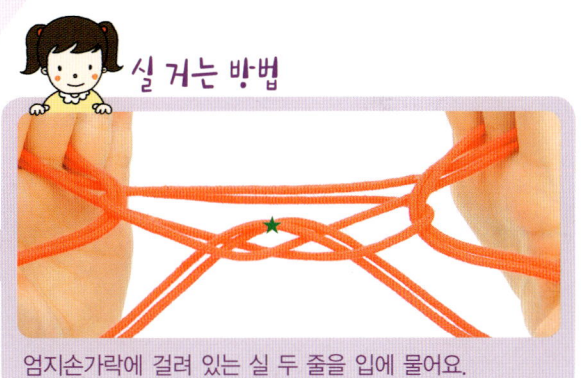

엄지손가락에 걸려 있는 실 두 줄을 입에 물어요.

재미있게 놀아요 — 입을 사용해서 놀아 보아요!

입을 사용하면 실뜨기로 더 많은 모양을 만들 수 있어요. 거울을 보면서 ★부분을 입으로 잡아당겨 보세요!

밥그릇(16쪽)에서

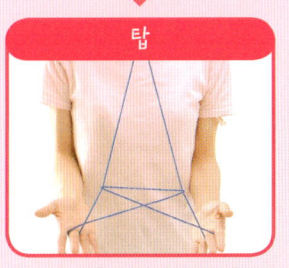

↓

탑

입으로 실을 잡아당기면서 양쪽 엄지손가락에 걸린 실을 살짝 풀어 주세요.

4단 사다리(56쪽)에서

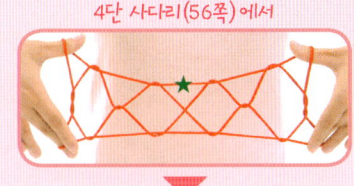

↓

우주 왕복선

'4단 사다리'에서 ★부분을 잡아당기면 '우주 왕복선'이 되어요.

129

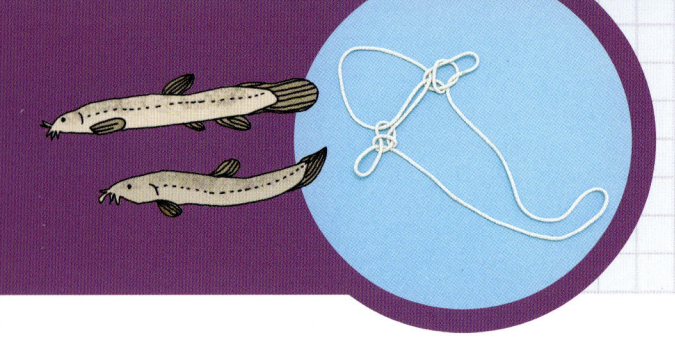

미끌미끌 미꾸라지

난이도 ★★☆☆☆   긴 실

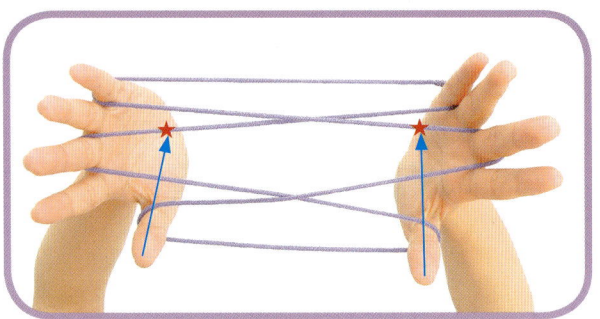

1 '가운뎃손가락 준비 모양'에서 시작합니다.
양쪽 엄지손가락으로 ★부분을 걸어요.

실 거는 방법
실 아래쪽에서 ★부분을 걸어요.

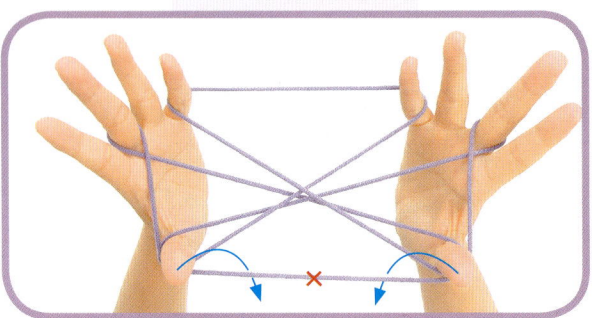

2 양쪽 엄지손가락을 화살표 방향으로 내려
× 부분의 실을 풀어요.

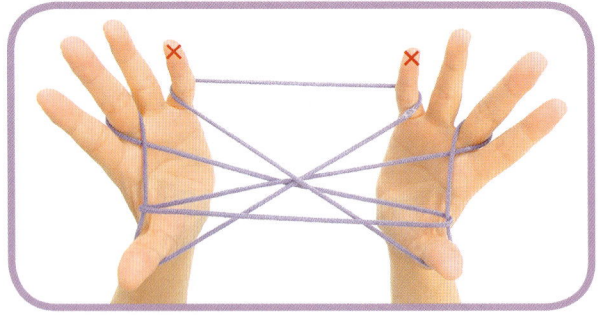

3 양쪽 새끼손가락에 걸려 있는 실을 풀어요.

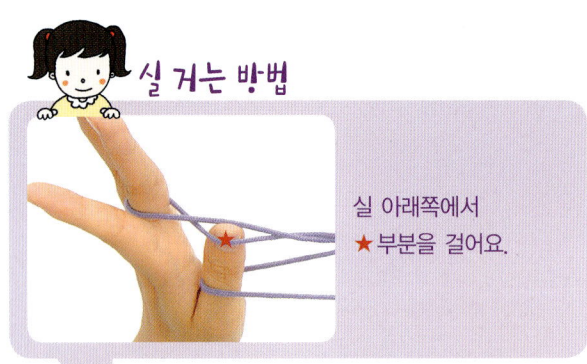

4 양쪽 엄지손가락으로 화살표 방향에 따라
★부분을 걸어요.

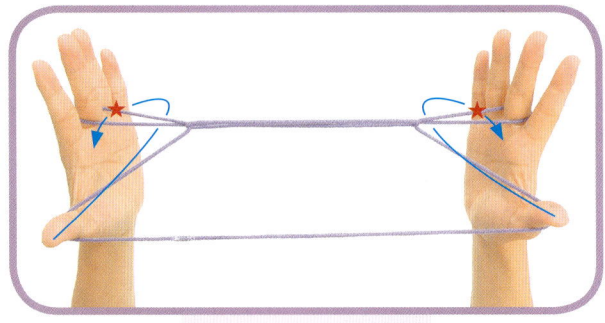

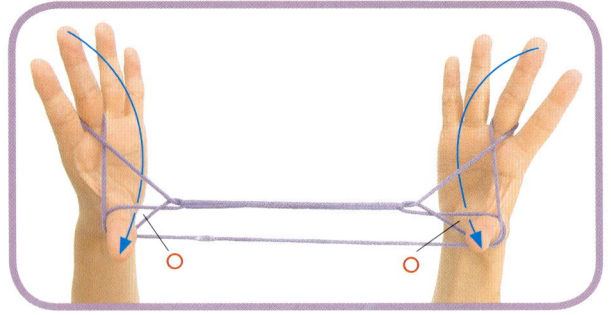

5 양쪽 가운뎃손가락을 화살표 방향에 따라
○부분에 넣어요.

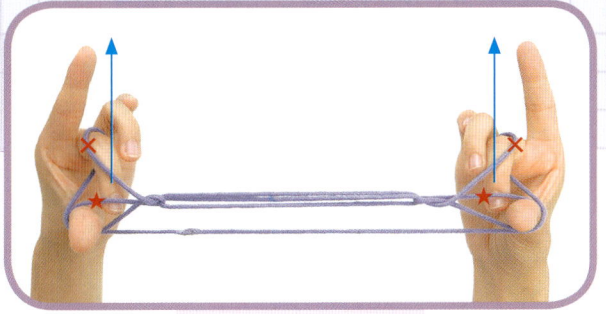

6 가운뎃손가락을 넣고 있는 모습이에요.
그 상태에서 양쪽 가운뎃손가락을 위로 세워서
★ 부분을 들어 올립니다. ✕ 부분은 저절로 풀려요.

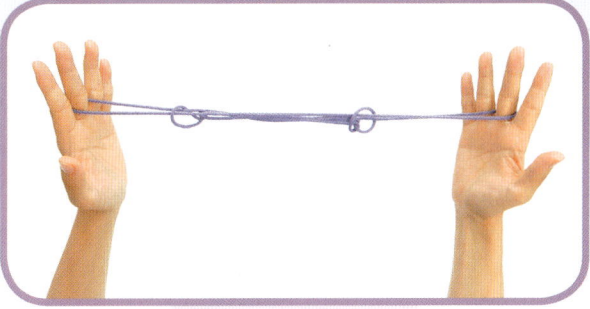

9 실을 잡아당기고 있는 모습이에요.
손가락에서 실을 조심스럽게 빼냅니다.

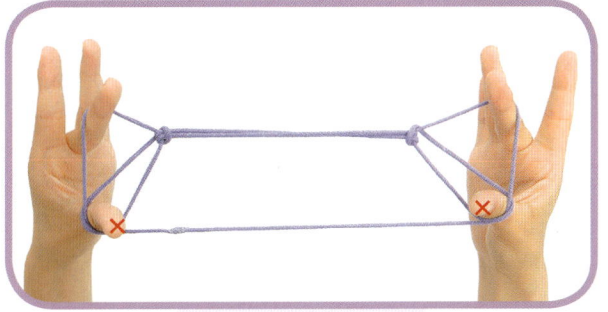

7 양쪽 엄지손가락에 걸려 있는 실을 풀어요.

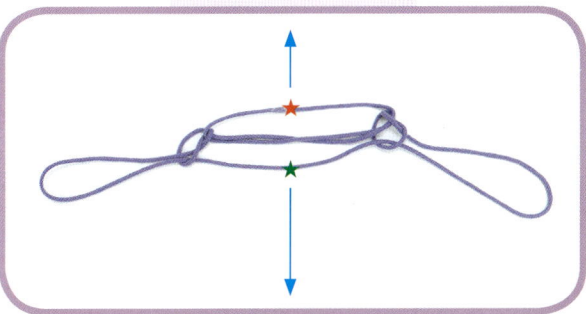

10 ★ 부분이 머리, ★ 부분은 꼬리가 되도록 실을
아래위로 잡아당겨 모양을 다듬어 줍니다.

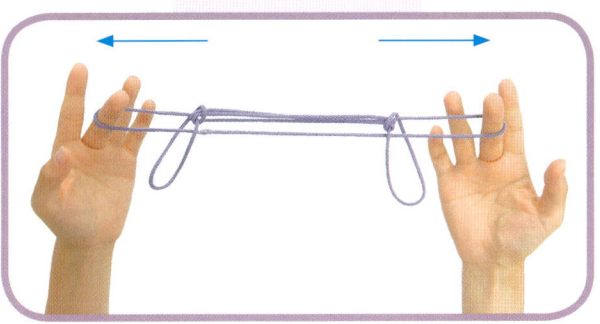

8 화살표 방향에 따라 실을 양 옆으로 천천히
잡아당깁니다.

저는 민물에
사는 물고기예요!

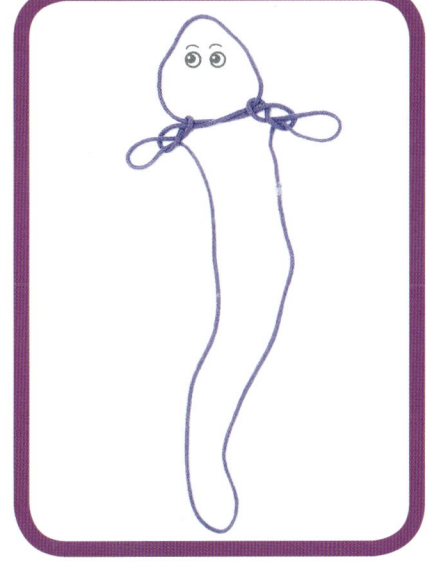

11 완성! '미끌미끌 미꾸라지'가
완성되었어요.

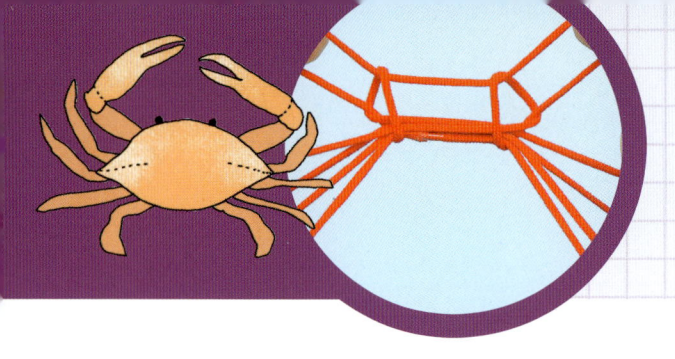

옆으로 옆으로 꽃게

난이도 ★★★☆☆ 긴 실

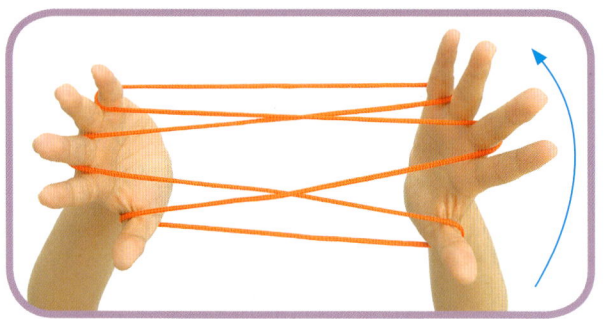

1 '가운뎃손가락 준비 모양'에서 시작합니다. 오른손을 화살표 방향으로 돌려서 손가락 끝이 아래를 향하도록 합니다.

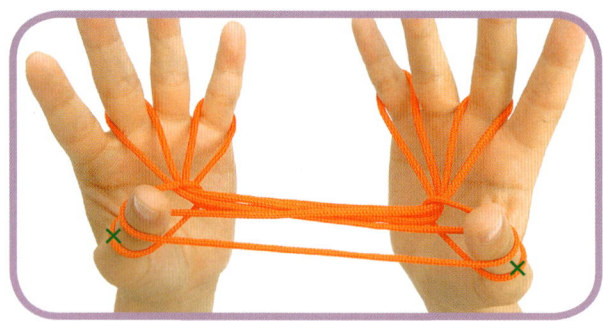

4 양쪽 엄지손가락에 걸려 있는 ✕ 부분의 실을 손가락에서 풀어요.

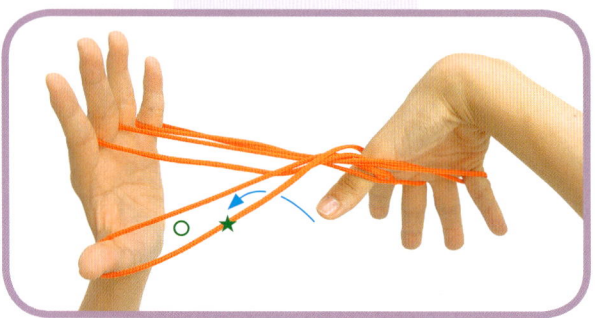

2 오른손 엄지손가락을 화살표 방향으로 ○부분에 넣고 ★부분의 실을 걸어 들어 올립니다.

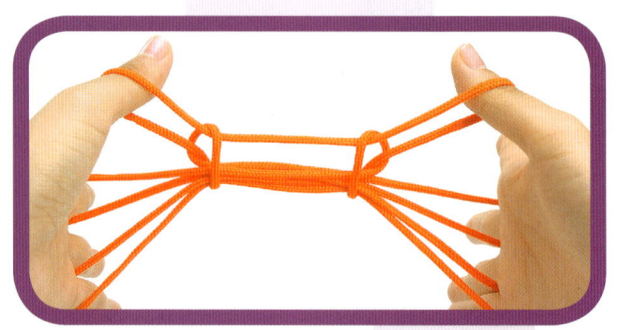

5 완성! 손가락 끝을 몸 바깥쪽으로 돌리면 '옆으로 옆으로 꽃게'가 완성됩니다.

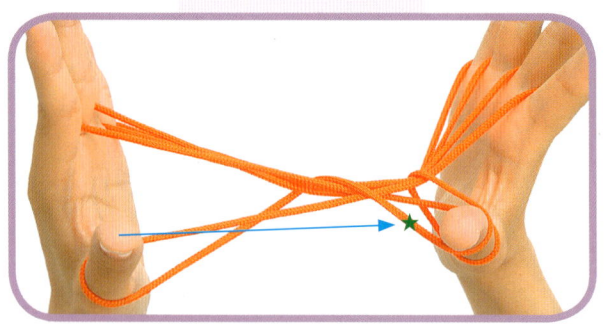

3 오른손 엄지손가락에 걸려 있는 실 중 맨 위에 있는 실의 ★부분을 왼손 엄지손가락으로 걸어요.

여기서 잠깐!

손가락에서 실을 빼낸 다음 가운데 한 줄만 살짝 잡아당기면 '여자아이의 얼굴'이 된답니다!

헤엄치는 바다거북

난이도 ★★☆☆☆   짧은 실

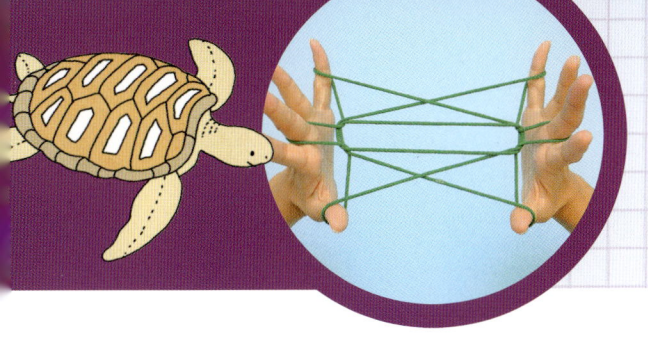

1 '기본 준비 모양'에서 시작합니다.
양손의 ★부분의 실을 엄지손가락과 새끼손가락에 한 번씩 더 감습니다.

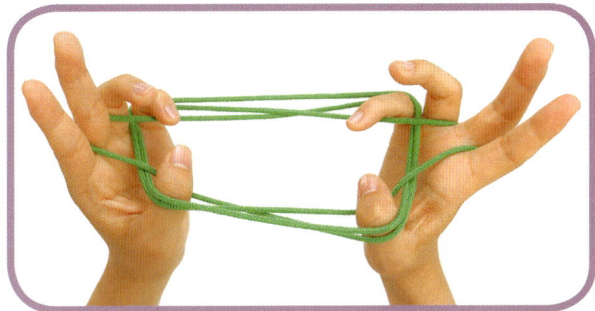

4 실을 누르고 있는 모습이에요. 손바닥이 아래쪽으로 향하도록 손을 돌리면서 손가락을 폅니다.

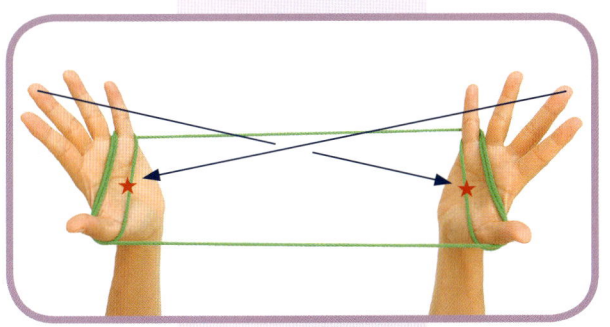

2 오른손 가운뎃손가락으로 왼손의 ★부분을, 왼손 가운뎃손가락으로 오른손의 ★부분을 걸어서 당깁니다.

5 양쪽 엄지손가락과 새끼손가락을 위로 올린 다음 손을 쫙 펴요.

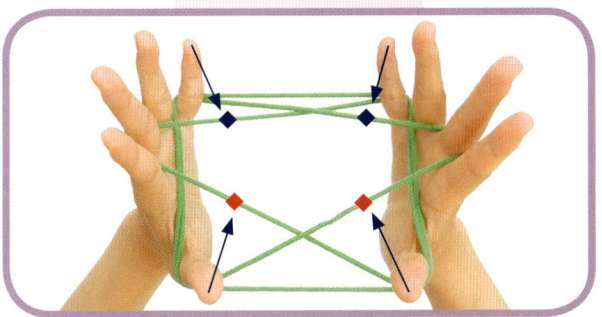

3 양쪽 엄지손가락으로 ◆부분을 누르고
양쪽 새끼손가락으로는 ◆부분을 누릅니다.

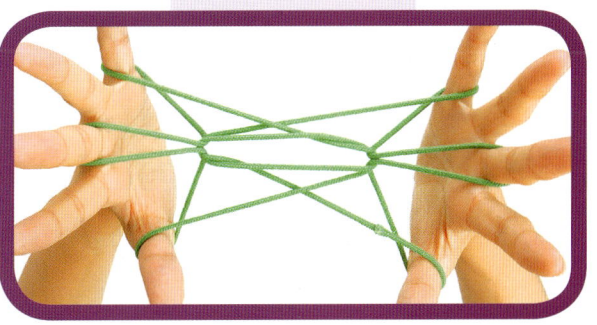

6 완성! '헤엄치는 바다거북'이 완성되었어요.

귀여운 송아지

난이도 ★ ☆ ☆ ☆ ☆   짧은 실

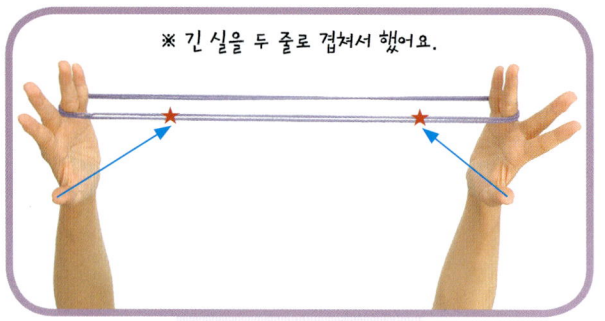

※ 긴 실을 두 줄로 겹쳐서 했어요.

1 양쪽 약손가락과 새끼손가락에 실을 걸고 양쪽 엄지손가락으로 ★ 부분을 걸어서 당겨요.

아주 짧은 실을 사용하거나 긴 실을 두 겹으로 해서 만들어 보세요.

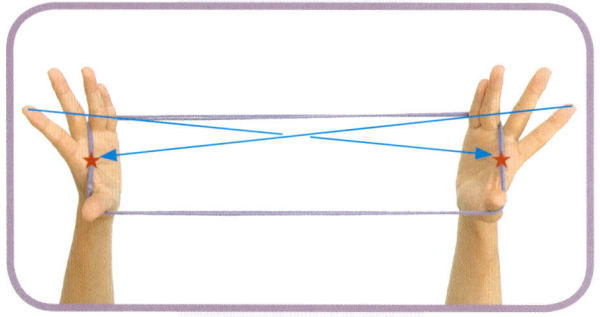

2 오른손 집게손가락으로 왼손의 ★ 부분을, 왼손 집게손가락으로 오른손의 ★ 부분을 걸어서 당깁니다.

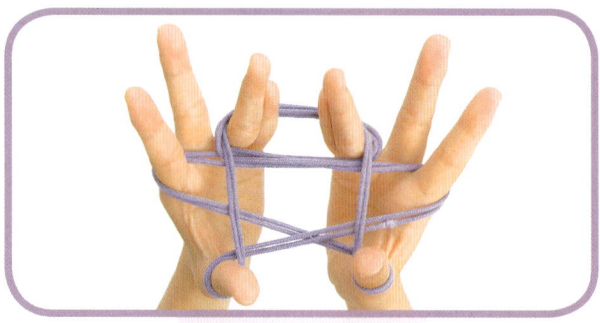

4 두 손가락에 실을 건 모습이에요. 모양이 흐트러지지 않도록 실을 손가락에서 빼서 바닥에 놓습니다.

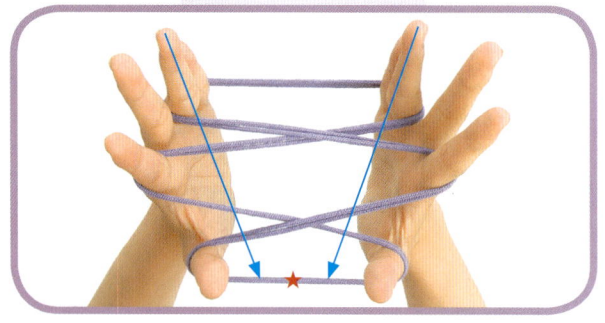

3 양쪽 약손가락과 새끼손가락으로 ★ 부분을 겁니다.

5 완성! '귀여운 송아지'가 완성되었어요.

폴짝폴짝 개구리

난이도 ★ ☆ ☆ ☆ ☆   짧은 실

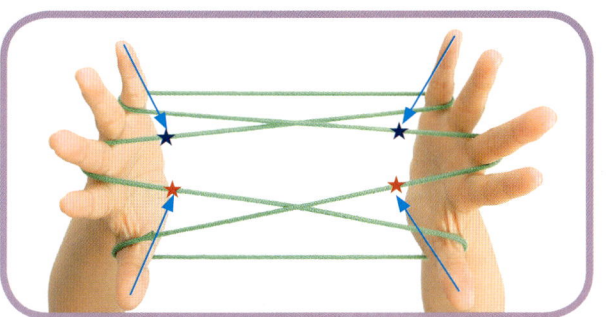

1 '가운뎃손가락 준비 모양'에서 시작합니다.
양쪽 엄지손가락으로 ★부분을, 양쪽 새끼손가락
으로 ★부분을 각각 걸어 주세요.

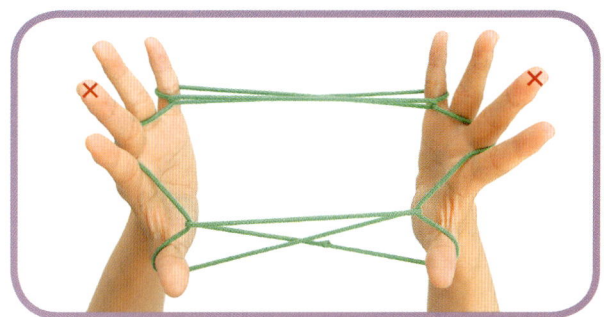

4 양쪽 가운뎃손가락에 걸려 있는 실을 풉니다.

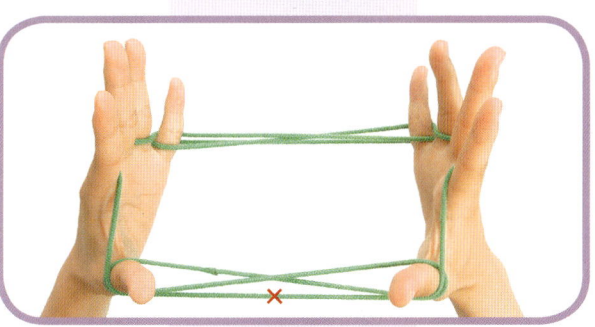

2 반대쪽 손을 사용해서 ×부분을 양쪽
엄지손가락에서 풀어요.

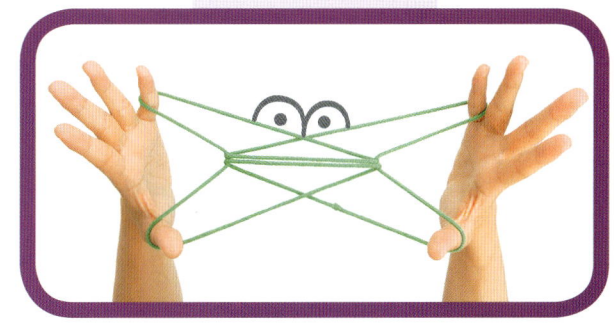

6 완성! '폴짝폴짝 개구리'가 완성되었어요.

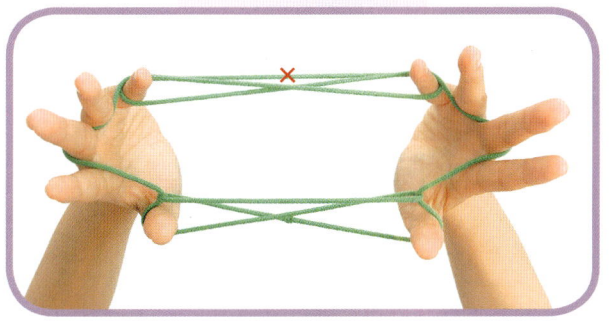

3 마찬가지로 반대쪽 손을 사용해서 ×부분을
양쪽 새끼손가락에서 풀어 주세요.

커다란 입이 개구리를
꼭 닮았어요.

느릿느릿 달팽이

난이도 ★★☆☆☆　긴 실

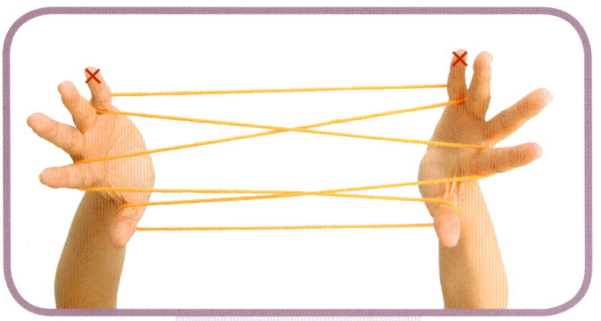

1 '집게 준비 모양'에서 시작합니다. 양쪽 새끼손가락에 걸려 있는 실을 푼 다음 그대로 늘어뜨려 두세요.

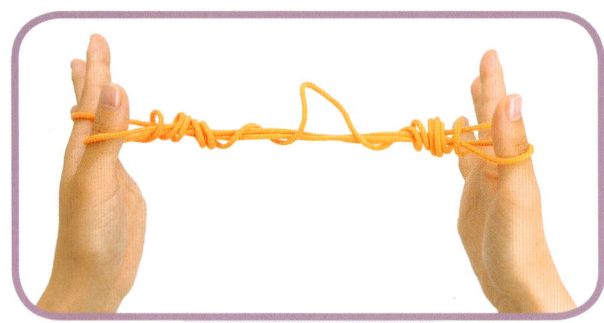

3 실을 돌려서 감은 모습이에요.

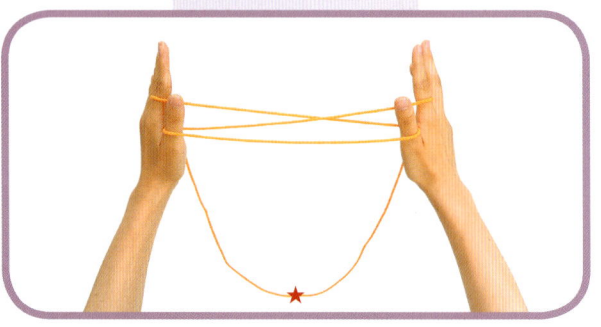

2 늘어져 있는 ★부분의 실을 한쪽 방향으로 빙글빙글 돌려서 손가락에 걸려 있는 실들에 감습니다. 양손을 사용하여 감으세요.

4 오른손 집게손가락과 엄지손가락에 걸려 있는 실을 빼서 왼손 집게손가락과 엄지손가락에 옮겨 겁니다.

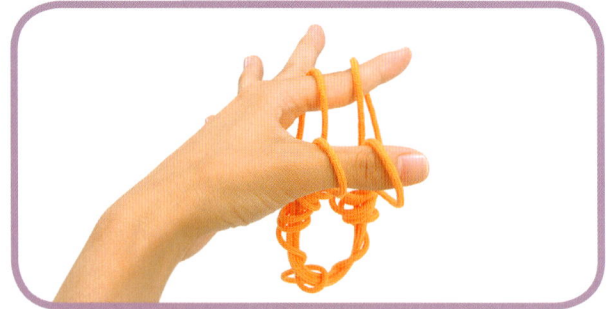

5 실 옮겨 걸기가 끝난 모습이에요.

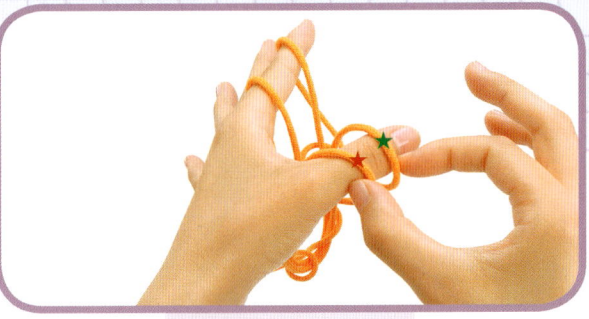

6 ★ 부분을 오른손 집게손가락에 걸고
★ 부분은 오른손 엄지손가락에 겁니다.

7 ★ 부분을 왼손 집게손가락에 걸고
★ 부분을 왼손 엄지손가락에 걸어요.

실 거는 방법

오른손으로 일단
실을 뺀 다음
차례로 다시 겁니다.

실을 돌려서 감은 부분이 달팽이
껍질이 되는 거예요. 잘 매만져서
예쁘게 만들어 보세요.

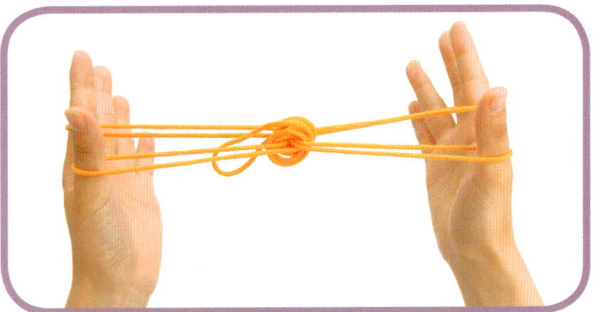

8 양손을 천천히 옆으로 당기면서 감겨 있는 실이 평평해지도록 조절해요.

9 양쪽 엄지손가락을 뺀 나머지 손가락으로 실을 꼭 쥐고 엄지손가락 끝이 아래쪽을 향하도록 돌립니다.

10 완성! '느릿느릿 달팽이'가 완성되었어요.

예쁜 꽃

난이도 ★★★☆☆ 긴 실

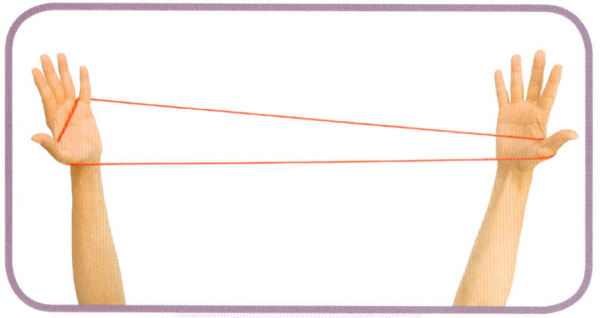

1 왼손에는 엄지손가락과 새끼손가락에 실을 걸고 오른손에는 엄지손가락에만 실을 겁니다.

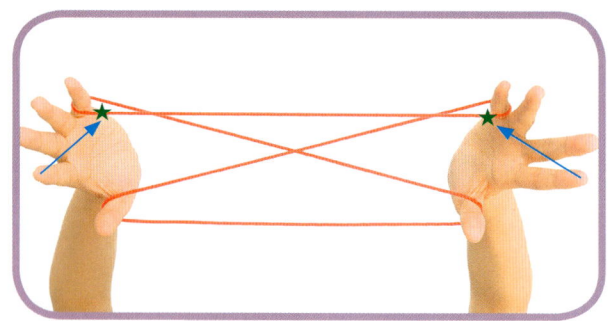

3 양쪽 집게손가락으로 각각 ★ 부분을 겁니다.

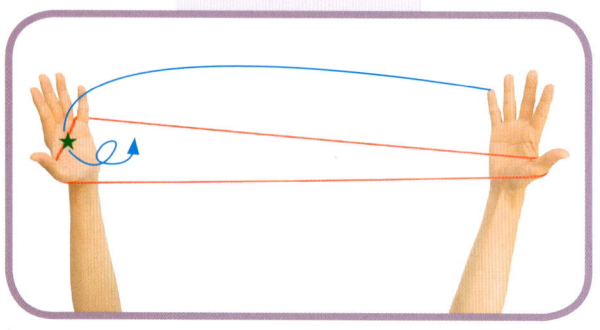

2 왼손의 ★ 부분에 오른손 새끼손가락을 위쪽에서 걸고 손가락을 한 바퀴 돌려서 꼰 다음 당깁니다.

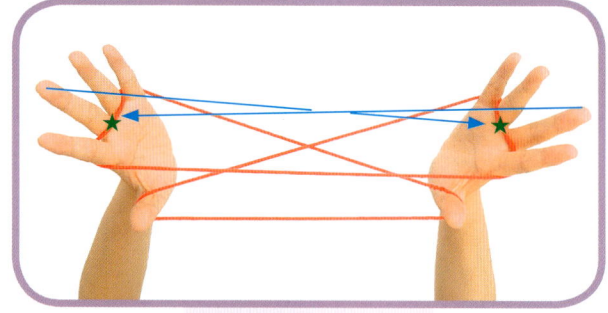

4 오른손 가운뎃손가락으로 왼손의 ★ 부분을, 왼손 가운뎃손가락으로 오른손의 ★ 부분을 걸어서 당깁니다.

실 거는 방법

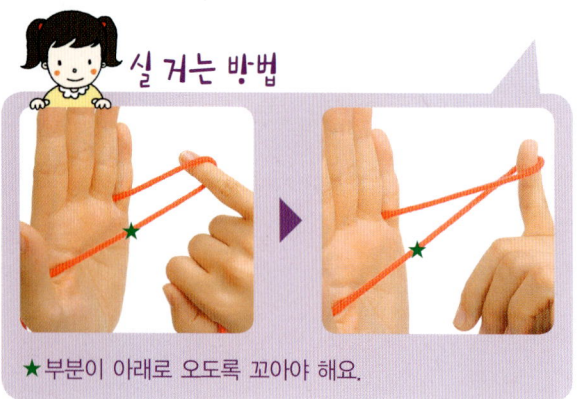

★ 부분이 아래로 오도록 꼬아야 해요.

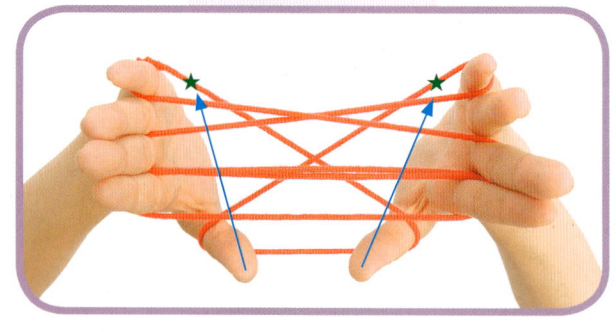

5 양쪽 엄지손가락으로 위쪽에서 ★ 부분을 겁니다.

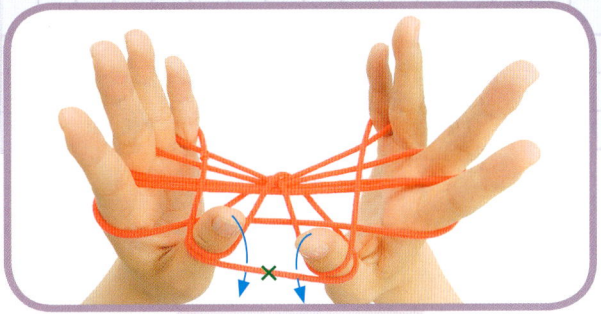

6 양쪽 엄지손가락을 화살표 방향으로 내려서 × 부분을 풀어요.

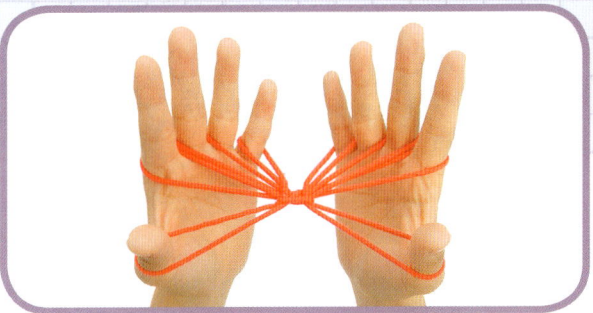

8 조심스럽게 실에서 손가락을 뺀 뒤 모양을 예쁘게 잡아 줍니다.

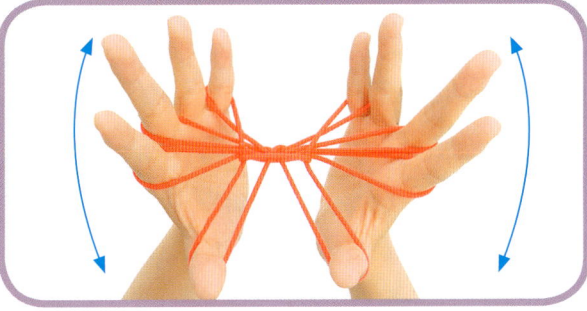

7 실의 겹친 부분이 가운데로 오도록 양쪽 손을 앞뒤로 움직이면서 조절해 줍니다.

9 완성! '예쁜 꽃'이 완성되었어요.

꽃밭을 만들어 봅시다!

실 두 줄로 예쁜 꽃밭을 만들어 보세요.
색종이나 종이접기 위에 붙이면 더 예뻐요.

좋아하는 색으로 꽃을 여러 개 만들어 보세요.

예쁜 나비

난이도 ★★★☆ 긴 실

'예쁜 꽃'의 중간부터 시작해요. 잘 모르는 사람은 138쪽을 보세요!

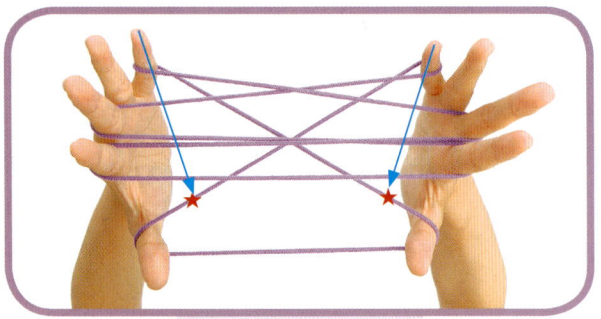

1 '예쁜 꽃'(138쪽)의 ⑤번부터 시작합니다. 양쪽 새끼손가락으로 ★부분을 걸어요.

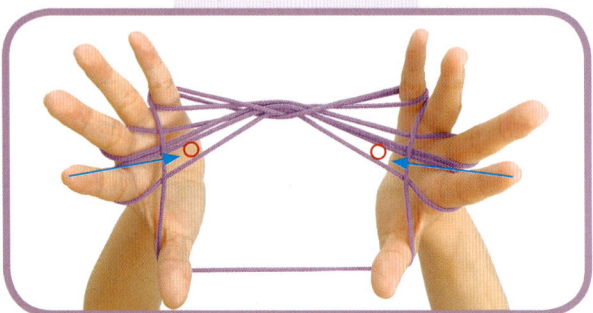

2 양쪽 집게손가락을 ○부분에 넣습니다.

4 양쪽 집게손가락을 위쪽으로 똑바로 세웁니다. ✕부분의 실은 저절로 풀립니다.

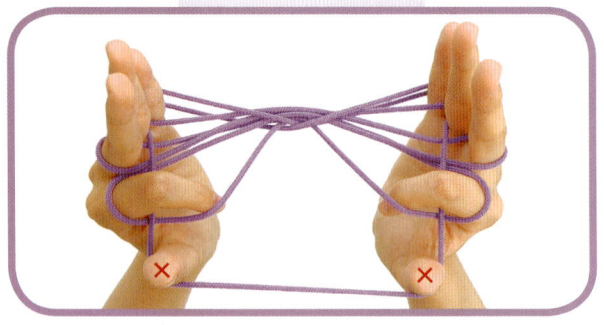

3 손가락을 넣은 모습이에요. 그 상태에서 양쪽 엄지손가락에 걸려 있는 실을 풀어요.

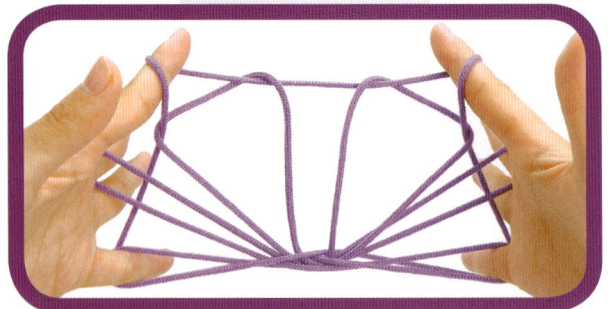

5 완성! '예쁜 나비'가 완성되었어요.

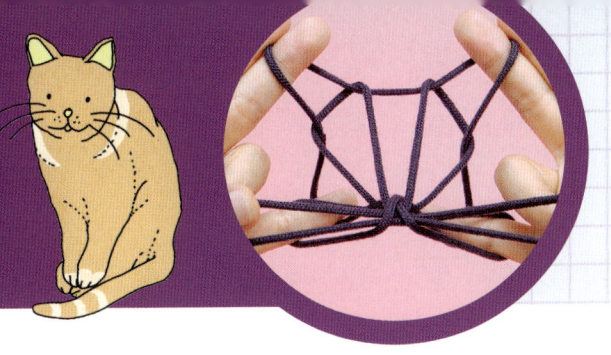

긴 수염 고양이

난이도 ★★★★☆ 짧은 실

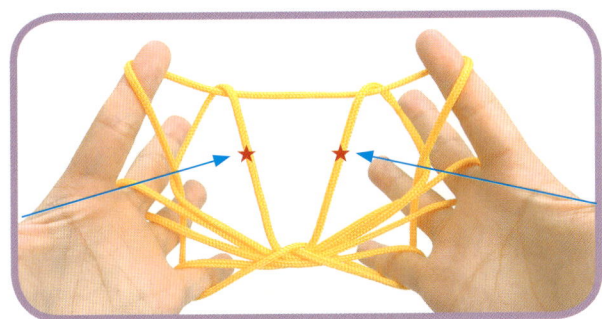

1 '예쁜 나비'(140쪽)에서 시작합니다.
양쪽 엄지손가락으로 ★부분을 겁니다.

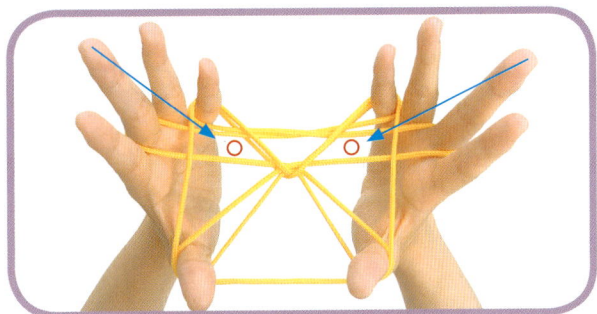

4 양쪽 가운뎃손가락을 ○부분에 넣습니다.

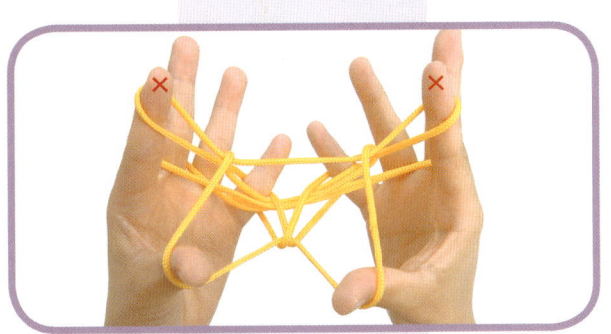

2 양쪽 집게손가락에 걸린 실을 풉니다.

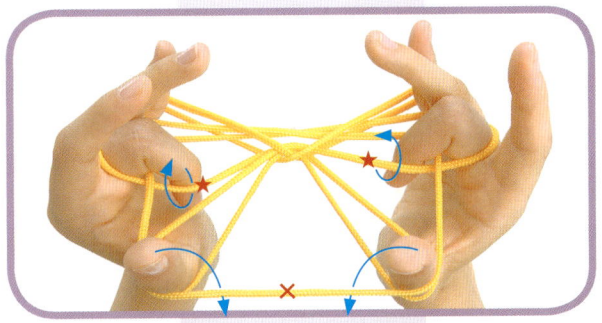

5 ×부분을 양손 엄지손가락에서 푸는 동시에 가운뎃손가락으로 ★부분의 실을 걸어 올려요.

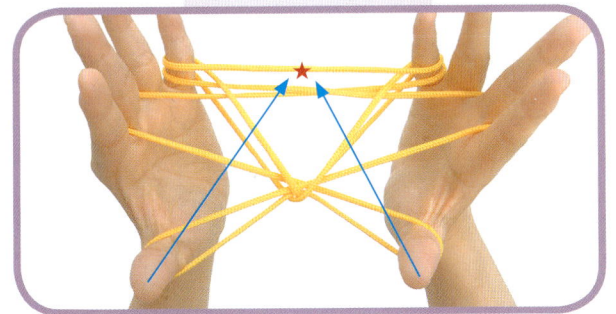

3 양쪽 엄지손가락으로 ★부분을 겁니다.

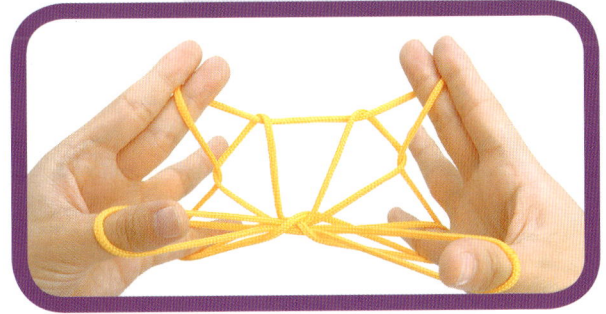

6 완성! '긴 수염 고양이'가 완성되었어요.

141

새하얀 배추흰나비

난이도 ★★★☆ 긴 실

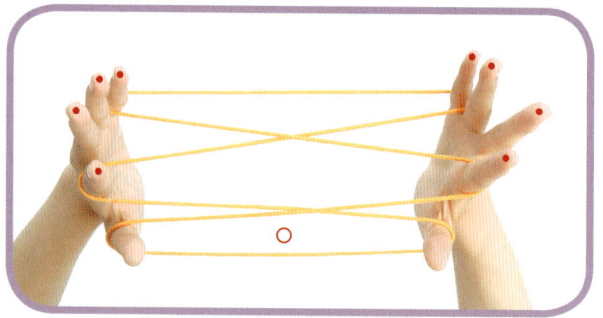

1 '집게손가락 준비 모양'에서 시작합니다. 양쪽 엄지손가락을 뺀 나머지 손가락을 ○부분에 넣어요.

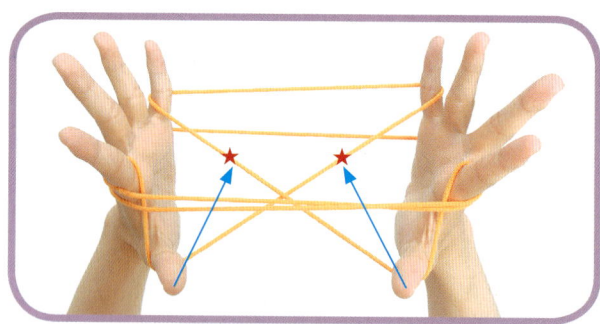

4 양쪽 엄지손가락으로 화살표와 같이 위쪽에서 ★부분을 겁니다.

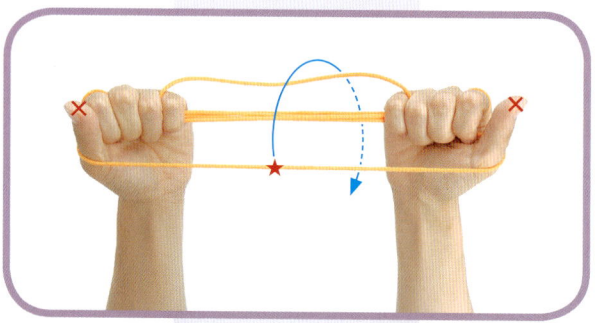

2 양쪽 네 손가락으로 실을 쥐고 ★부분을 엄지손가락에서 풀면서 손등 쪽으로 돌립니다.

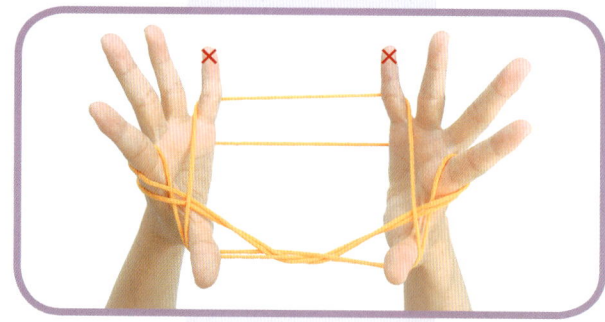

5 양쪽 새끼손가락에 걸려 있는 실을 풉니다.

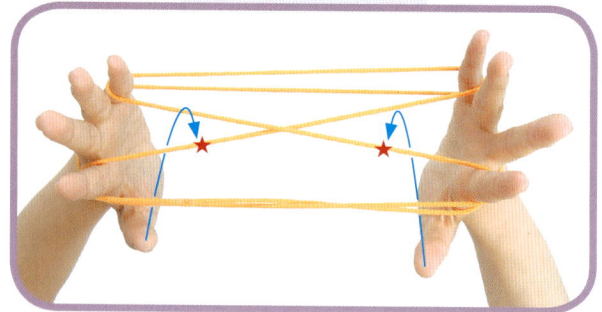

3 양쪽 엄지손가락으로 실의 아래쪽에서 ★부분을 걸어요.

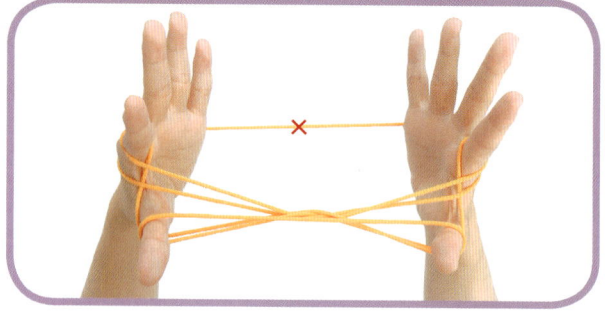

6 ×부분의 실을 반대편 손으로 잡아 집게손가락에 걸어요.

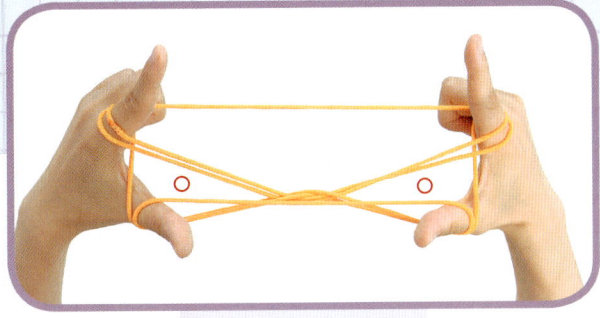

7 양쪽 새끼손가락을 실 아래쪽에서 O 부분에 넣습니다.

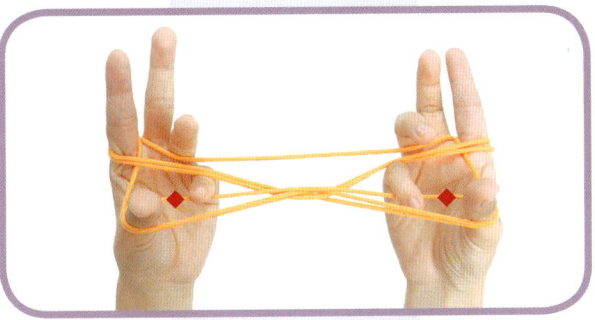

8 새끼손가락을 넣고 있는 모습이에요. 양쪽 새끼손가락으로 ◆ 부분을 눌러 아래쪽으로 당겨요.

9 양쪽 엄지손가락에 걸려 있는 실을 풉니다.

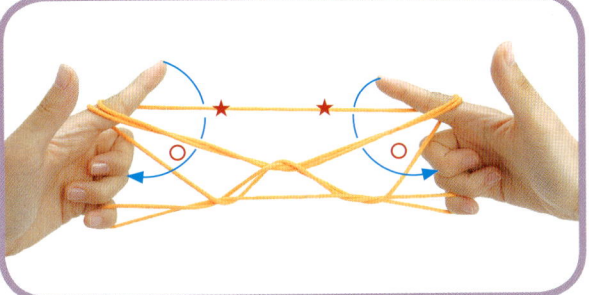

10 양쪽 집게손가락으로 ★ 부분을 걸면서 화살표 방향으로 O 부분에 넣어요.

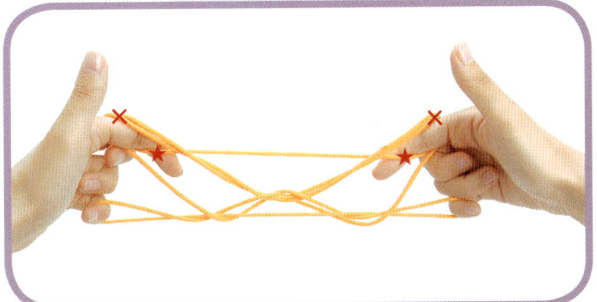

11 손가락을 넣고 있는 모습이에요. 집게손가락으로 ★ 부분을 걸면서 × 부분의 실을 풉니다.

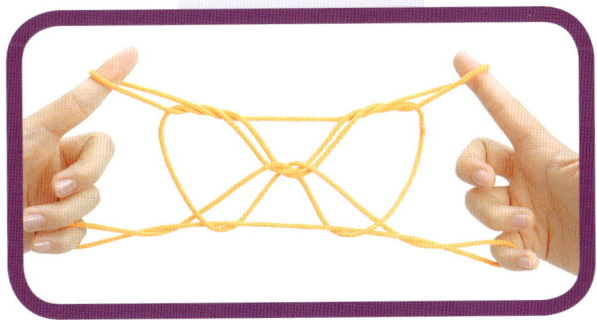

12 완성! '새하얀 배추흰나비'가 완성되었어요.

목장의 젖소

난이도 ★★★☆☆ 짧은 실

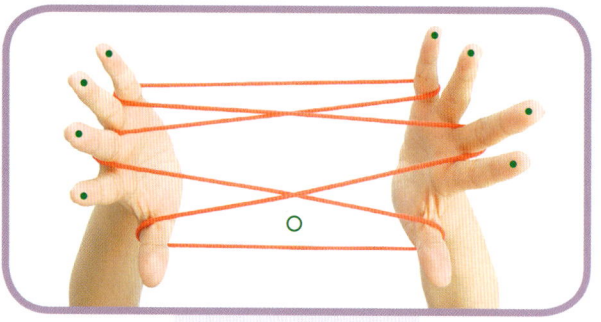

1 '가운뎃손가락 준비 모양'에서 시작합니다. 양쪽 엄지손가락을 뺀 나머지 손가락을 모두 ○부분에 넣습니다.

실 거는 방법
일단 반대쪽 손으로 손등에 걸린 실을 푼 다음 다시 가운뎃손가락에 걸어요.

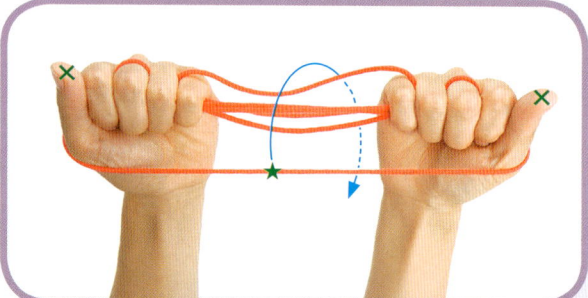

2 양쪽 네 손가락으로 실을 쥐고 ★부분을 엄지손가락에서 빼면서 손등 쪽으로 돌립니다.

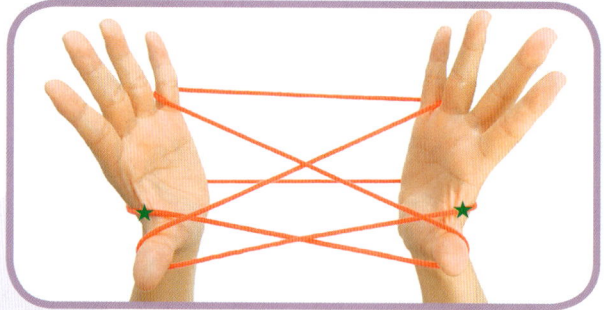

4 양쪽 손등에 걸려 있는 실의 ★부분을 푼 다음 같은 손의 가운뎃손가락에 겁니다.

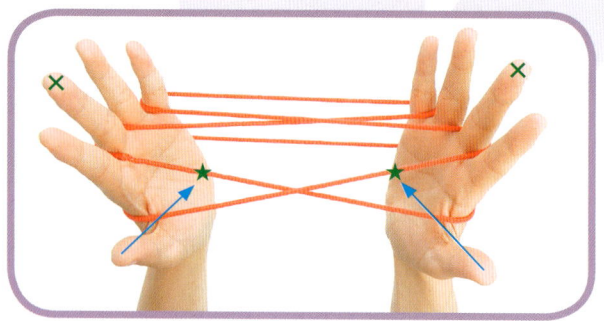

3 양쪽 엄지손가락으로 ★부분을 걸어요. 양쪽 가운뎃손가락에 걸려 있는 실을 풀어요.

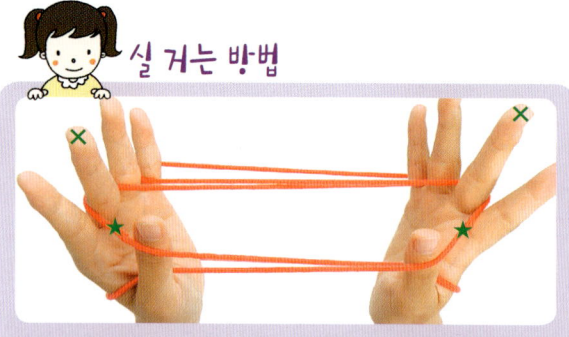

실 거는 방법
먼저 ★부분을 엄지손가락에 건 다음 가운뎃손가락에 걸려 있는 실을 풀어요.

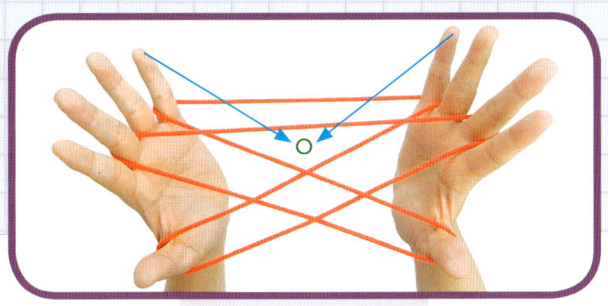

5 양쪽 새끼손가락을 ○ 부분에 넣습니다.

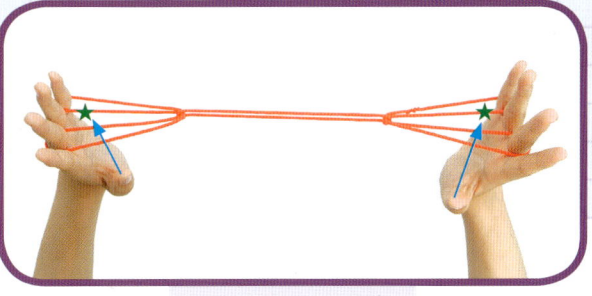

9 양쪽 엄지손가락으로 약손가락과 새끼손가락 사이에 걸려 있는 실의 ★ 부분을 겁니다.

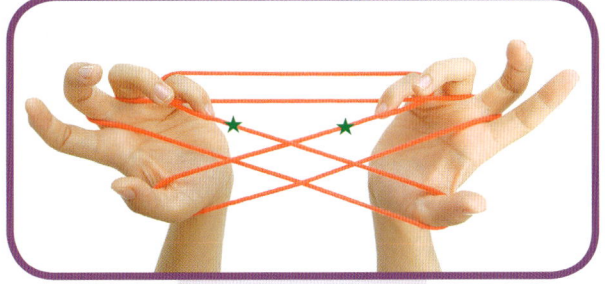

6 그 상태에서 양쪽 새끼손가락으로 ★ 부분을 겁니다.

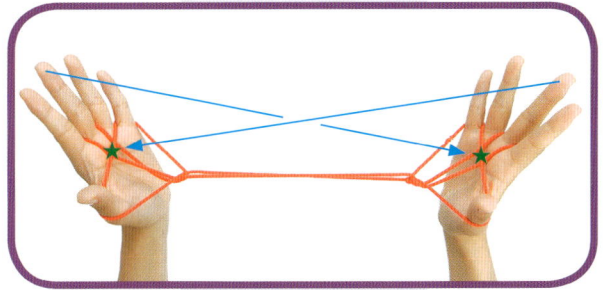

10 오른손 가운뎃손가락으로 왼손 ★부분을, 왼손 가운뎃손가락으로 오른손 ★부분을 걸어 당깁니다.

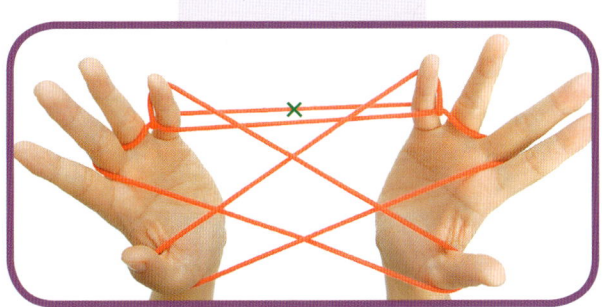

7 ×부분의 실을 새끼손가락에서 풉니다.

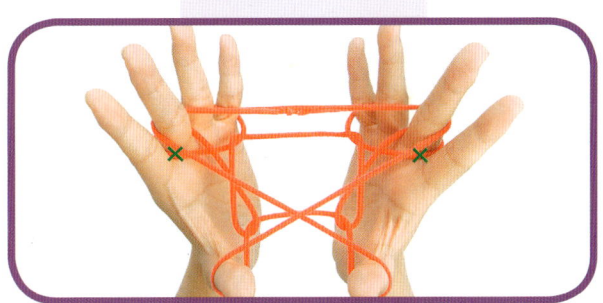

11 반대쪽 손을 사용하여 양쪽 가운뎃손가락의 가장 밑에 걸려 있는 ×부분의 실을 풀어 줍니다.

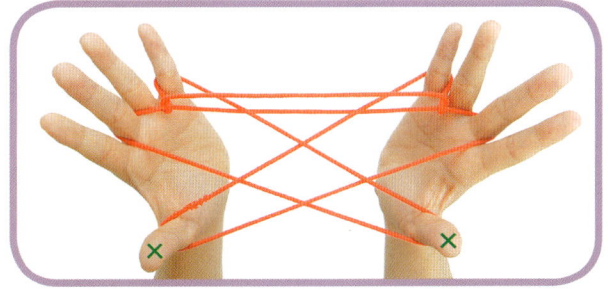

8 양쪽 엄지손가락에 걸린 실을 풀어요.

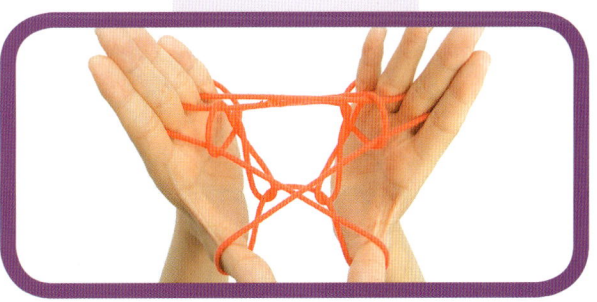

12 완성! '목장의 젖소'가 완성되었어요.

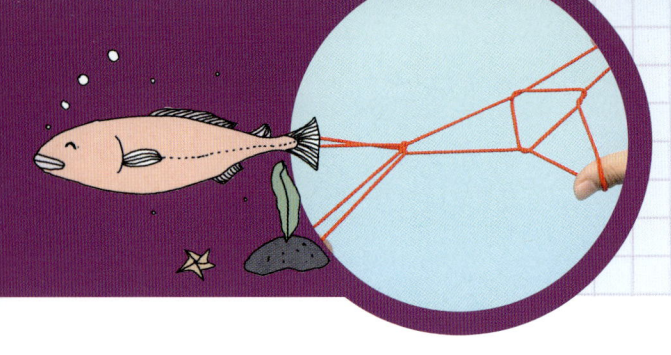

커다란 물고기

난이도 ★★★☆ 짧은 실

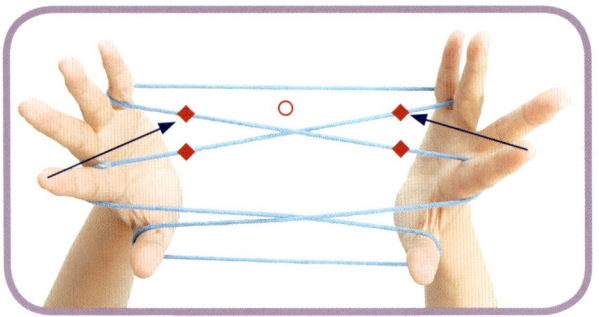

1 '집게손가락 준비 모양'에서 시작합니다. 양쪽 집게손가락을 ○부분에 넣고 집게손가락의 첫 번째 마디로 ◆부분을 감싸서 잡습니다.

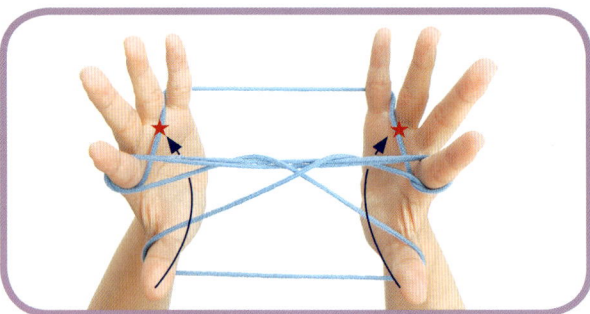

3 ②번까지 완성된 모습이에요. 양쪽 엄지손가락으로 화살표 방향을 따라 실 아래쪽에서 ★부분을 겁니다.

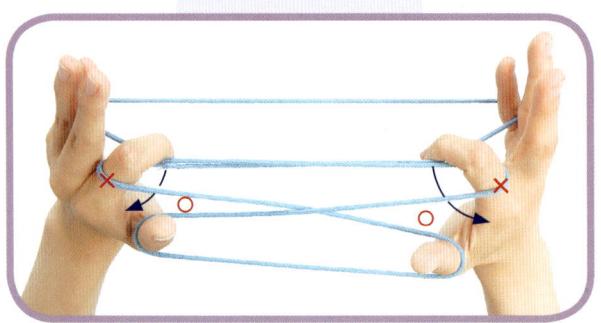

2 그 상태에서 ○부분으로 집게손가락을 넣어 ×부분의 실을 풉니다.

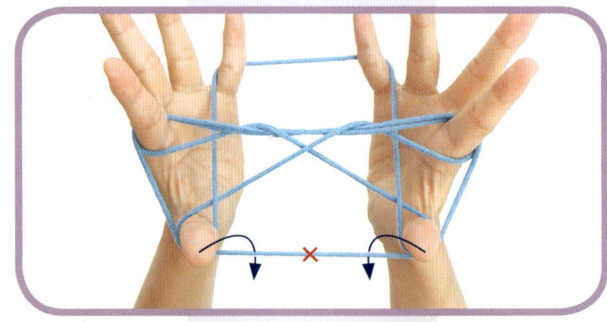

4 양쪽 엄지손가락을 화살표 방향으로 내려 ×부분의 실을 풉니다.

실 거는 방법

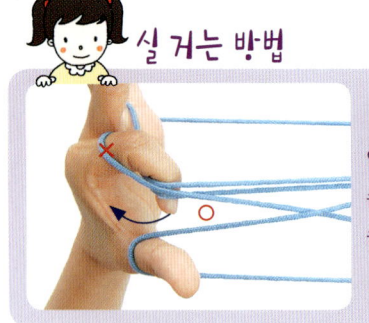

엄지손가락과 집게손가락 사이로 집게손가락을 넣어요.

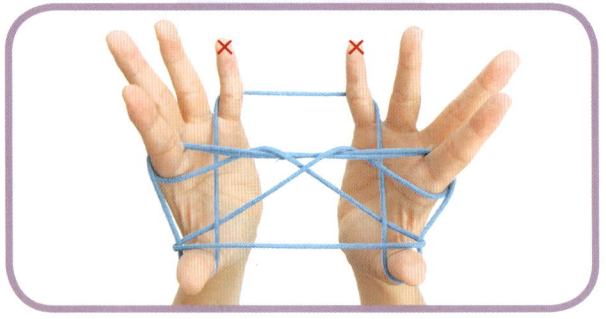

5 양쪽 새끼손가락에 걸려 있는 실을 풉니다.

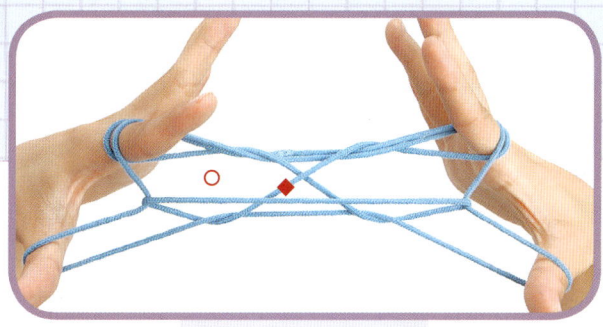

6 왼손 새끼손가락을 아래에서 ○ 부분에 넣은 다음 새끼손가락으로 ◆ 부분을 눌러 아래로 끌어당깁니다.

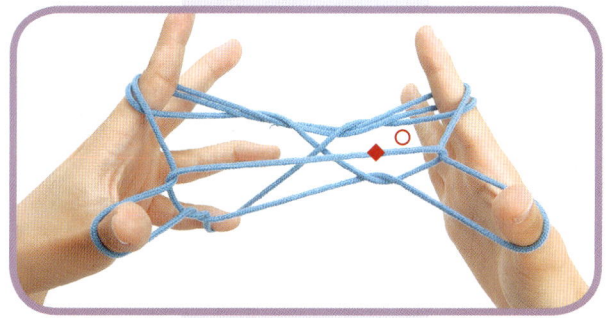

7 오른손 새끼손가락을 아래에서 ○ 부분으로 넣습니다. 그런 다음 새끼손가락으로 ◆ 부분을 누릅니다.

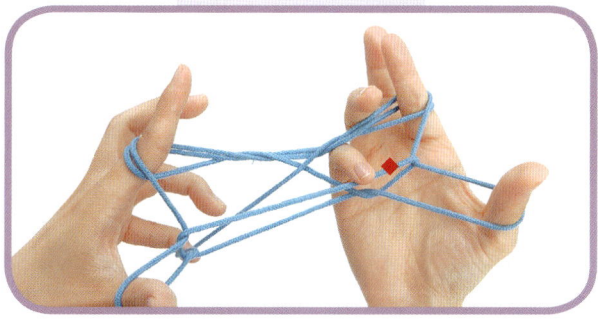

8 오른손 새끼손가락으로 누르고 있는 모습이에요. ◆ 부분을 손가락 마디에 걸어서 아래로 잡아당깁니다.

어느 실을 눌러야 하는지 잘 보고, 실이 풀리지 않도록 새끼손가락으로 꼭 눌러 주세요.

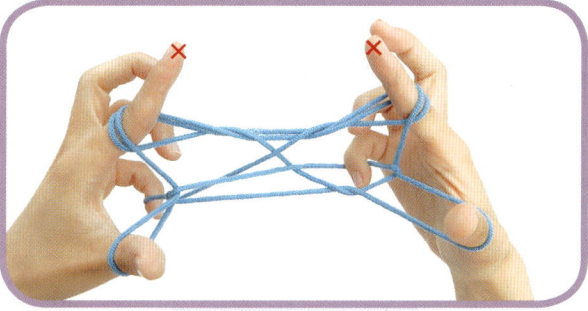

9 양손 집게손가락에 걸려 있는 실을 풀어요.

10 양손을 옆으로 천천히 벌리면…….

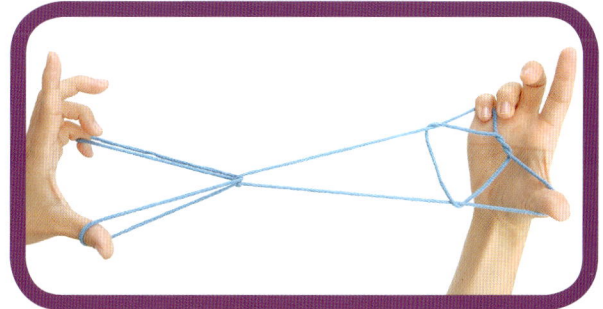

11 완성! '커다란 물고기'가 완성되었어요.

147

금붕어 두 마리

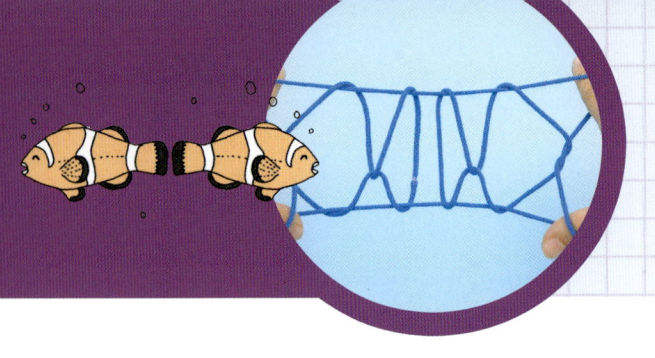

난이도 ★★★★☆ 짧은 실

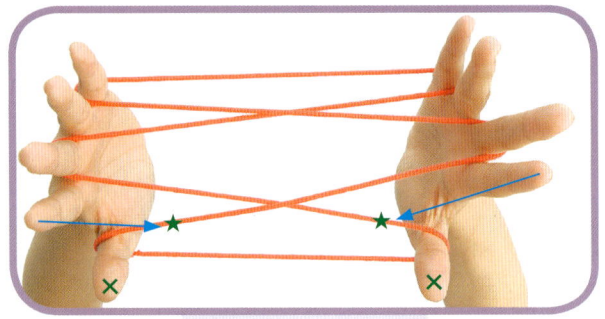

1 '가운뎃손가락 준비 모양'에서 시작합니다.
양손 집게손가락으로 ★부분을 걸고 엄지손가락에 걸린 실을 풀어요.

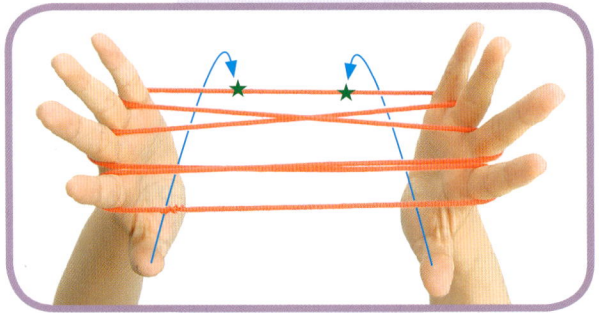

2 양쪽 엄지손가락을 다른 실들 밑으로 넣어 ★부분을 걸어 끌어당깁니다.

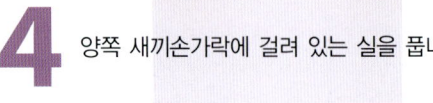

⑧번부터는 '사다리' 만드는 방법과 똑같아요.

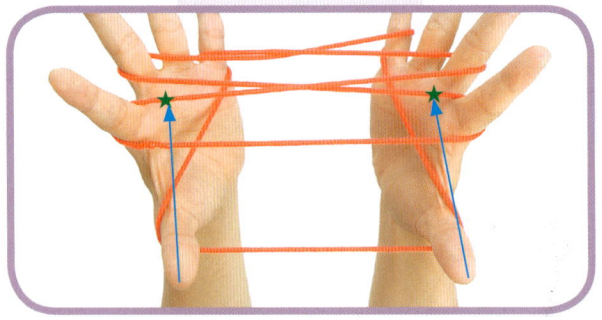

3 양쪽 엄지손가락으로 ★부분을 걸어요.

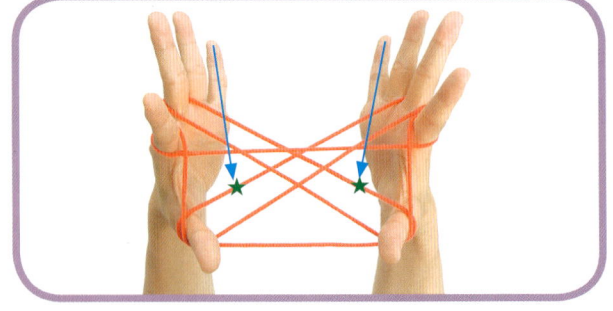

4 양쪽 새끼손가락에 걸려 있는 실을 풉니다.

5 양쪽 새끼손가락으로 위에서 ★부분을 겁니다.

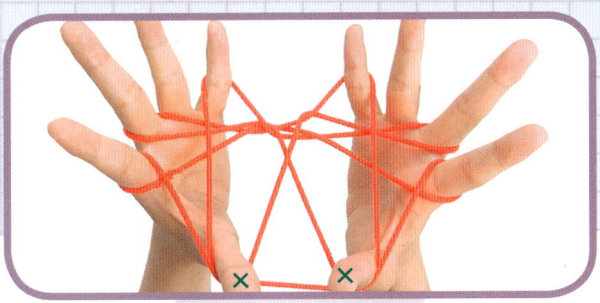

6 양쪽 엄지손가락에 걸려 있는 실을 풀어요.

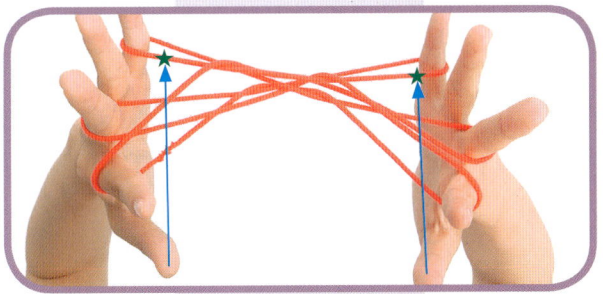

7 양쪽 엄지손가락으로 약손가락과 새끼손가락 사이에 걸려 있는 실의 ★부분을 겁니다.

> 여기서부터는 '사다리 만들기'예요.

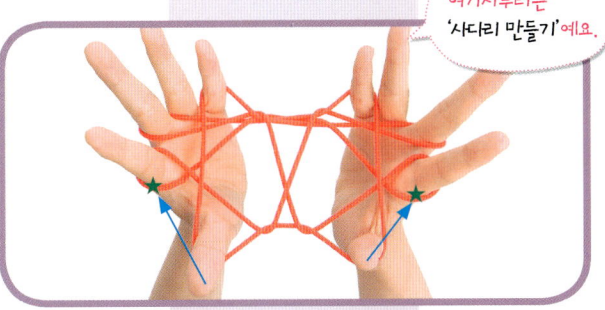

8 반대쪽 손을 사용하여 ★부분을 양쪽 엄지손가락에 걸어요.

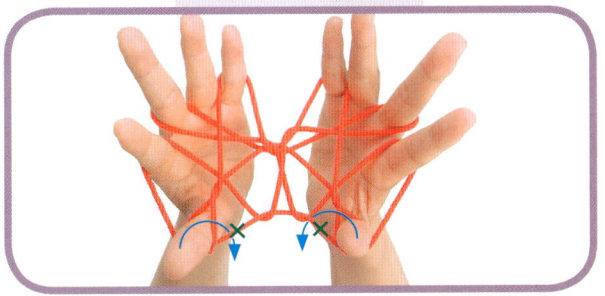

9 양쪽 엄지손가락을 화살표 방향으로 내려 ×부분의 실을 풉니다.

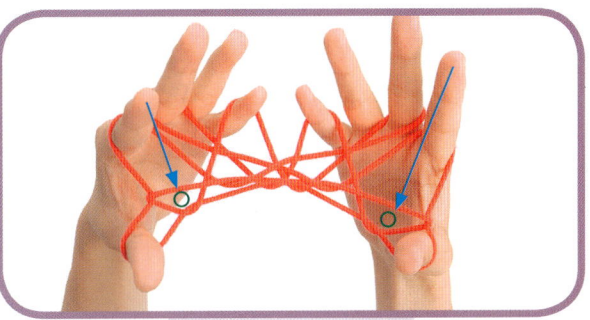

10 양쪽 집게손가락을 ○부분에 넣어요.

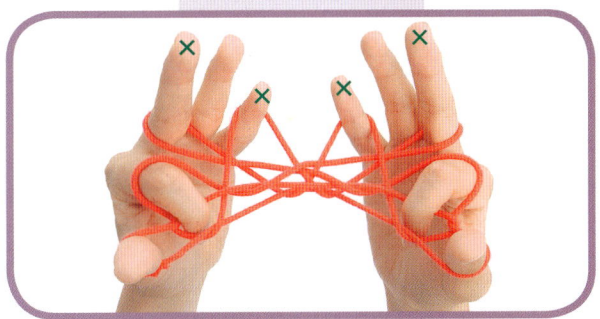

11 양쪽 가운뎃손가락과 새끼손가락에 걸려 있는 실을 풀면서 몸 바깥쪽으로 손을 돌려 폅니다.

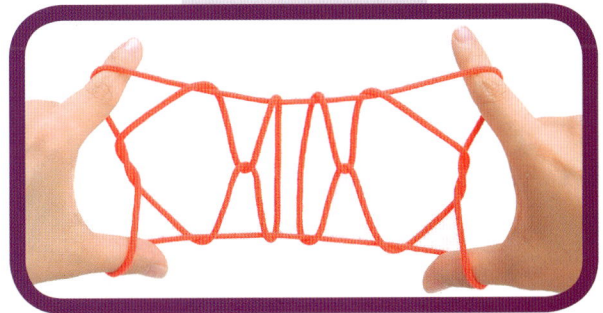

12 완성! '금붕어 두 마리'가 완성되었어요.

귀여운 토끼

난이도 ★★★☆ 긴 실

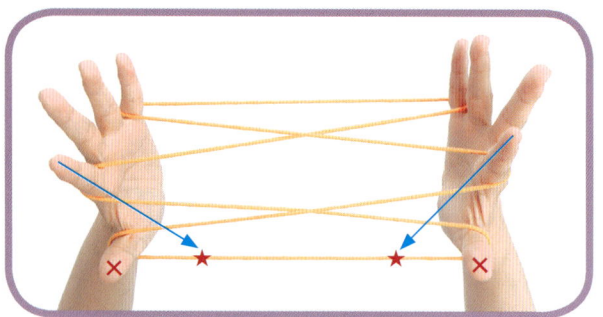

1 '집게손가락 준비 모양'에서 시작합니다. 양쪽 집게손가락으로 ★부분을 걸고 양쪽 엄지손가락에 걸려 있는 실을 풉니다.

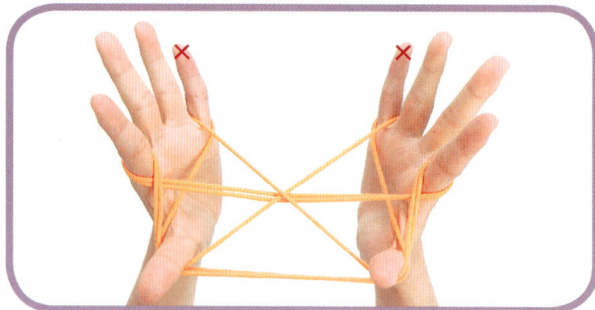

4 양쪽 새끼손가락에 걸려 있는 실을 풀어요.

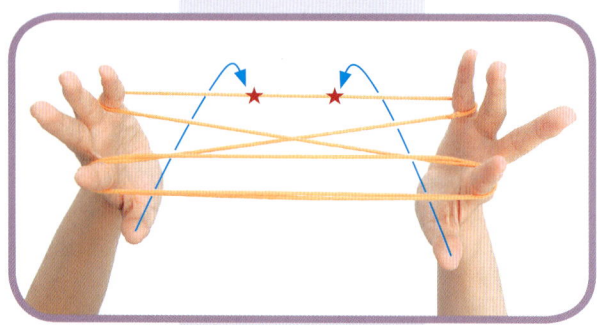

2 양쪽 엄지손가락을 다른 실들 밑으로 넣어 ★부분을 걸어 당깁니다.

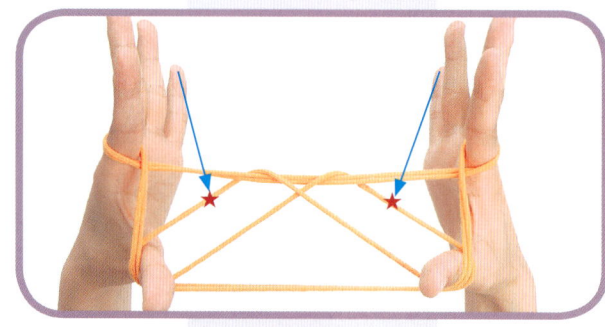

5 양쪽 새끼손가락으로 ★부분을 겁니다.

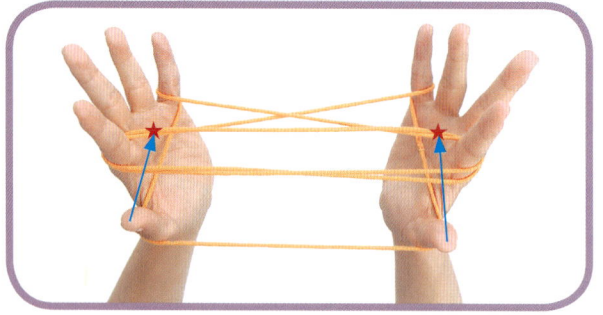

3 양쪽 엄지손가락으로 집게손가락과 가운뎃손가락 사이에 걸린 ★부분의 실 두 줄을 겁니다.

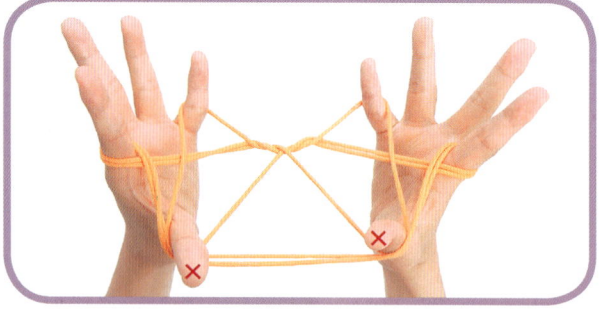

6 양쪽 엄지손가락에 걸려 있는 실을 풉니다.

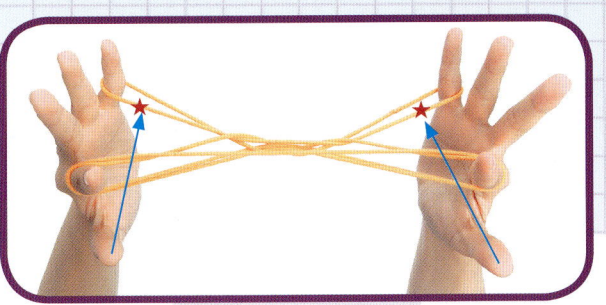

7 양쪽 엄지손가락으로 ★ 부분을 겁니다.

여기서부터는 '사다리 만들기'예요.

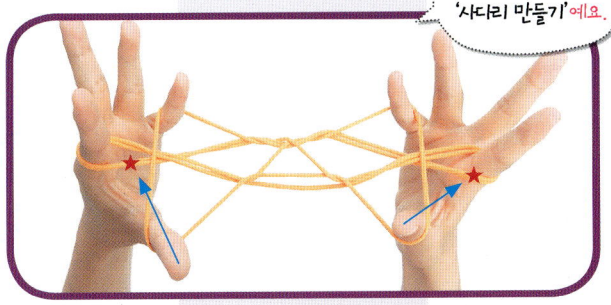

8 반대쪽 손을 사용하여 ★ 부분을 양쪽 엄지손가락에 걸어요.

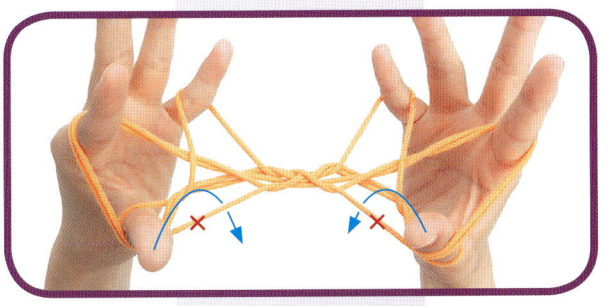

9 양쪽 엄지손가락을 화살표 방향으로 내려 ✕ 부분의 실을 풉니다.

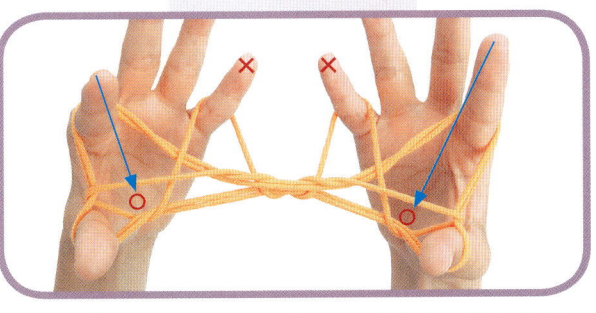

10 양쪽 집게손가락을 ○ 부분에 넣고 양쪽 새끼손가락에 걸려 있는 실을 풀면서 몸 바깥쪽으로 손을 돌려 폅니다.

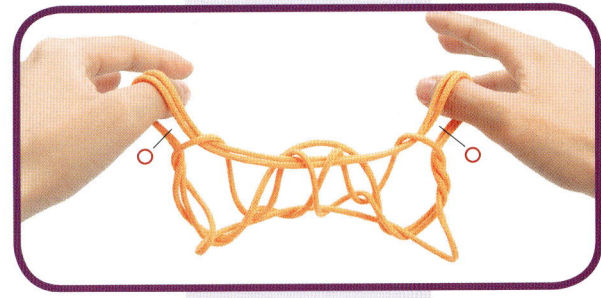

11 양쪽 집게손가락에 걸려 있는 실을 풉니다.

12 ○ 부분에 손가락을 모두 넣고 다섯 손가락으로 실을 쥡니다.

13 실을 양 옆으로 잡아당기면서 모양을 바로잡아요.

14 완성! '귀여운 토끼'가 완성되었어요.

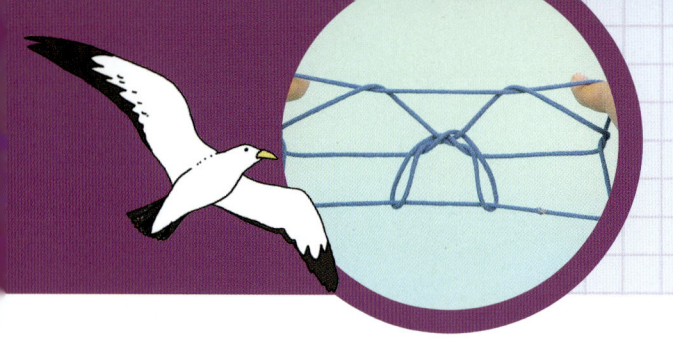

기럭기럭 기러기

난이도 ★★★★★   긴 실

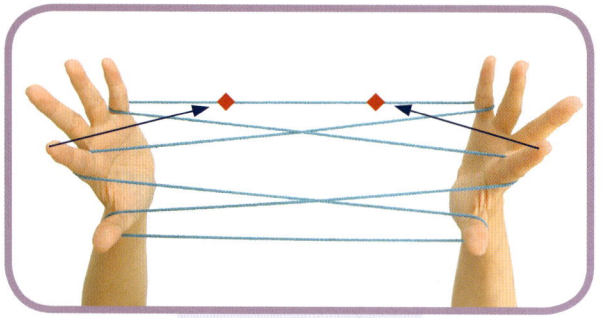

1 '집게손가락 준비 모양'에서 시작합니다.
양손 집게손가락으로 ◆부분을 누르세요.

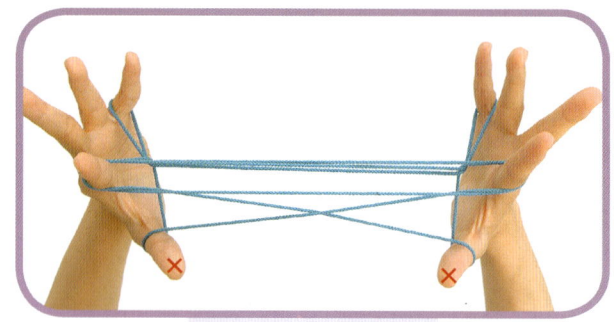

4 ③번까지 완성된 모습이에요.
양쪽 엄지손가락에 걸려 있는 실을 풉니다.

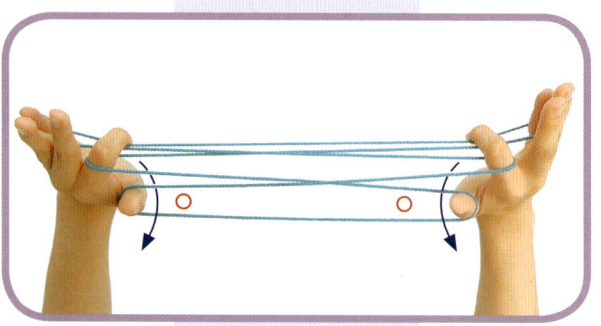

2 그 상태에서 양쪽 집게손가락을 구부려 ○부분으로 넣어요.

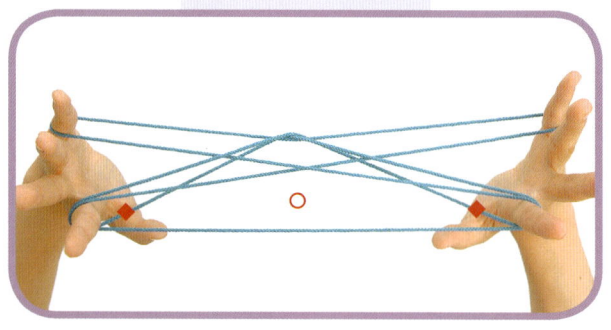

5 엄지손가락을 ○부분에 넣어 ◆부분의 실을 누릅니다.

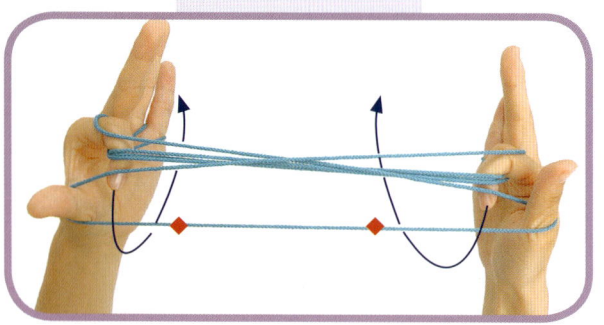

3 양쪽 집게손가락으로 ◆부분을 누르고 실을 걸어서 화살표 방향으로 손가락을 돌려 세웁니다.

실 거는 방법

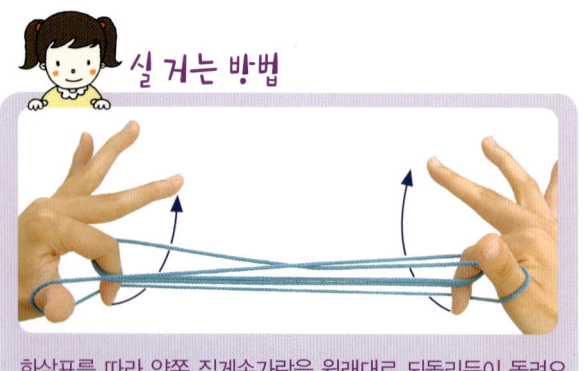

화살표를 따라 양쪽 집게손가락을 원래대로 되돌리듯이 돌려요.

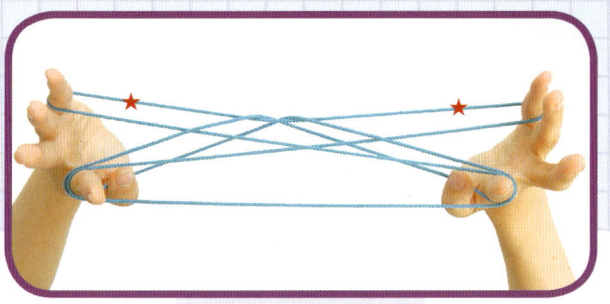

6 실을 누르고 있는 모습이에요. 그 상태에서 양쪽 엄지손가락을 실 아래쪽으로 넣어 ★ 부분을 걸고 쭉 끌어당깁니다.

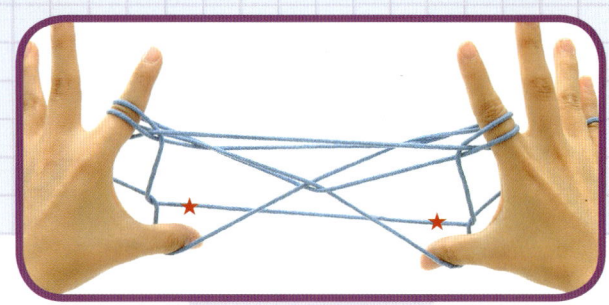

10 양쪽 엄지손가락으로 ★ 부분을 걸면서 손바닥을 몸 안쪽으로 돌립니다.

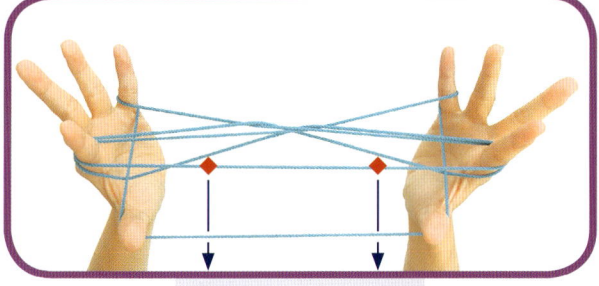

7 양쪽 엄지손가락으로 ◆ 부분을 눌러 아래쪽으로 끌어내린 다음 손가락 끝을 몸 바깥쪽으로 돌립니다.

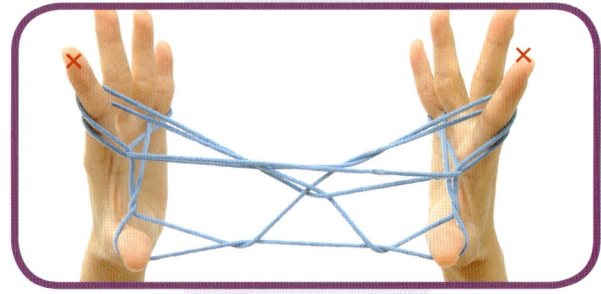

11 양쪽 집게손가락에 걸린 실을 풉니다.

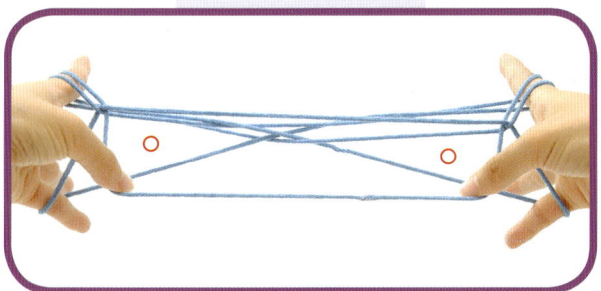

8 양쪽 엄지손가락을 새끼손가락에 걸려 있는 실의 ○ 부분에 넣습니다.

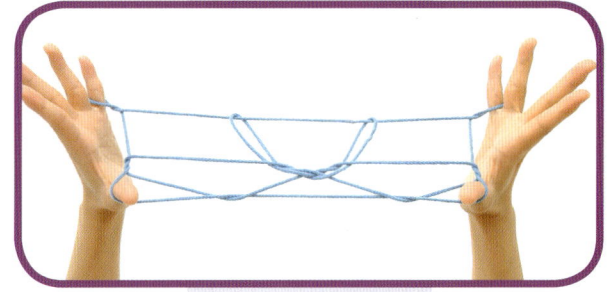

12 손가락 끝을 몸 바깥쪽으로 향하게 하면······.

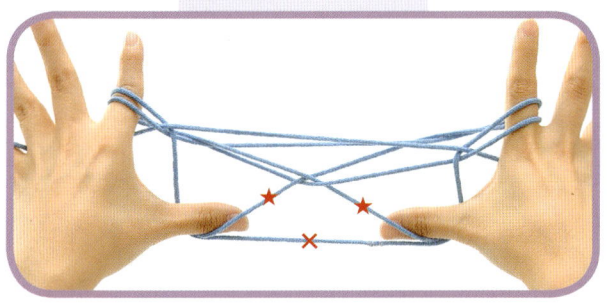

9 손가락을 넣은 모습이에요. 그 상태에서 양쪽 엄지 손가락으로 ★ 부분을 걸고 ✕ 부분을 푸세요. 그다음 손바닥을 다시 몸 바깥쪽으로 돌려요.

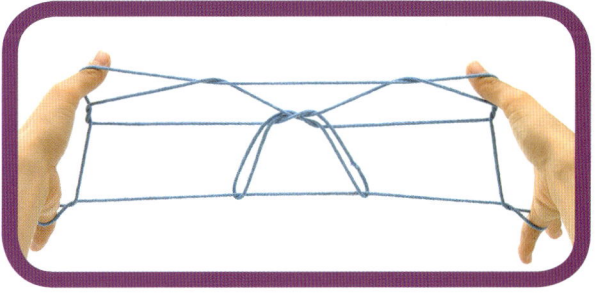

13 완성! '기럭기럭 기러기'가 완성되었어요.